聂 聂卫平围棋 道场系列

U0692307

聂卫平围棋习题精解
死活专项训练
（从5级到1级）

聂卫平◎主编

李响　王守伟　邵佳◎编

人民邮电出版社
北京

图书在版编目（ＣＩＰ）数据

聂卫平围棋习题精解. 死活专项训练. 从5级到1级 /
聂卫平主编 ; 李响, 王守伟, 邵佳编. -- 北京 ：人民
邮电出版社，2019.7
（聂卫平围棋道场系列）
ISBN 978-7-115-51273-4

Ⅰ．①聂… Ⅱ．①聂… ②李… ③王… ④邵… Ⅲ.
①死活棋(围棋)－题解 Ⅳ．①G891.3-44

中国版本图书馆CIP数据核字(2019)第095436号

内 容 提 要

本书是为围棋水平在5级到1级的棋友们专门编写的死活专项习题集。

全书共提供了660道习题及习题答案，内容从基础到进阶，覆盖了8种活棋技巧和8种杀棋技巧，
且习题类型灵活多变，考察深入到位。此外，在开始进行习题练习前，书中会对即将运用的知识点
做出简单回顾并提供相关例题，以帮助棋友进一步巩固学习基础，提高练习效率。

◆ 主　　编　聂卫平
　　编　　　　李　响　王守伟　邵　佳
　　责任编辑　刘　蕊
　　责任印制　周昇亮

◆ 人民邮电出版社出版发行　　北京市丰台区成寿寺路 11 号
　　邮编　100164　电子邮件　315@ptpress.com.cn
　　网址　http://www.ptpress.com.cn
　　北京虎彩文化传播有限公司印刷

◆ 开本：700×1000　1/16
　　印张：14.75　　　　　　　　　2019 年 7 月第 1 版
　　字数：229 千字　　　　　　　2025 年 11 月北京第 30 次印刷

定价：49.80 元

读者服务热线：(010)81055296　印装质量热线：(010)81055316
反盗版热线：(010)81055315

序 一

围棋是中国传统文化中的瑰宝，古人留下的智慧结晶。围棋蕴含的文化底蕴丰富而深远。对于中国人来说，围棋不仅是一种休闲活动，更是对人类智慧的无止境探索。

20世纪90年代，我致力于创建一个围棋训练场所，让更多的人有机会了解、学习围棋，使围棋爱好者能够专心研习棋艺，成长为更优秀的职业棋手，抱着这样的初衷便有了聂卫平围棋道场。道场不仅是棋手们的家，更是他们之间相互交流学习的平台。道场成立以来，培养了许多位世界冠军和职业棋手，也实现了我当年的愿景。

围棋是我一生的至爱，我曾不止一次说过，对围棋有利的事情，我就会去做。作为国内第一家围棋道场，聂卫平围棋道场不光为职业棋手提供训练、对弈的场所，同时也为小朋友们打开了围棋世界的大门。围棋之法与人生开悟相辅相成，我经常对道场的老师说，既然是围棋学校，要先教做人，再教下棋。围棋的魅力也不仅在于棋局本身，还在于传递一种快乐。

围棋是一项竞技智力的运动，这两年随着人工智能的发展以及阿尔法围棋的横空出世，围棋再次引起了社会各界的关注。很多家长也非常认同围棋在少儿智力开发方面的作用，我也坚信围棋应该进入学校，成为校本课程，惠及更多的孩子。基于这些考虑，为了在围棋普及方面多做些贡献，传承我国优秀的传统文化，聂卫平围棋道场教研组为读者打造了从围棋零基础入门到围棋业余5段这一完整的围棋学习体系。该体系以道场老师们多年的成功经验和教学心得为基础，同时结合少儿的智力发展规律得以完成。希望"聂卫平围棋道场系列"图书能带领更多的孩子走进围棋的世界，启迪智慧，茁壮成长。

聂卫平

序 二

　　小朋友们，大家好！我是柯洁哥哥。

　　你们喜欢下围棋吗？围棋是中国的国粹。我在6岁的时候便开始学习下围棋了，7岁来到聂卫平围棋道场接受专业的训练。记得刚来道场的时候我经常输棋，后来经过道场老师的悉心指导，进步很快。我11岁成为职业棋手，不到20岁便拿下了4个世界冠军。

　　我是一个在围棋上追求尽善尽美的人，从事围棋运动我从来不后悔，因为它总是能带给我快乐。每当下棋下累了的时候，我就坚定地告诉镜子里的自己："我一定能行"。我认为最幸福的事情，莫过于挑战最强大的对手，在对手面前，我从不言败。

　　2017年我代表人类和阿尔法围棋大战三局，让我更加惊叹围棋的无穷变化。人机大战让更多的小朋友了解了围棋、喜爱上了围棋。为了让小朋友们像当年的我一样喜欢围棋运动，聂卫平围棋道场的老师们精心编写了"聂卫平围棋道场系列"图书。这套书覆盖了从围棋零基础入门到业余5段的学习内容，循序渐进、系统性强，既有进阶教程，又有专项训练练习册，是聂卫平围棋道场的老师们多年教学经验的总结。

　　希望"聂卫平围棋道场系列"图书的出版，可以帮助更多的小朋友学习并爱上围棋，了解围棋的魅力。

柯洁

目 录

扫描下方二维码添加企业微信。

1. 首次添加企业微信，即刻领取免费电子资源。

2. 加入体育爱好者交流群。

3. 不定期获取更多图书、课程、讲座等知识服务产品信息，以及参与直播互动、在线答疑和与专业导师直接对话的机会。

上篇

第一章
基础篇：活棋技巧

　　围棋对局是围绕着攻杀和围地展开的，所以棋的死活问题非常重要，牵一发而动全身。

　　围棋活棋的方法，以扩大眼位和占据要点为主。扩大眼位是指扩大自身的生存空间，在活棋的同时，增加空的目数。占据要点，是指在眼位空间不足以做活的情况下，挖掘内部，占据要点，巧妙做活。其他的做活方法，如三眼两做、双活、劫活等，棋友们都应牢牢掌握，灵活运用。总之，只有有效地保护己方的棋子，才能更好地消灭对方的棋子。

1.1　做眼活棋

　　做眼活棋是基本的活棋方法。当一块棋只有一只真眼时，就需要做出另外一只真眼，来确保活棋。做眼的常用方法很多，棋友们应根据实际情况灵活运用。

例

图1　问题图

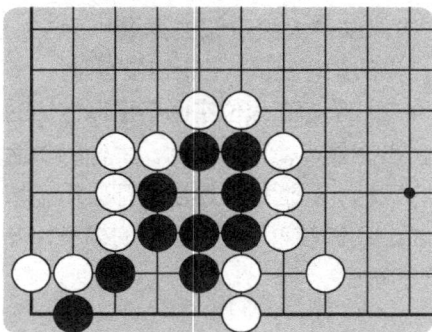

黑先，应该怎样做活呢？

图2　正解图

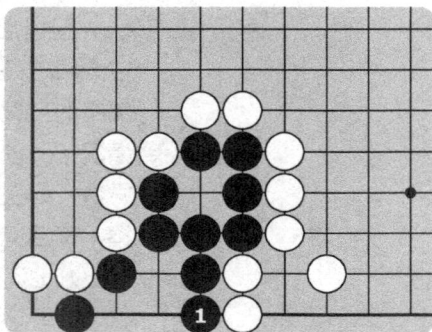

黑1挡，在下方做出另外一只真眼，成功活棋。

图3　失败图1

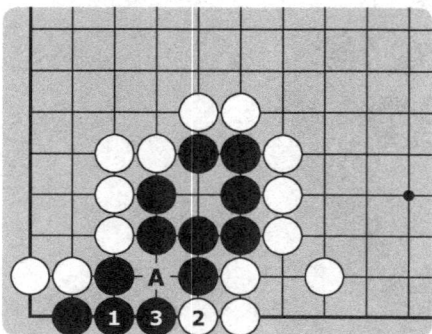

黑1粘不是要点。白2冲，黑3挡，A点位置是假眼，黑棋全部被杀。

图4　失败图2

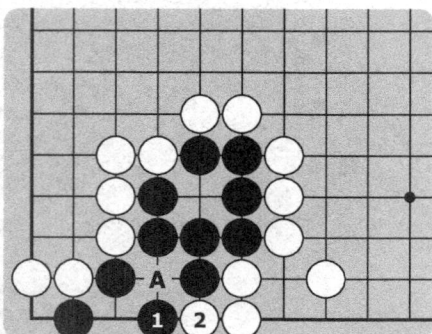

黑1看似做成了眼，但白2挤，A点位置是假眼，黑棋依然被杀。

做眼活棋（一）

黑先，请做眼活棋，并写出必要的过程。

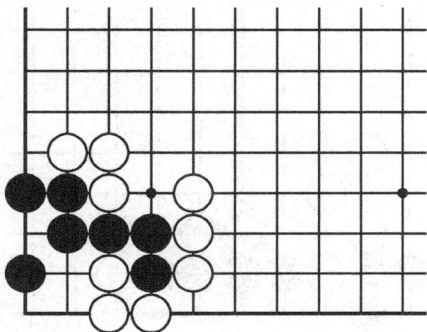

第 1 题

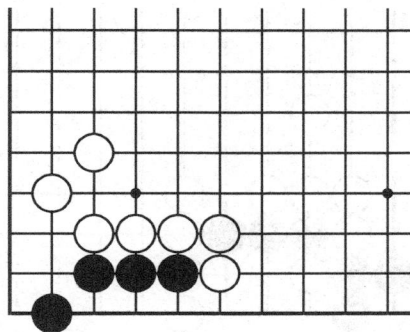

第 2 题

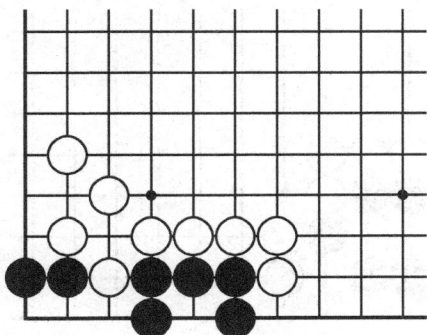

第 3 题

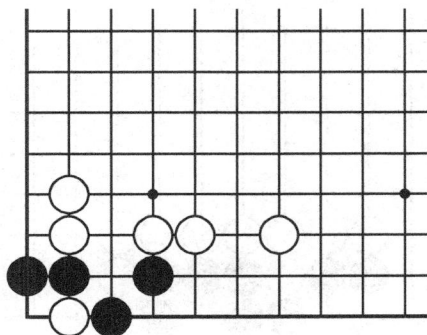

第 4 题

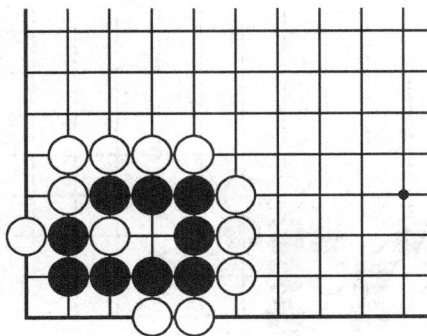

第 5 题

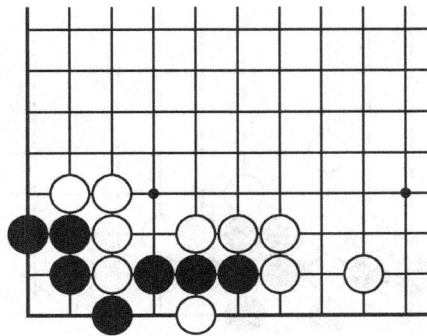

第 6 题

做眼活棋（二）

黑先，请做眼活棋，并写出必要的过程。

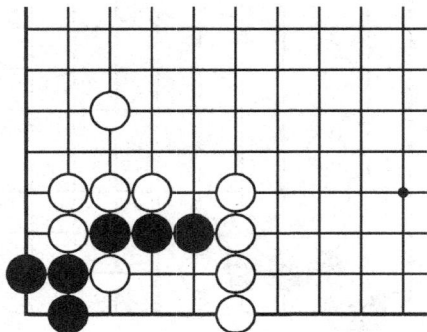

第 7 题

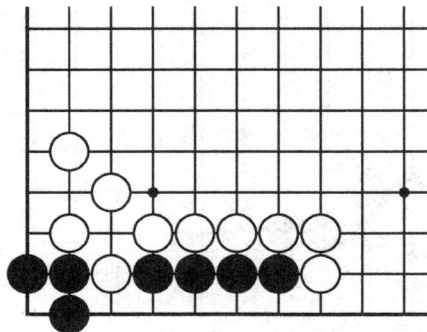

第 8 题

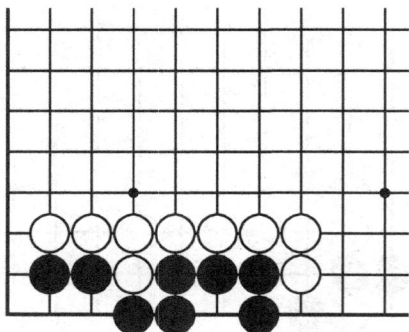

第 9 题

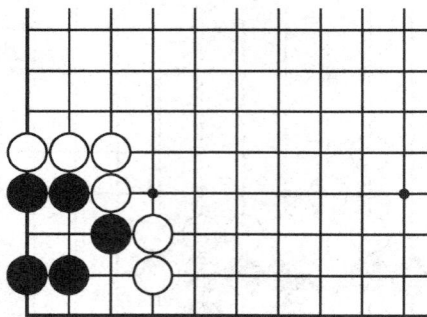

第 10 题

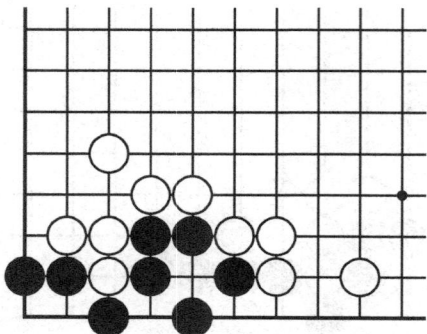

第 11 题

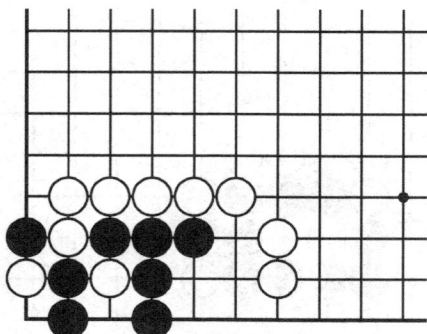

第 12 题

做眼活棋（三）

黑先，请做眼活棋，并写出必要的过程。

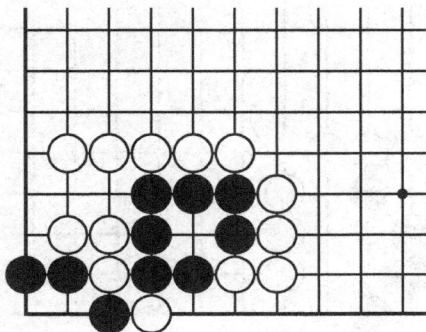

第 13 题

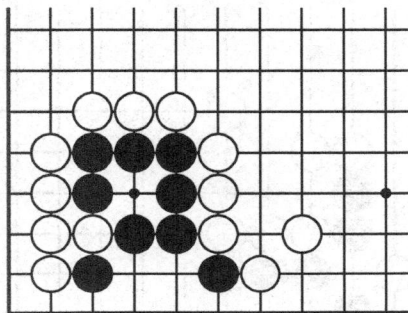

第 14 题

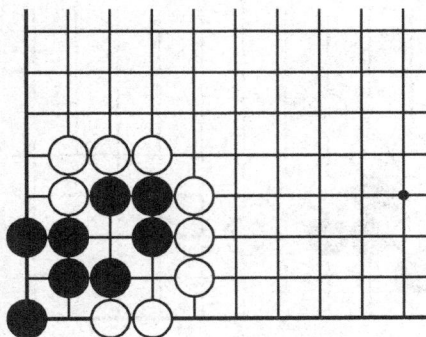

第 15 题

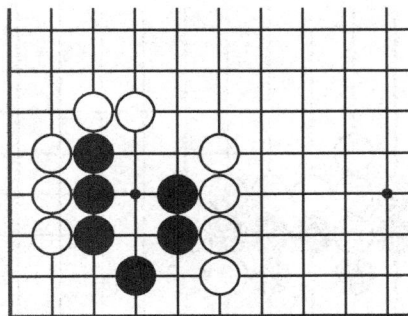

第 16 题

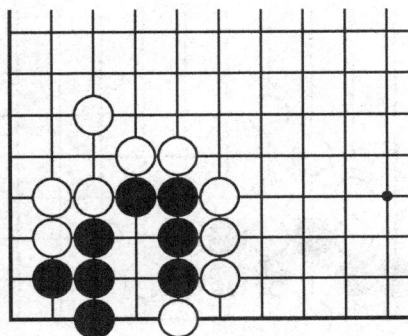

第 17 题

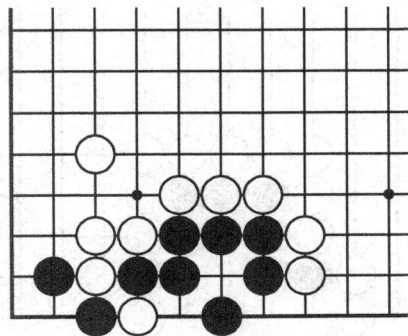

第 18 题

做眼活棋（四）

黑先，请做眼活棋，并写出必要的过程。

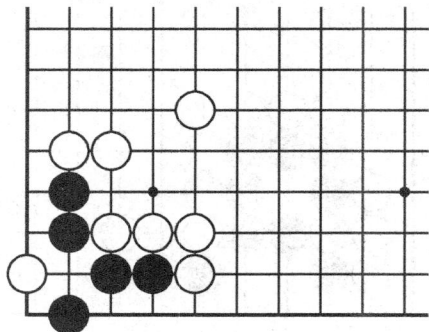

第 19 题

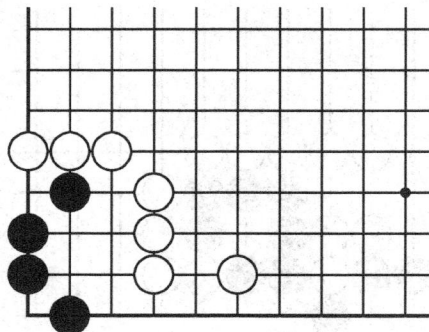

第 20 题

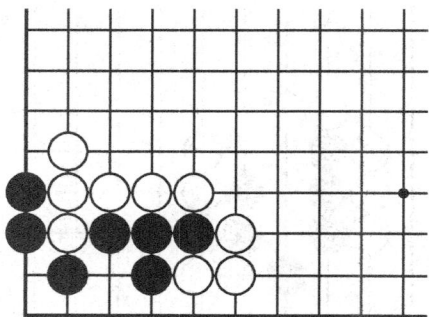

第 21 题

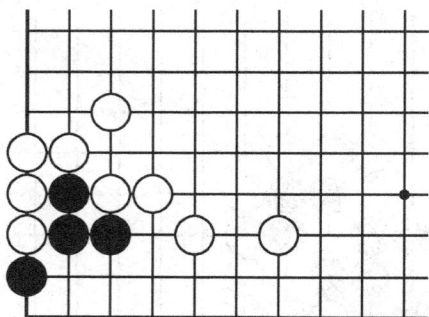

第 22 题

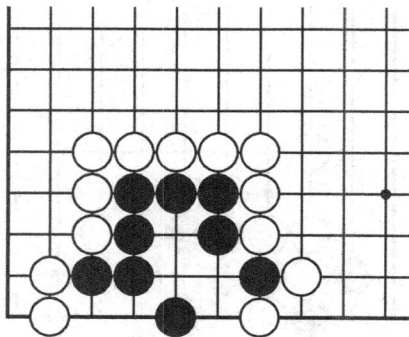

第 23 题

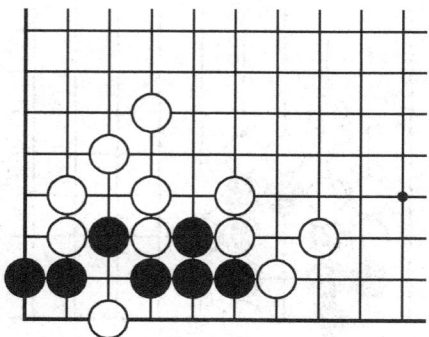

第 24 题

1.2　吃子做活

　　在实战中，我们经常采用吃子做活的下法。吃掉对方的棋子后，己方容易做成真眼，但也常会出现吃掉对方的棋子后，己方形成假眼的情况。所以，切忌为了吃子而吃子。这是各位棋友应该格外注意的问题。

例

图1　问题图

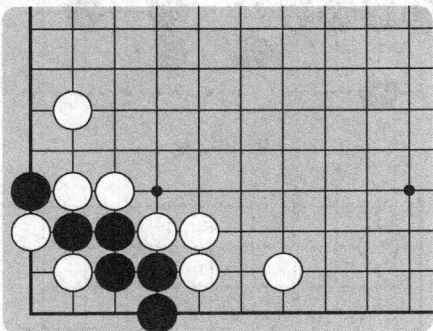

黑先，且黑棋还没有眼，应该怎样做活呢？

图2　正解图

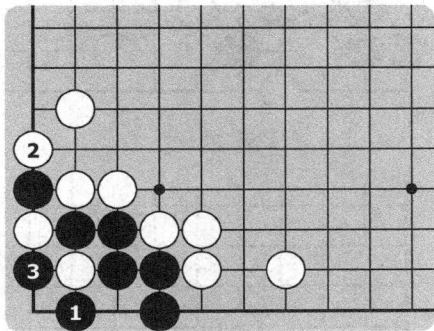

黑1打吃，白2只好提，黑3提，黑棋形成了三只眼，成功活棋。

图3　变化图

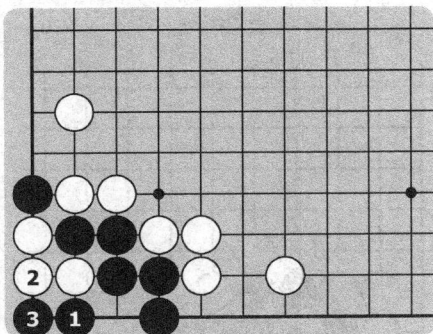

黑1打吃，白2接，想破坏黑棋眼位，黑3提，黑棋依然做出了两只真眼。

图4　失败图

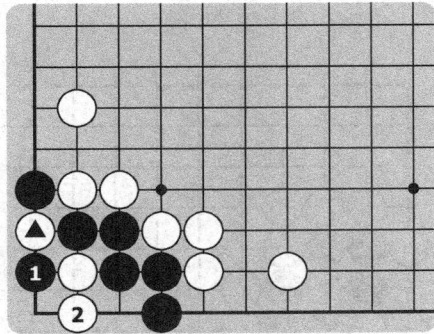

黑1提是错误的下法！白2长，破坏黑棋眼形。因▲处是假眼，黑棋不能做出两只真眼，无法做活。

吃子做活（一）

黑先，请利用吃子做活，并写出必要的过程。

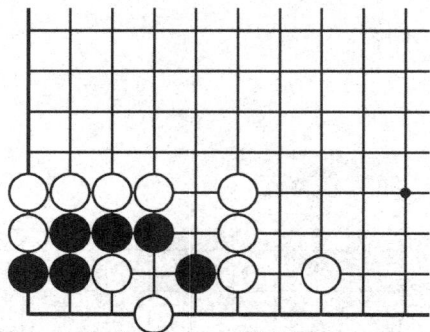

第 25 题

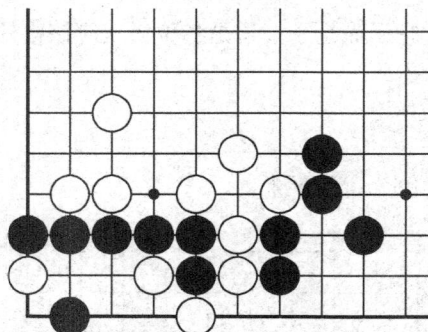

第 26 题

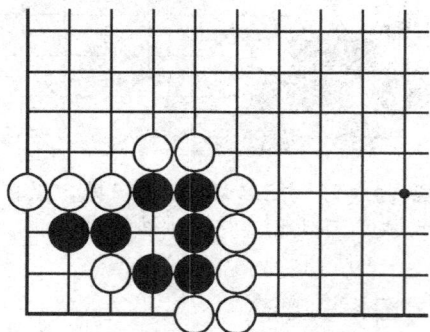

第 27 题

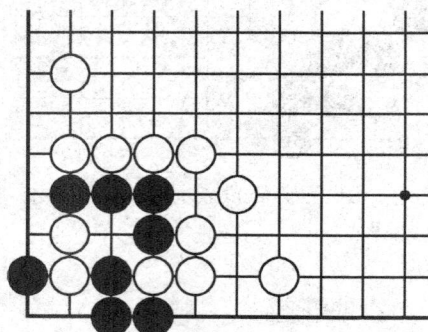

第 28 题

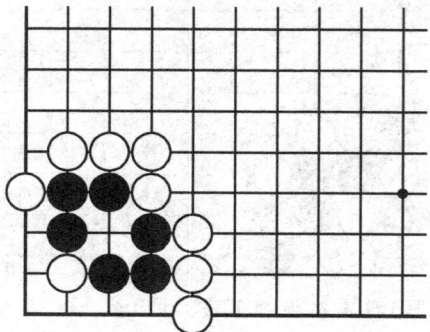

第 29 题

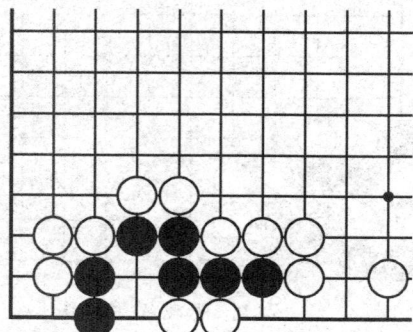

第 30 题

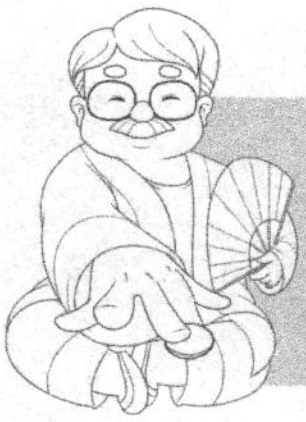

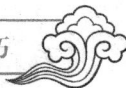

吃子做活（二）

黑先，请利用吃子做活，并写出必要的过程。

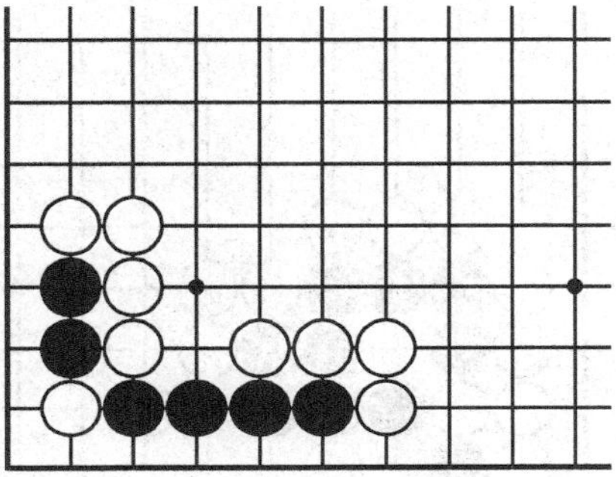

第 31 题

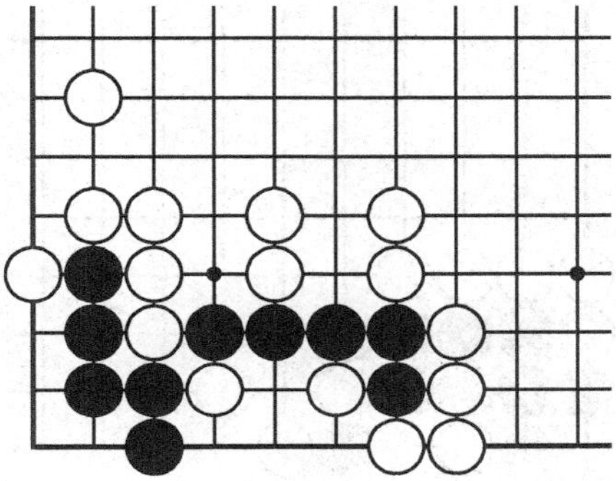

第 32 题

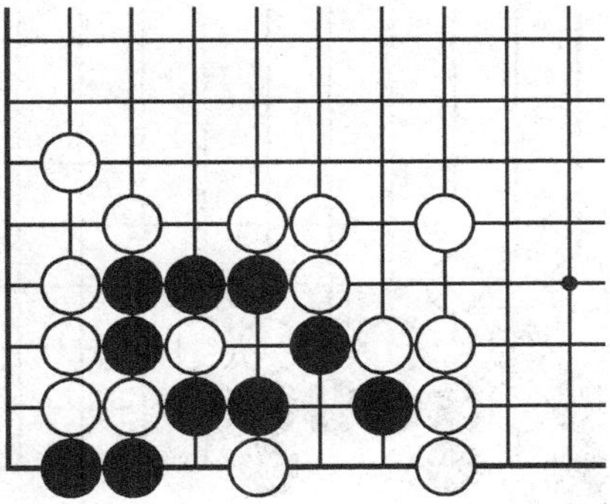

第 33 题

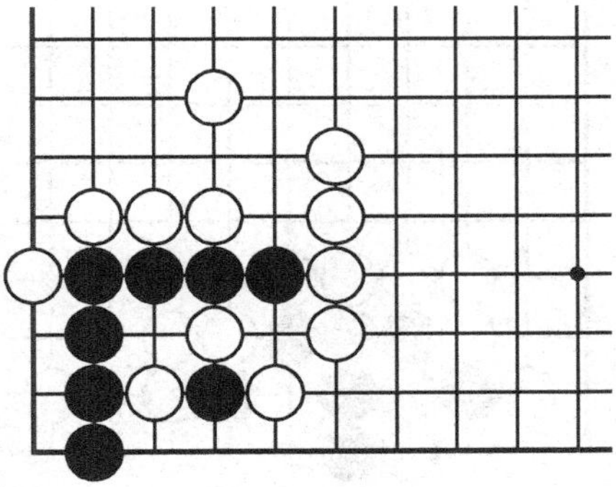

第 34 题

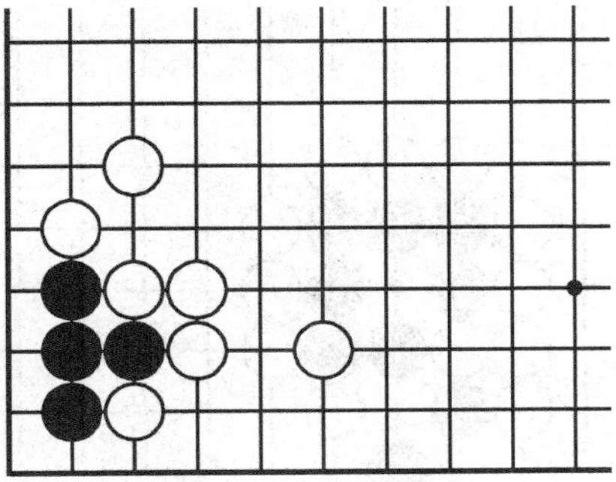

第 35 题

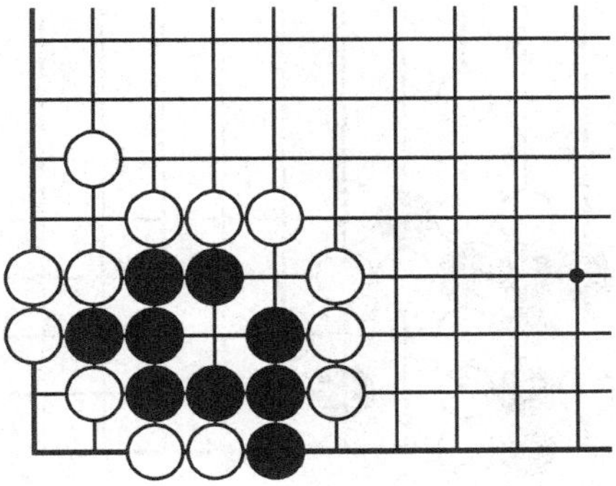

第 36 题

吃子做活（三）

黑先，请利用吃子做活，并写出必要的过程。

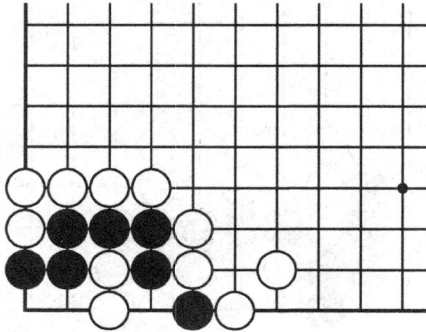

第 37 题

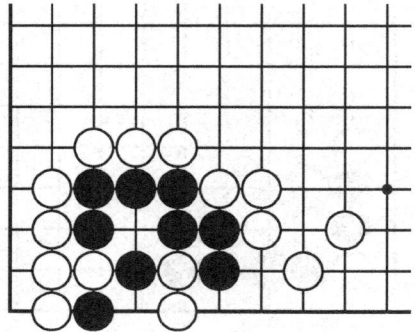

第 38 题

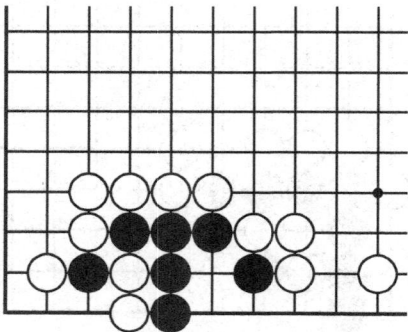

第 39 题

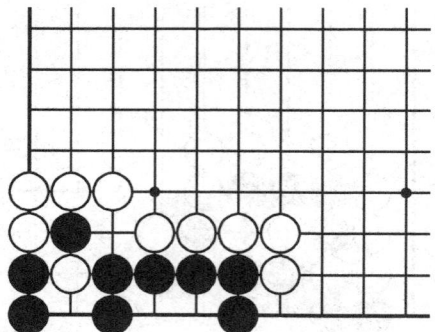

第 40 题

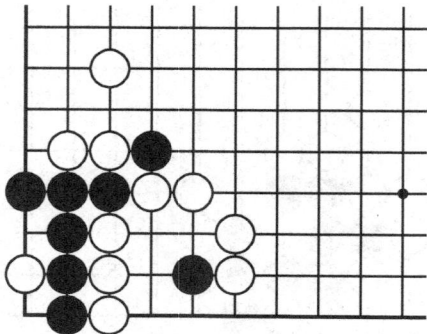

第 41 题

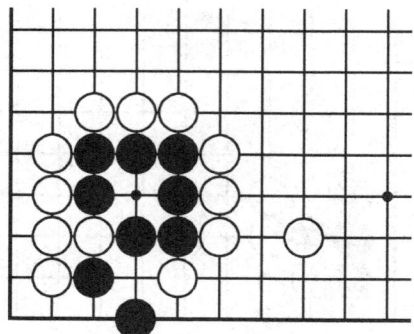

第 42 题

吃子做活（四）

黑先，请利用吃子做活，并写出必要的过程。

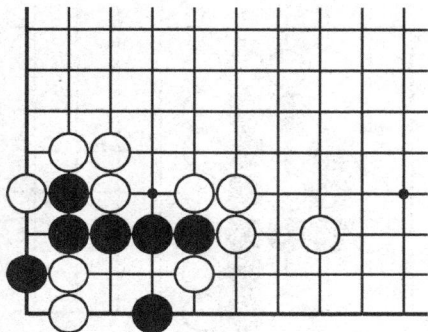

第 43 题

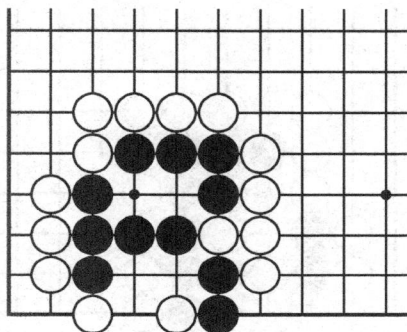

第 44 题

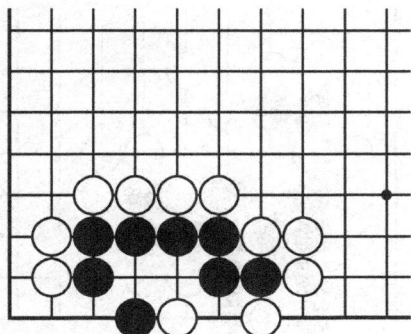

第 45 题

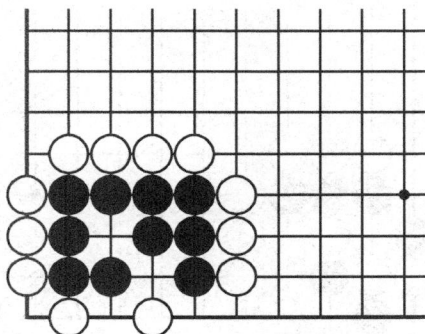

第 46 题

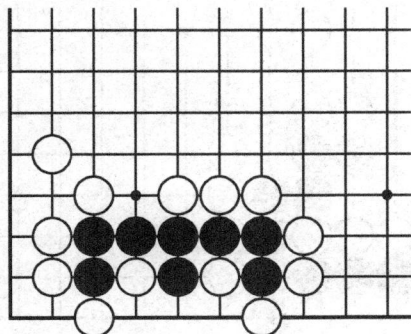

第 47 题

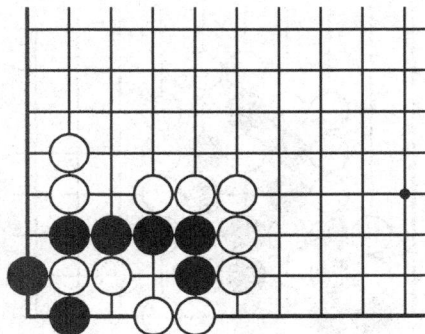

第 48 题

吃子做活（五）

黑先，请利用吃子做活，并写出必要的过程。

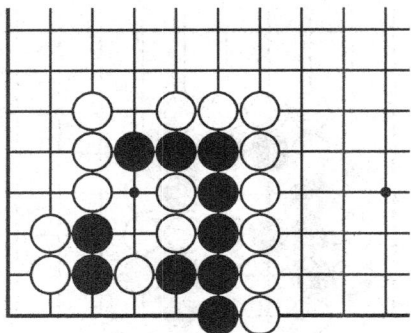

第 49 题

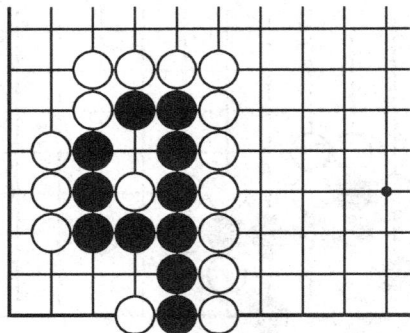

第 50 题

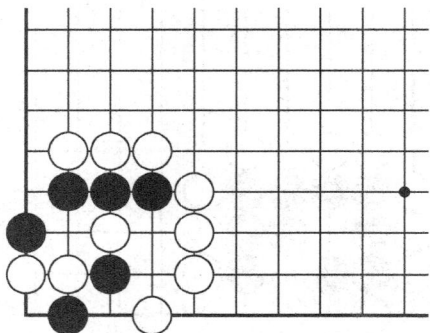

第 51 题

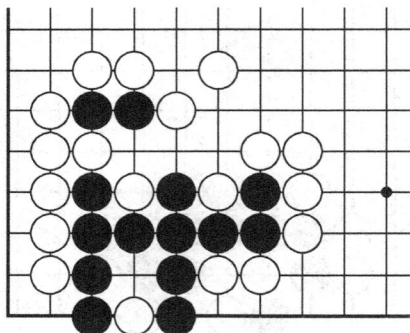

第 52 题

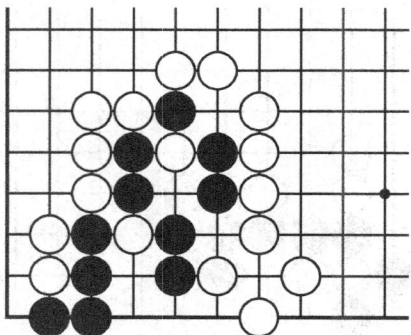

第 53 题

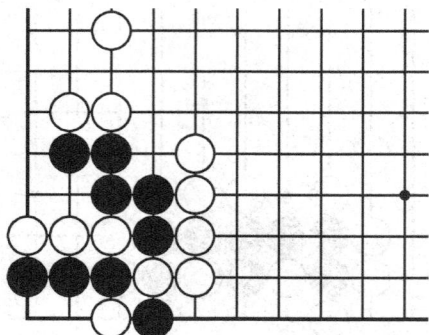

第 54 题

1.3 利用先手

先手是指在局部战斗中，下出的一手使对方必须应对的着法；如果脱先，就会付出较大的代价。所以，先手都是有强硬的后续手段的。先手在死活问题中有非常大的作用。先手相对的是后手，后手是缺乏后续手段的着法。

例

图1 问题图

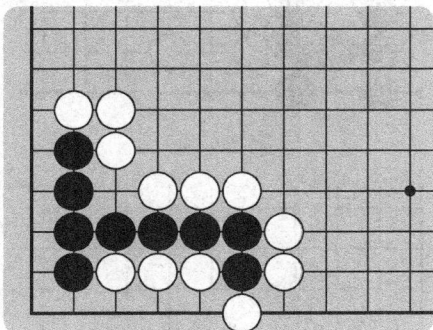

黑先，应该怎样利用先手做活呢？

图2 正解图1

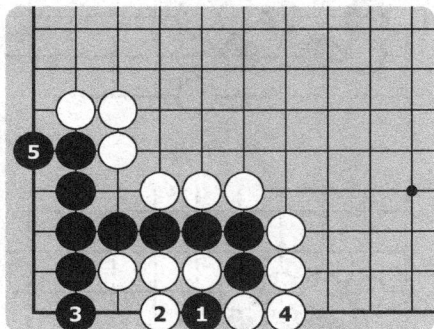

黑1扑，白2提，黑3立是先手，否则形成接不归的棋形。白4粘，黑5成功做成直四活棋的棋形。

图3 正解图2

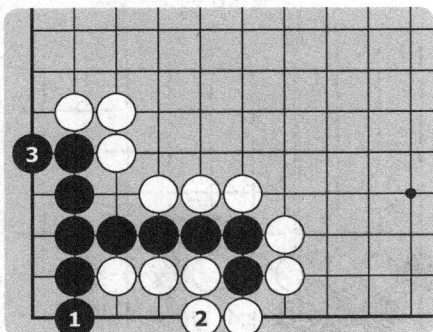

黑1直接立，也是先手，白2只好粘，防止黑棋扑后形成接不归的棋形。然后黑3做活。

图4 失败图

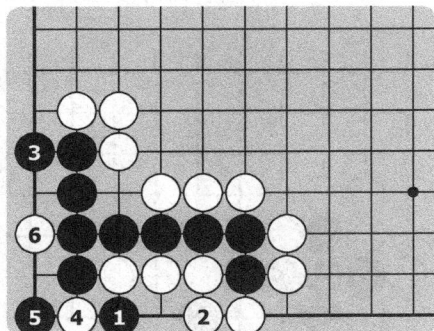

黑1扳是致命的失误，白2粘，黑3立，白4扑，黑5提，白6点，黑棋被杀。

利用先手做活（一）

黑先，请利用先手做活，并写出必要的过程。

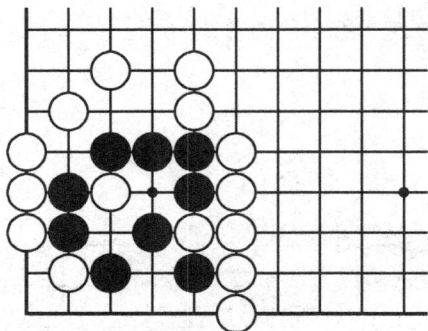

第 55 题

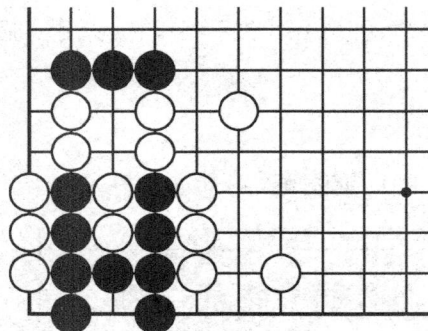

第 56 题

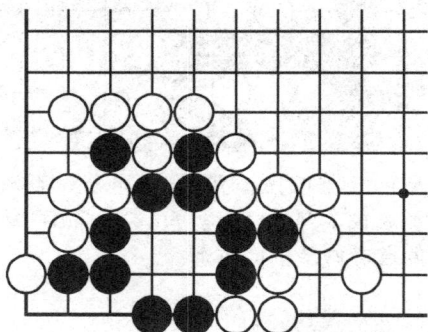

第 57 题

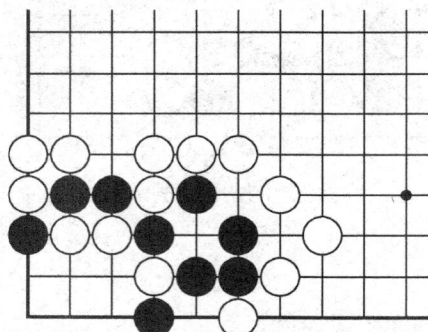

第 58 题

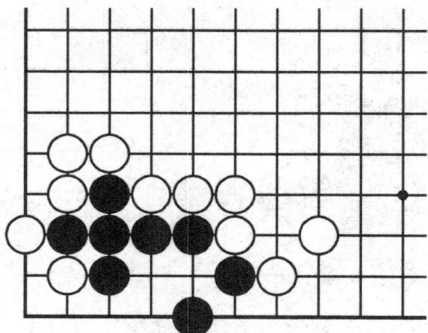

第 59 题

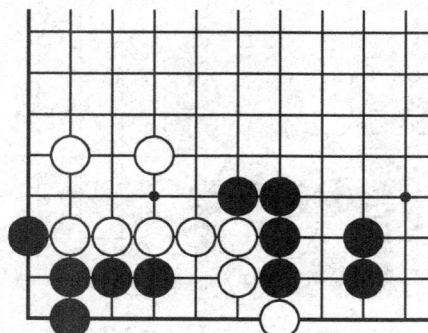

第 60 题

利用先手做活（二）

黑先，请利用先手做活，并写出必要的过程。

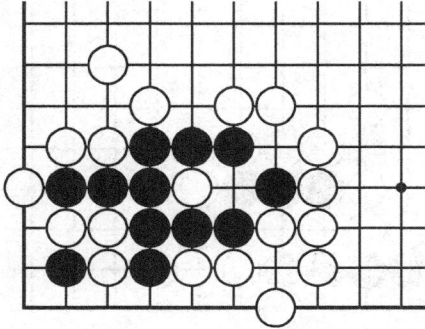

第 61 题

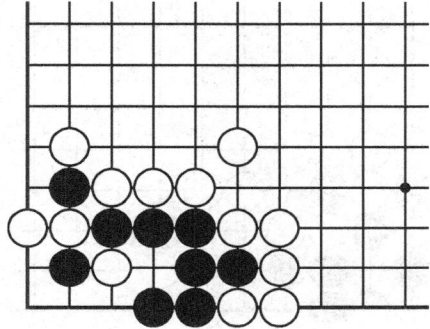

第 62 题

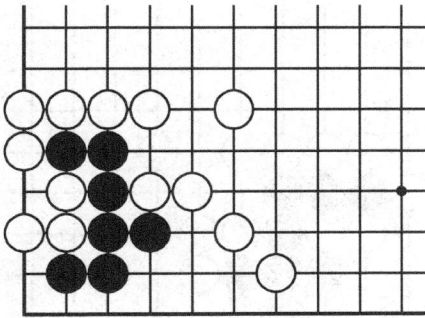

第 63 题

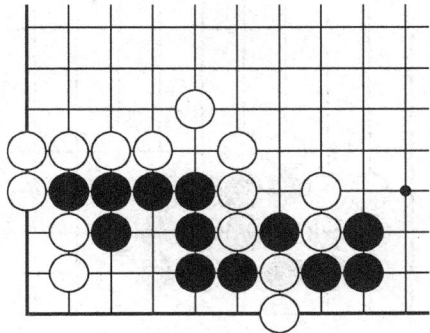

第 64 题

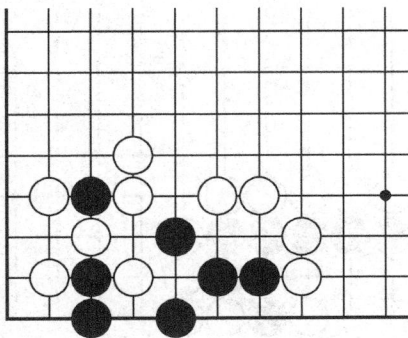

第 65 题

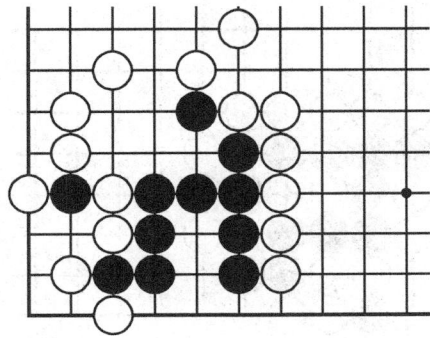

第 66 题

利用先手做活（三）

黑先，请利用先手做活，并写出必要的过程。

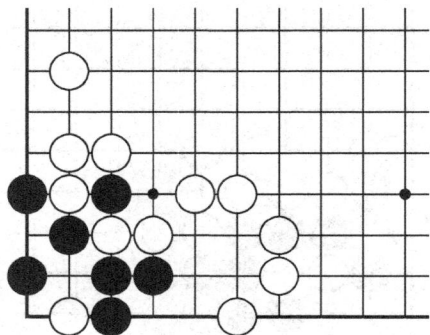

第 67 题

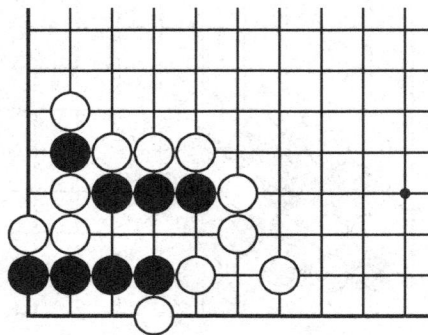

第 68 题

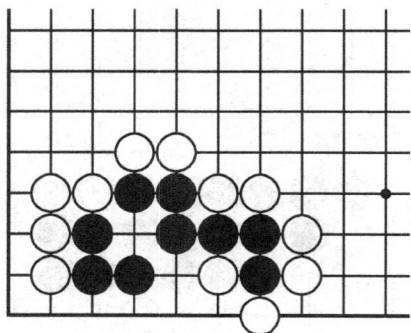

第 69 题

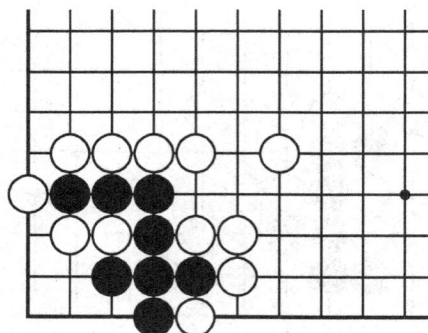

第 70 题

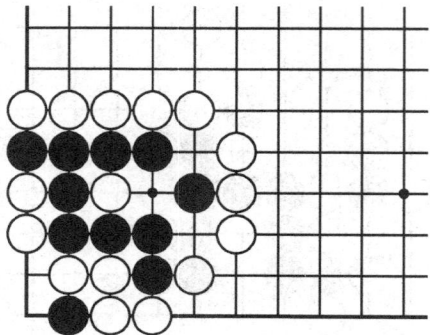

第 71 题

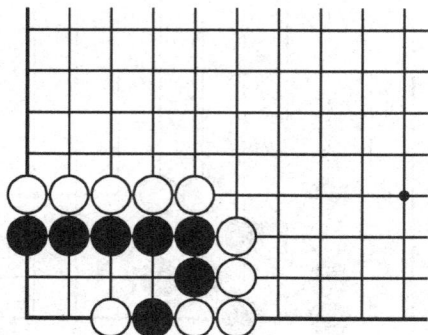

第 72 题

1.4　扩大眼位

扩大眼位是最常用的活棋技巧之一，指通过扩大自身的做眼空间，来确保能够做出两只真眼，从而活棋的方法。从另一个角度来说，扩大做眼空间，在做活的同时，最大限度地增加了目数。需要注意的是，利用扩大眼位做活时，需要避开直三、弯三、方四、丁四、刀把五和葡萄六等死形。

例

图1　问题图

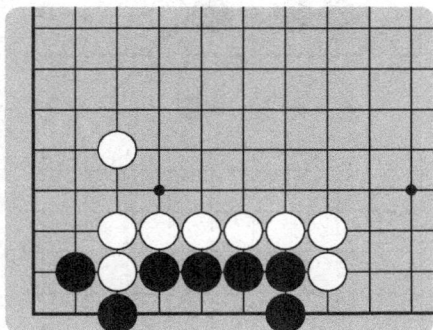

黑先，应该怎样通过扩大眼位的方法做活呢？

图2　正解图

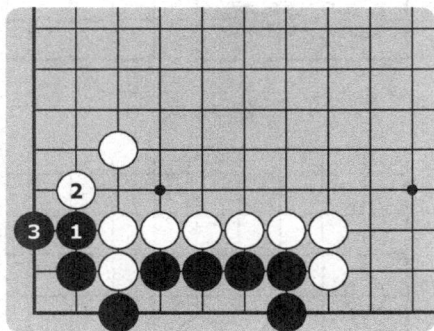

黑1长，黑3立，是扩大眼位的好手段。黑棋共围空六目，成功活棋。

图3　变化图

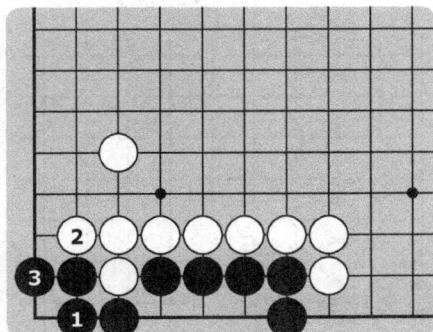

黑1粘，白2挡，黑3立，黑可以活棋。但是，黑棋只围空四目，不是最佳下法。

图4　失败图

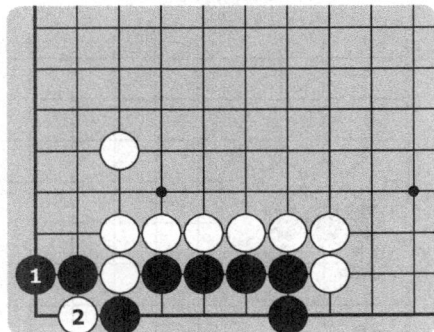

黑1立是初学者常见的错误下法。白2扑，因为角上是假眼，黑棋被杀。

扩大眼位做活（一）

黑先，请利用扩大眼位做活，并写出必要的过程。

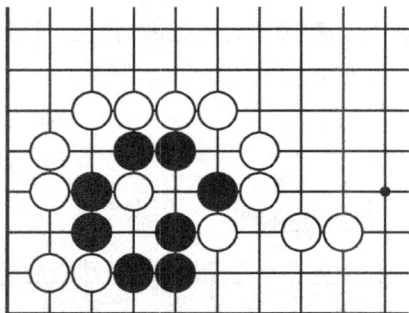

第 73 题

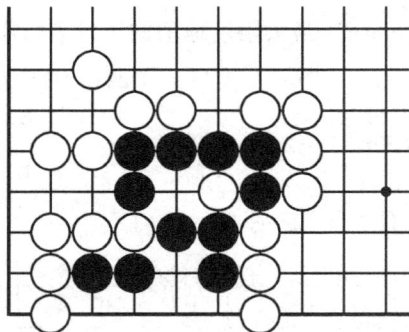

第 74 题

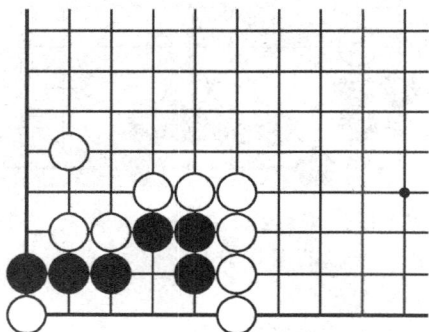

第 75 题

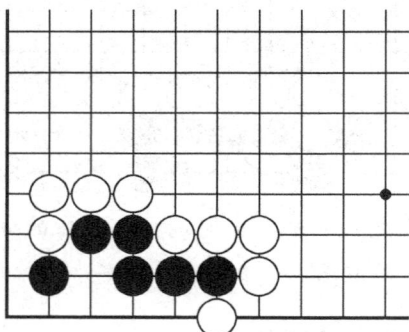

第 76 题

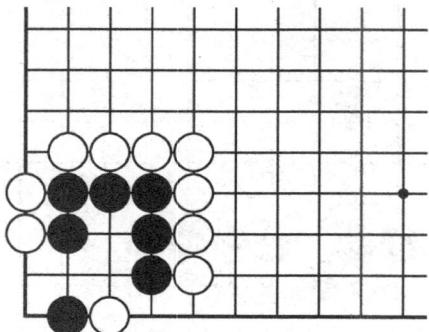

第 77 题

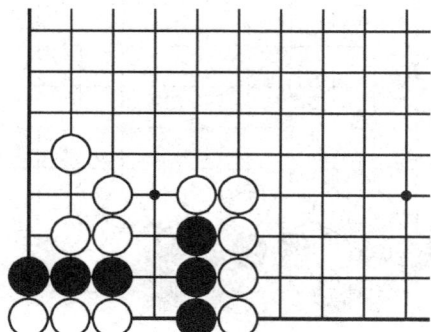

第 78 题

扩大眼位做活（二）

黑先，请利用扩大眼位做活，并写出必要的过程。

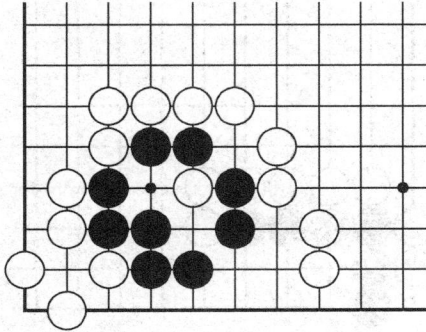

第 79 题

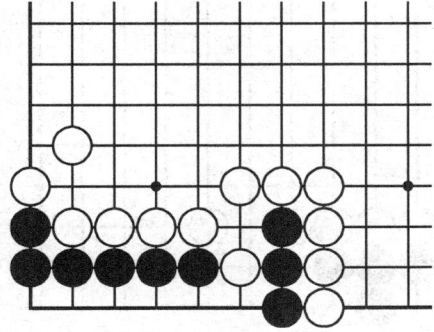

第 80 题

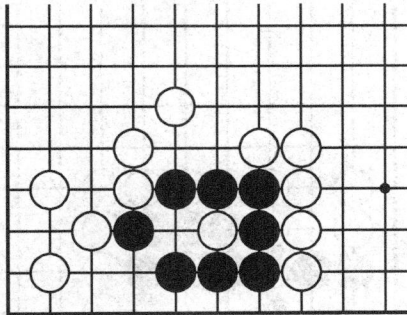

第 81 题

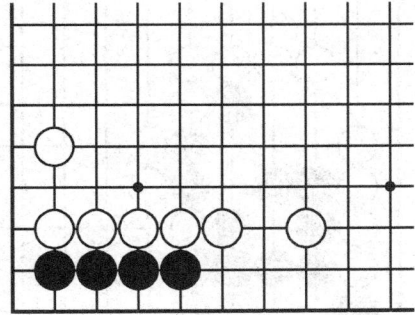

第 82 题

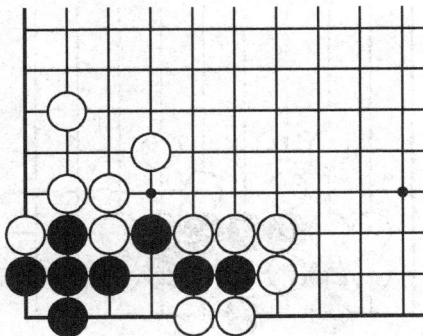

第 83 题

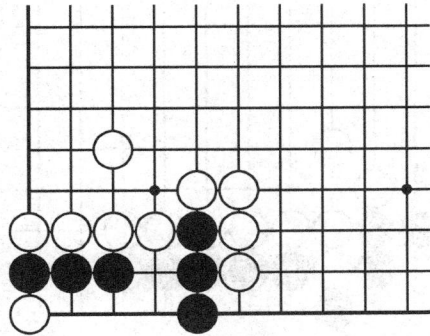

第 84 题

扩大眼位做活（三）

黑先，请利用扩大眼位做活，并写出必要的过程。

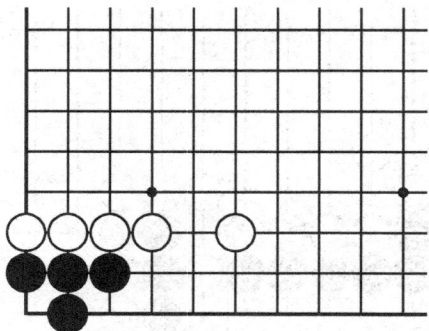

第 85 题

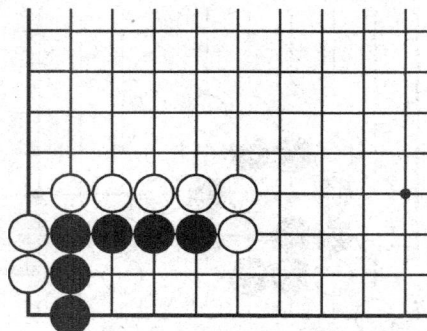

第 86 题

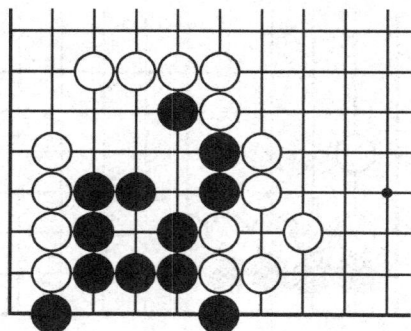

第 87 题

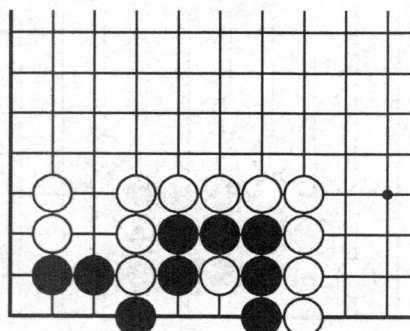

第 88 题

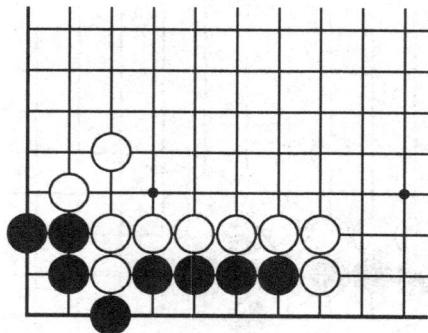

第 89 题

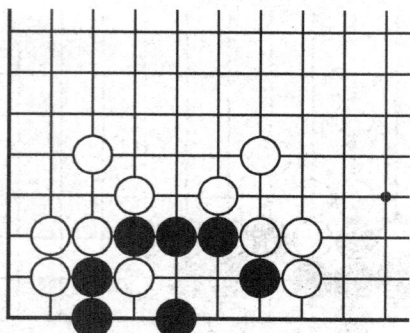

第 90 题

扩大眼位做活（四）

黑先，请利用扩大眼位做活，并写出必要的过程。

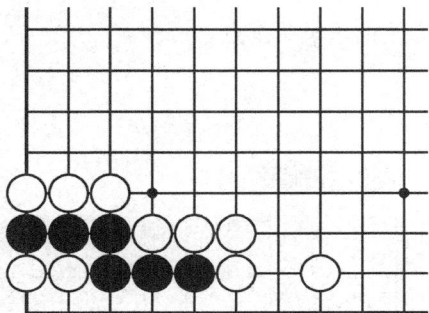

第 91 题

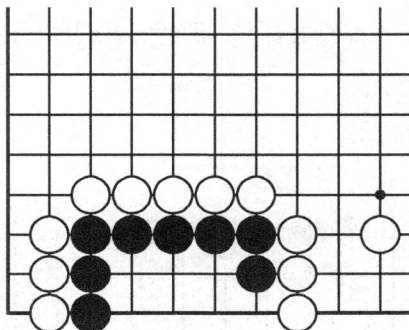

第 92 题

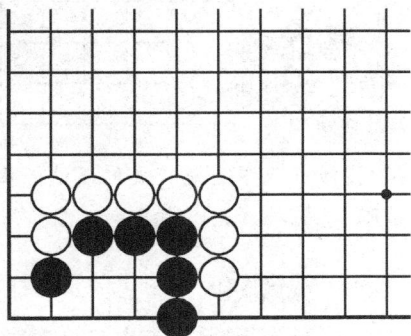

第 93 题

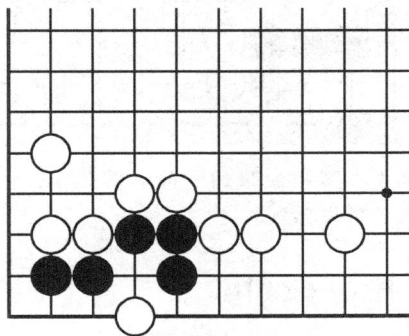

第 94 题

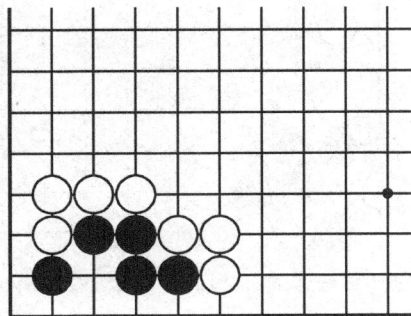

第 95 题

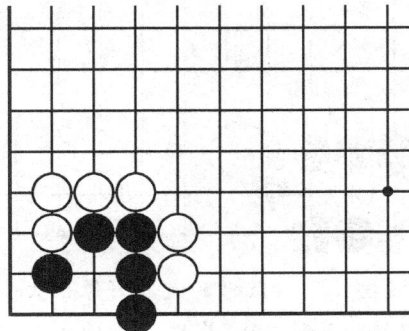

第 96 题

1.5 占据要点

当做眼的空间比较狭窄时，我们需要利用特定的棋形，找到最佳的选点，达到做出两只真眼，从而活棋的目的，这种活棋技巧叫作占据要点。棋谚云：敌之要点即我之要点。做活的要点常常也是对手必抢的杀棋关键点。

例

图1　问题图

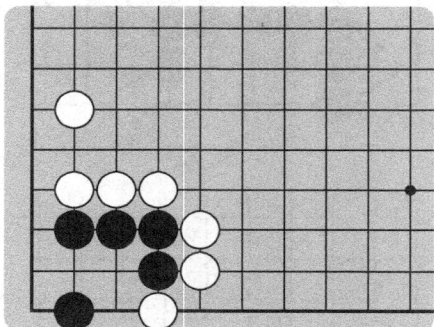

黑先，黑棋做眼的空间非常狭窄，应该怎样做活呢？

图2　正解图

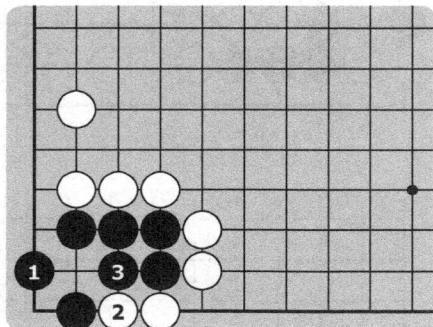

黑1先做一只眼，是重要的下法。白2破眼，黑3挡，刚好做出两只眼。

图3　失败图1

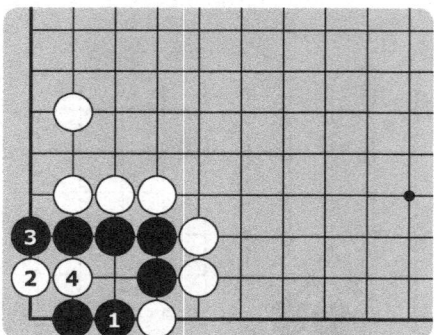

黑1挡，黑棋做眼的空间好像很大。但被白2点，白4长后，黑棋已无法做活。

图4　失败图2

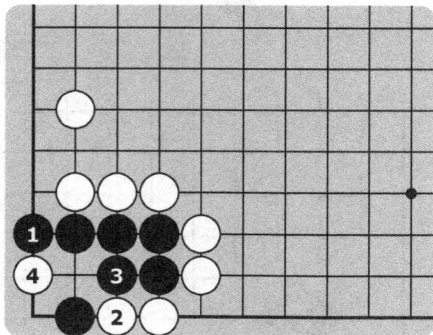

黑1立好像是不错的下法，但白2缩小黑棋眼位后，黑3挡，此时黑棋眼形是弯三。白4点，黑棋被杀。

占据要点做活（一）

黑先，请利用占据要点做活，并写出必要的过程。

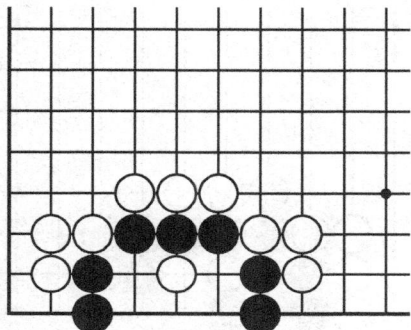

第 97 题

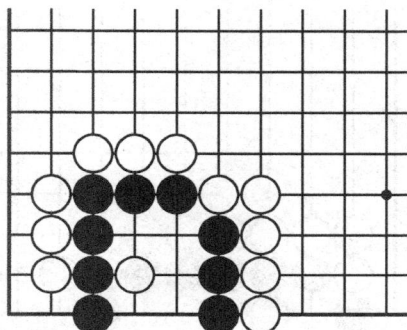

第 98 题

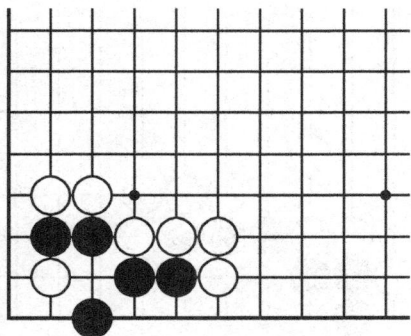

第 99 题

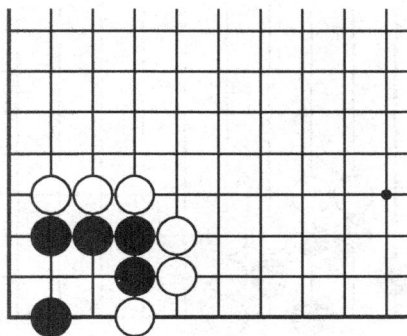

第 100 题

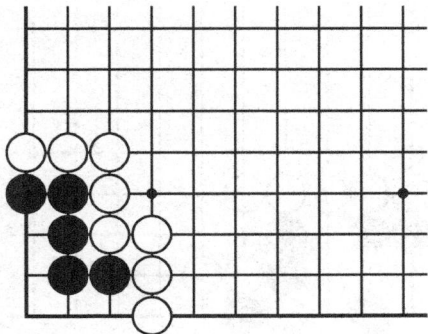

第 101 题

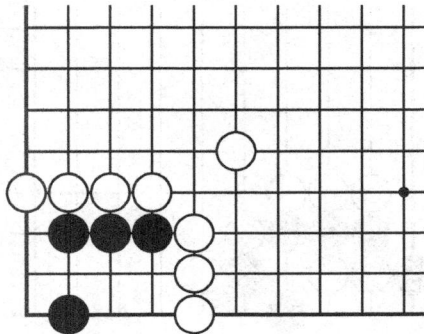

第 102 题

占据要点做活（二）

黑先，请利用占据要点做活，并写出必要的过程。

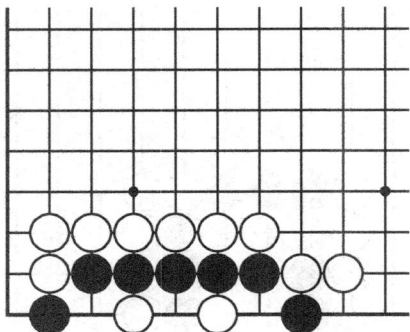

第 103 题

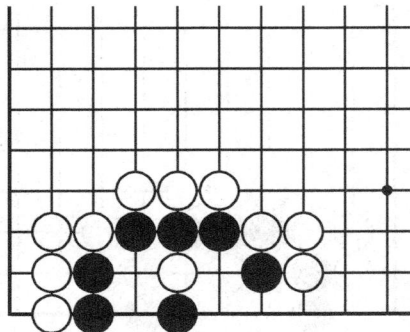

第 104 题

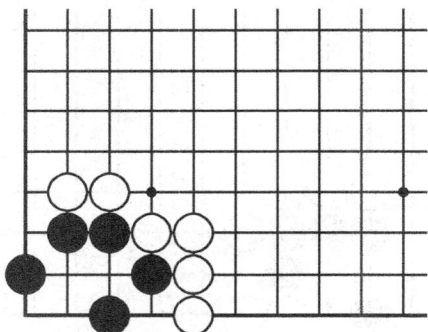

第 105 题

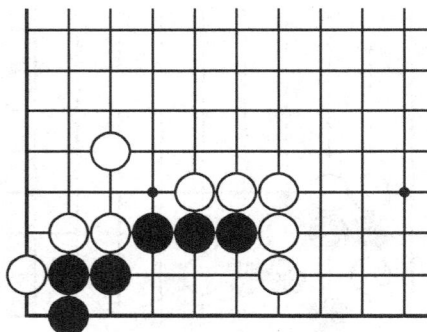

第 106 题

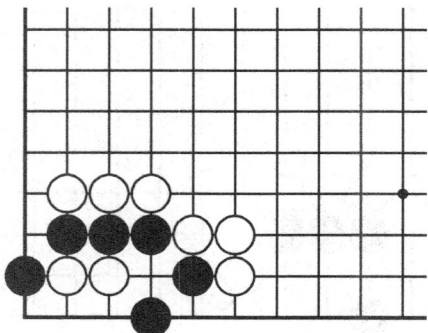

第 107 题

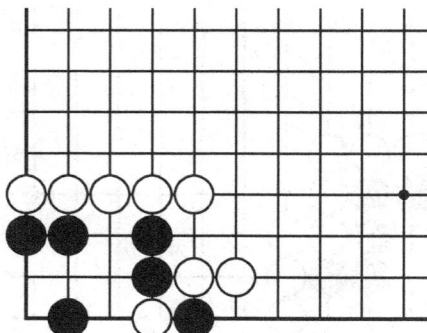

第 108 题

占据要点做活（三）

黑先，请利用占据要点做活，并写出必要的过程。

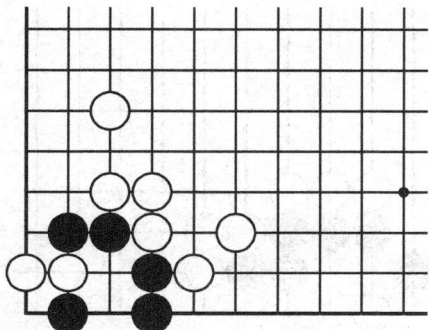

第 109 题

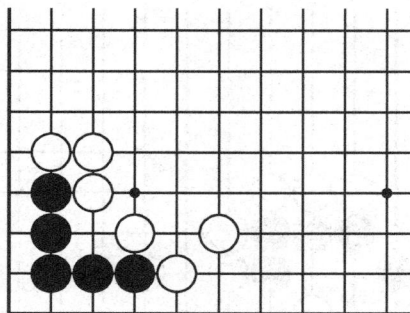

第 110 题

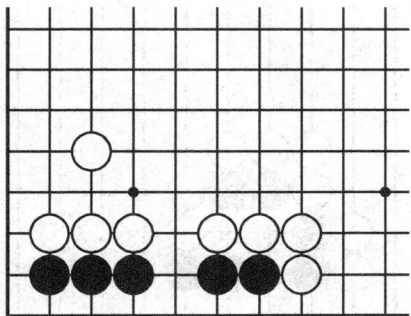

第 111 题

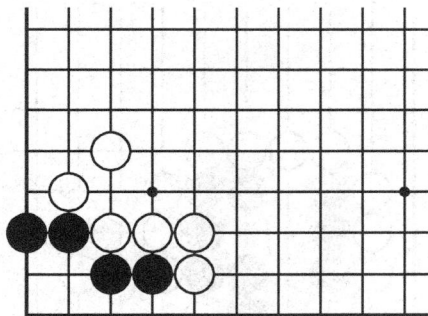

第 112 题

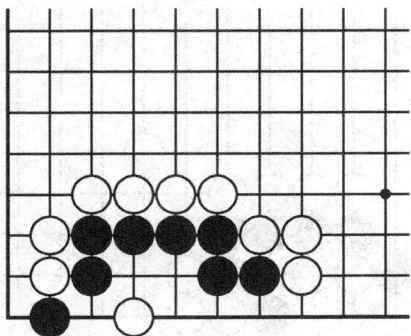

第 113 题

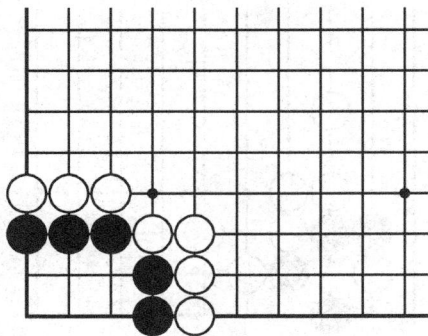

第 114 题

占据要点做活（四）

黑先，请利用占据要点做活，并写出必要的过程。

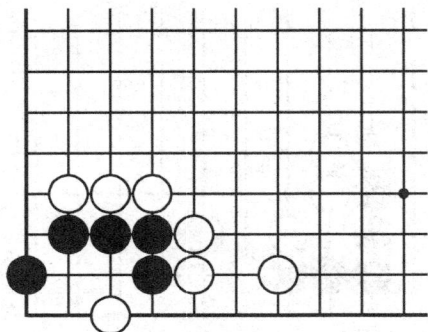

第 115 题

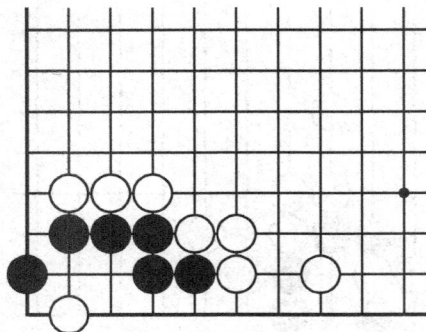

第 116 题

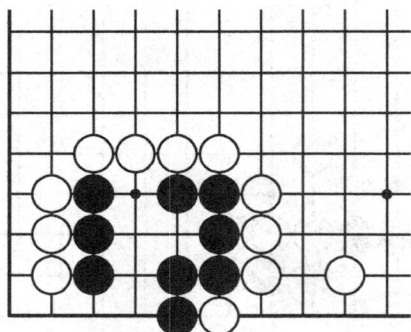

第 117 题

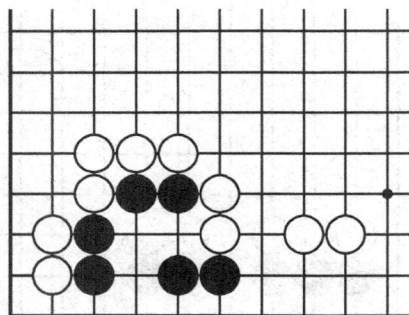

第 118 题

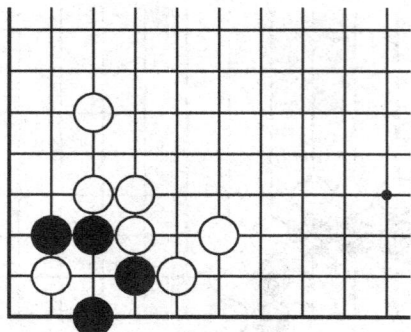

第 119 题

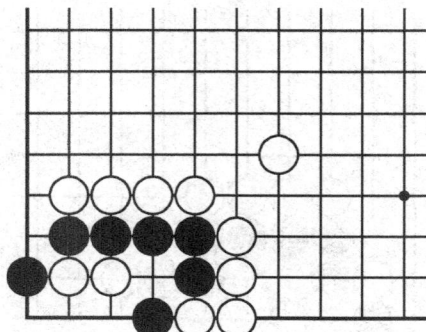

第 120 题

1.6 双活

　　双活指双方各有一块棋被包围，无法做出两只真眼，又无法吃掉对方的棋的活棋棋形。双活主要包括双方无眼双活和双方有眼双活两种类型。

例

图1 问题图

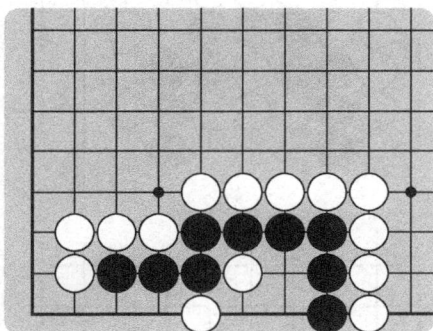

黑先，黑棋吃掉被包围的两颗白子很简单，但围棋应该怎样活棋呢？

图2 正解图

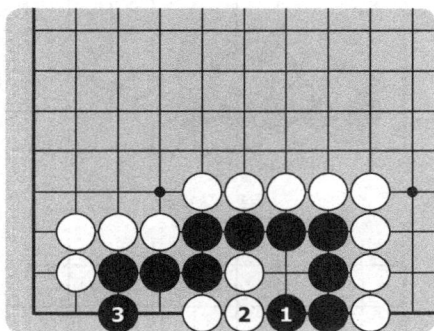

黑1弯是要点。白2粘，黑3立，形成双活。

图3 失败图1

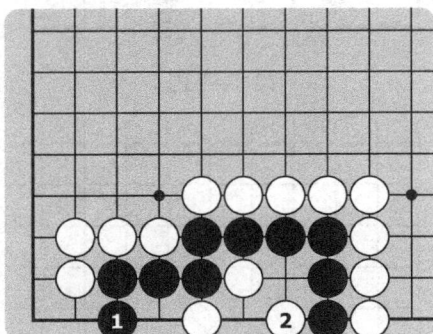

黑1直接立是错误的下法。白2做成丁四，黑棋被聚杀。

图4 失败图2

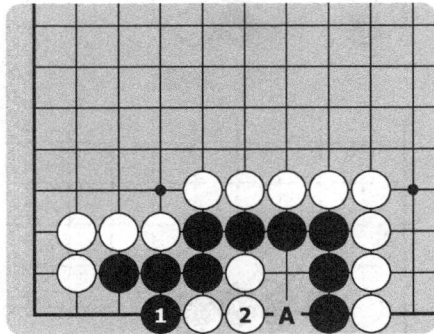

黑棋打吃是不明智的下法。白2粘，做成弯三，这不是双活。此后白棋下A位可做成丁四，从而聚杀黑棋。

双活（一）

黑先，请利用双活做活，并写出必要的过程。

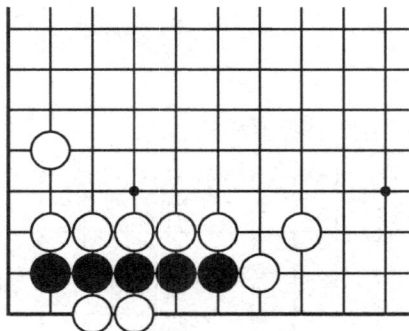

第 121 题

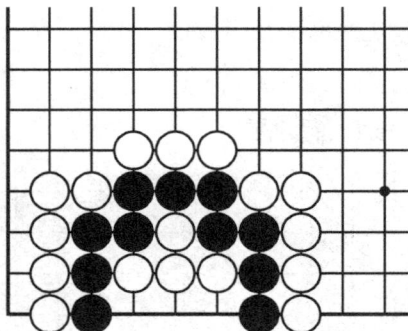

第 122 题

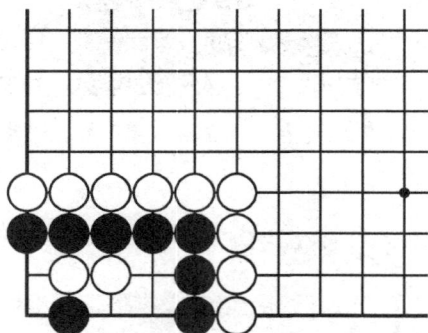

第 123 题

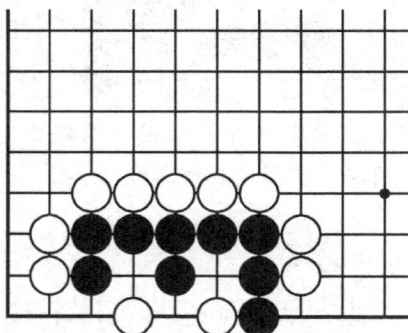

第 124 题

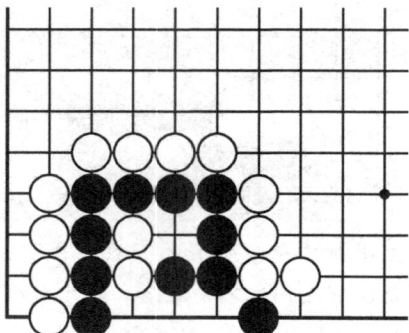

第 125 题

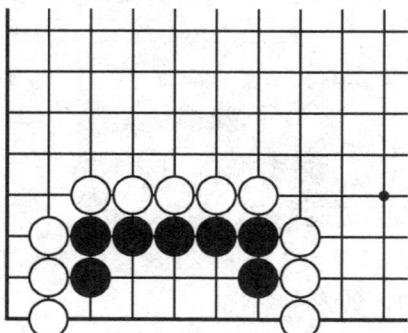

第 126 题

双活（二）

黑先，请利用双活做活，并写出必要的过程。

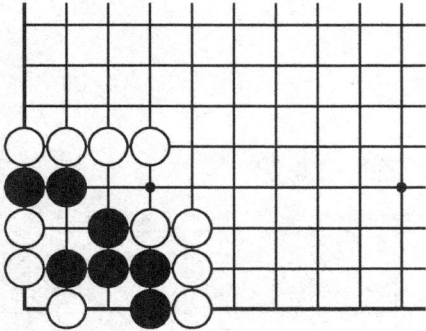

第 127 题

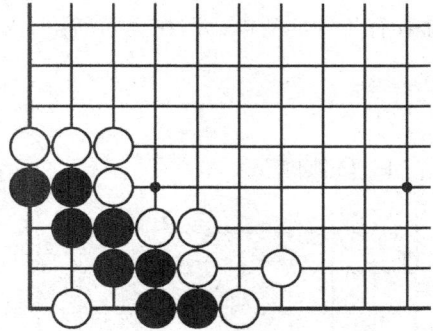

第 128 题

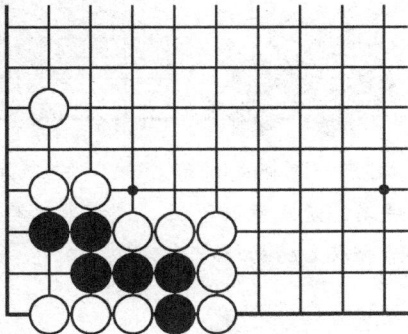

第 129 题

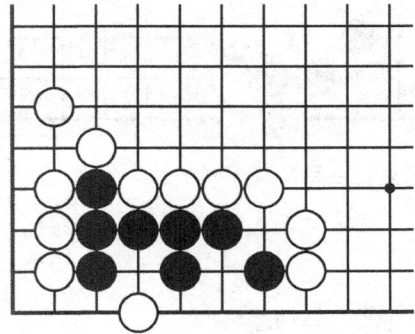

第 130 题

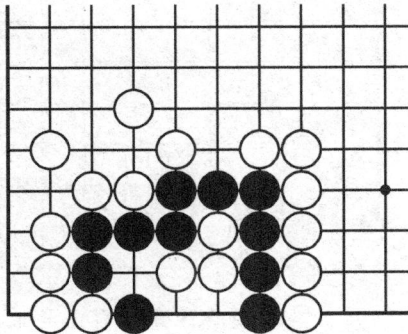

第 131 题

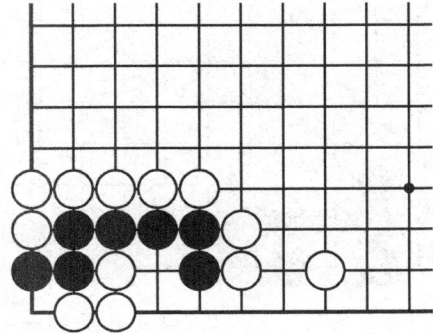

第 132 题

1.7　劫活

打劫是围棋中的一种重复落子的特殊下法，包含了做劫、提劫、寻劫材、应劫、再提劫等直至消劫的过程。棋谚说：打劫活一半。劫活不同于净活，劫活意味着有条件的活棋，即在全局利益上要有所割舍。

例

图1　问题图

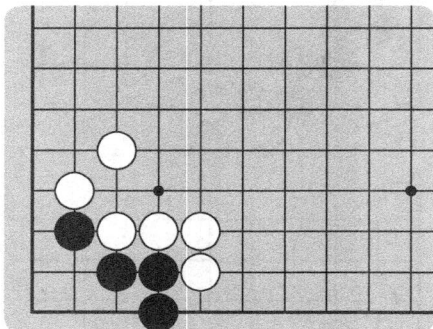

黑先，应该怎样做活呢？

图2　正解图

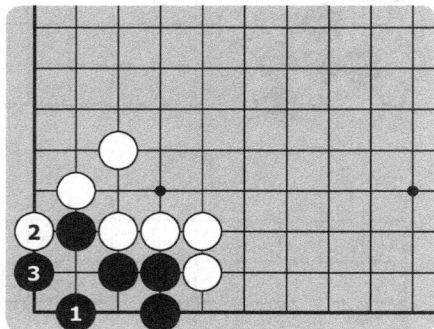

黑1虎，黑棋是好形。白2打吃，黑3做劫，是正确的下法。这块黑棋的死活和双方的劫材有关。

图3　失败图1

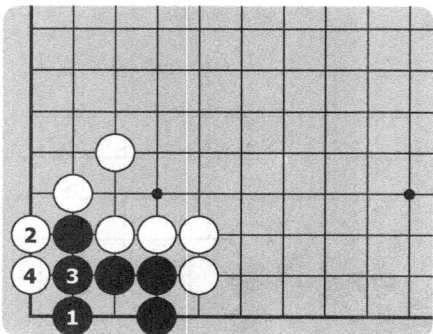

黑1虎，白2打吃。黑3粘是软弱的一手。白4长，黑棋被杀。

图4　失败图2

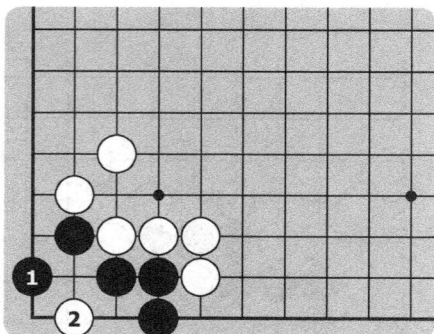

黑1虎，黑棋没有注意到自己的眼形是丁四。白2点，黑棋被吃。

劫活（一）

黑先，请利用打劫做活，并写出必要的过程。

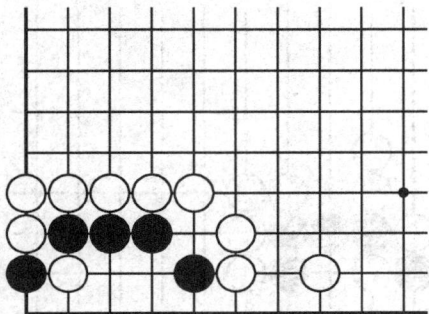

第 133 题

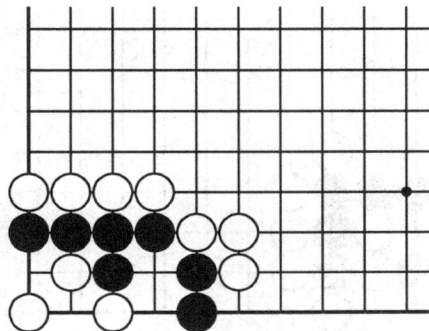

第 134 题

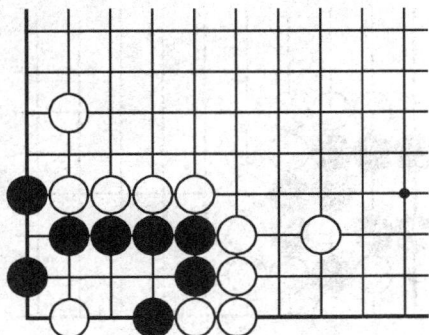

第 135 题

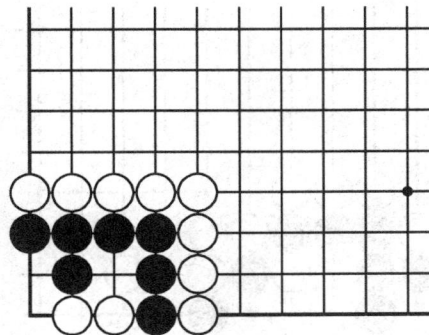

第 136 题

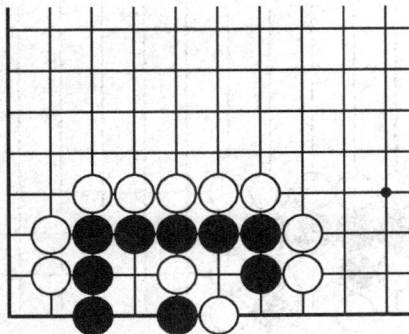

第 137 题

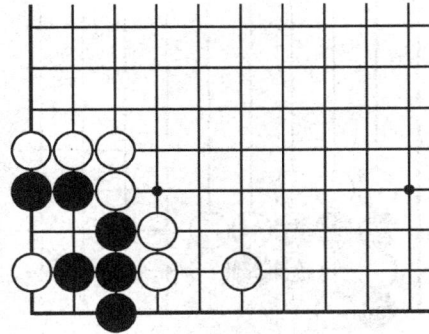

第 138 题

劫活（二）

黑先，请利用打劫做活，并写出必要的过程。

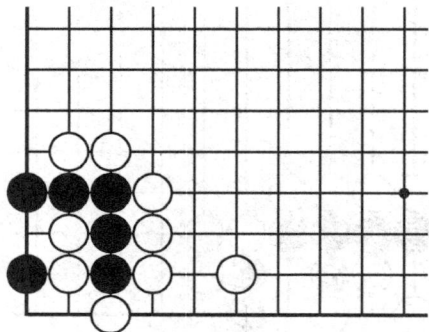

第 139 题

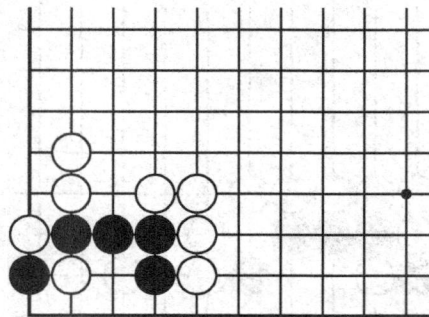

第 140 题

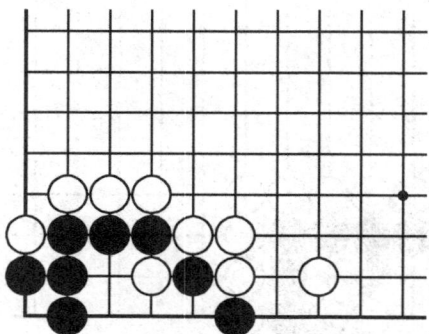

第 141 题

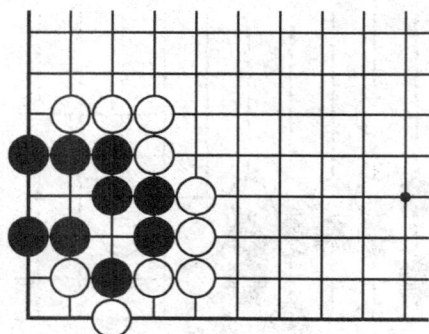

第 142 题

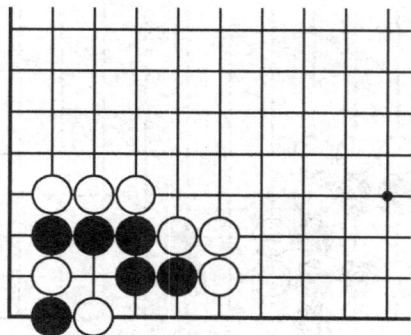

第 143 题

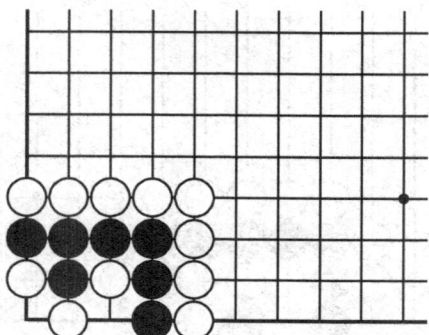

第 144 题

综合测试

综合测试（一）

黑先，请利用正确的方法做活，并写出必要的过程。

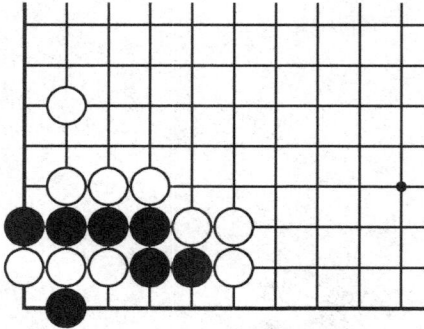

第 145 题

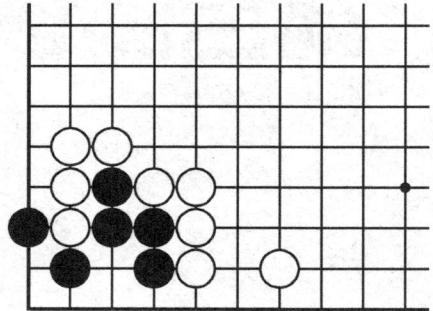

第 146 题

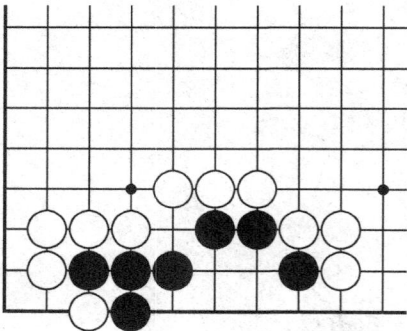

第 147 题

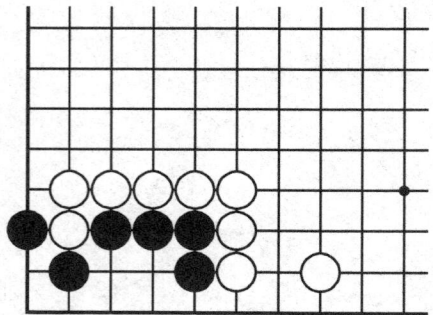

第 148 题

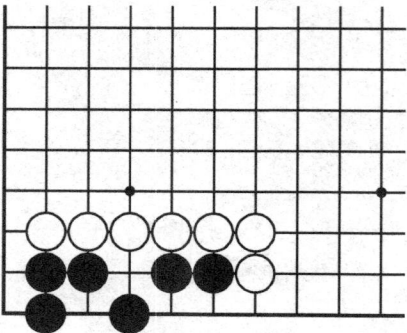

第 149 题

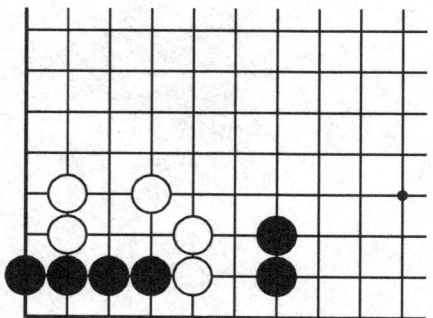

第 150 题

综合测试（二）

黑先，请利用正确的方法做活，并写出必要的过程。

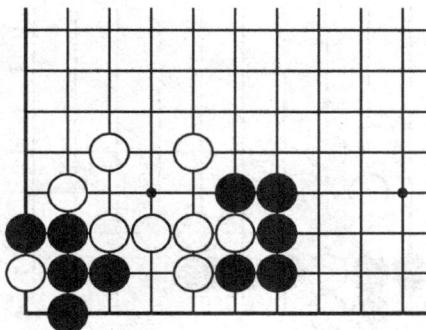

第 151 题

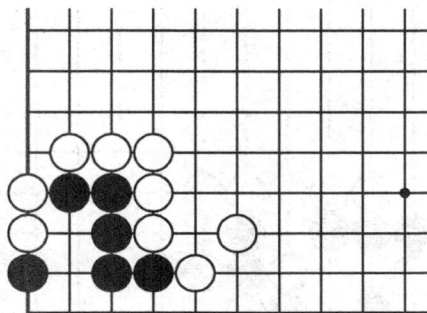

第 152 题

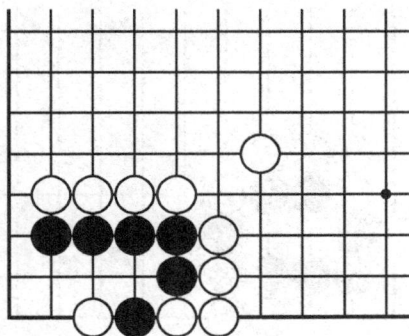

第 153 题

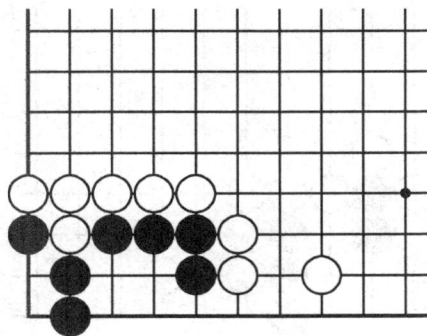

第 154 题

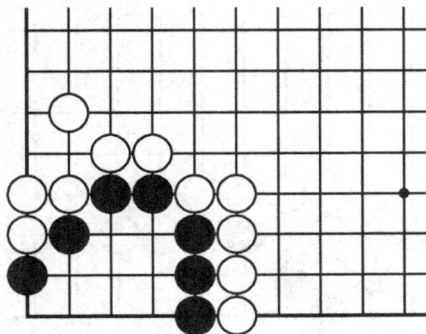

第 155 题

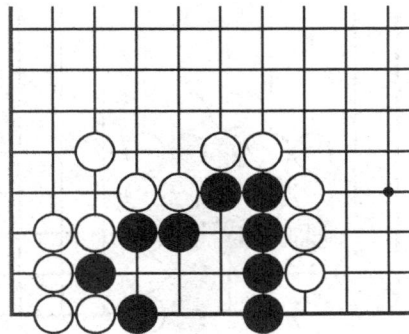

第 156 题

综合测试（三）

黑先，请利用正确的方法做活，并写出必要的过程。

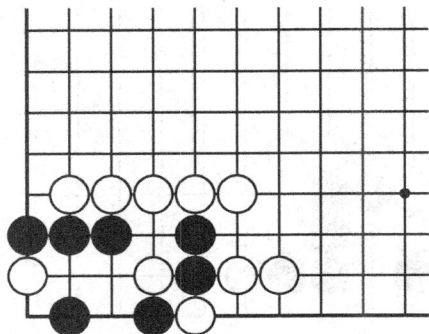

第 157 题

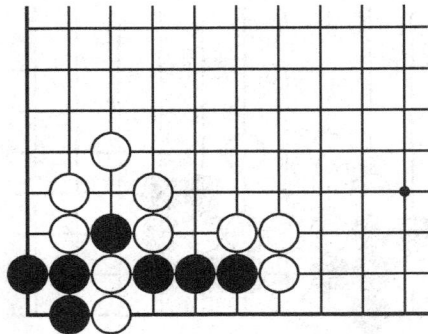

第 158 题

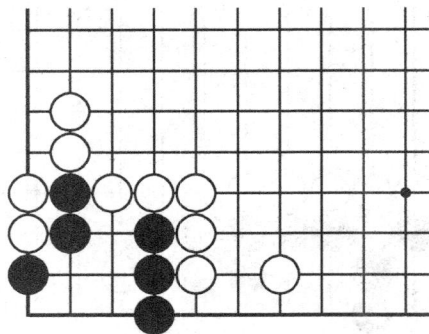

第 159 题

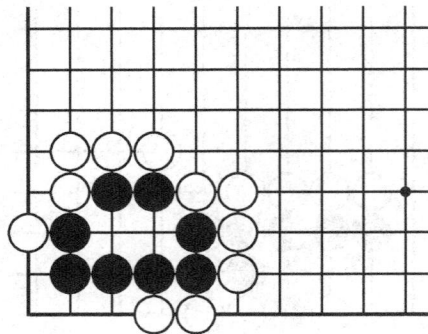

第 160 题

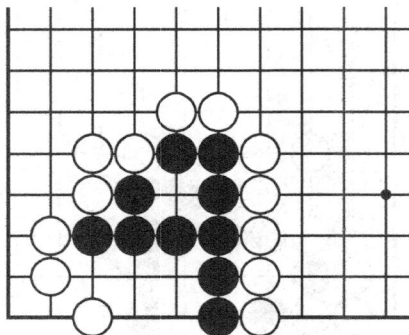

第 161 题

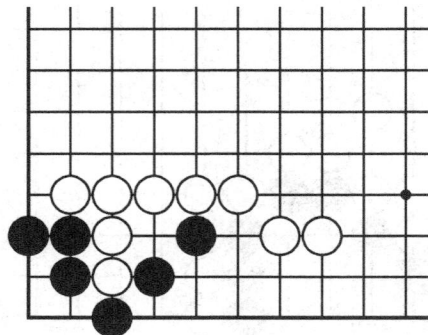

第 162 题

综合测试（四）

黑先，请利用正确的方法做活，并写出必要的过程。

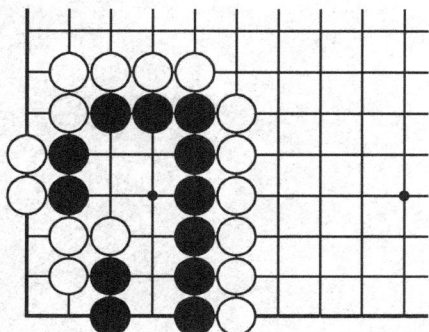

第 163 题

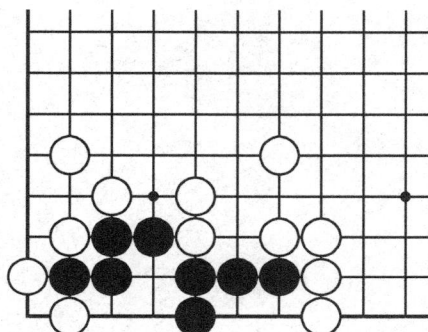

第 164 题

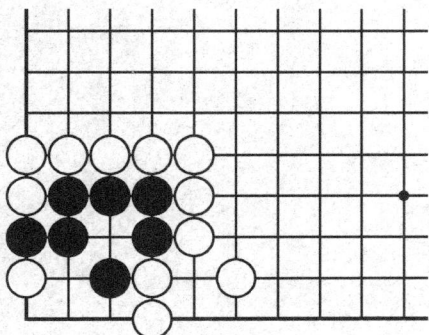

第 165 题

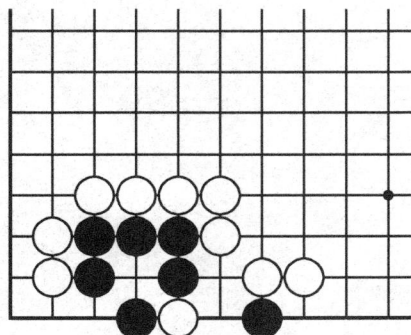

第 166 题

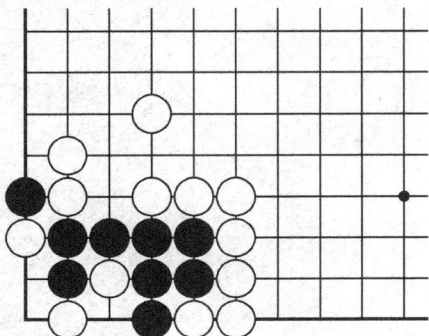

第 167 题

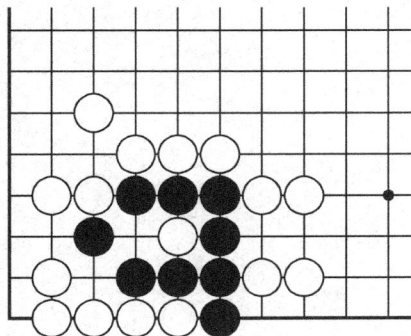

第 168 题

第二章
基础篇：杀棋技巧

  杀棋是行棋过程中最能体现战斗力的环节，也是最精彩的内容。大块棋子的攻杀，局部棋子的"围猎"，都能够淋漓尽致地展现出双方的围棋水平。

  在围棋的死活问题中，常见的杀棋技巧包括破眼杀棋、缩小眼位、占据要点、聚杀等。棋友们要观察这些技巧的特点，找到计算的方向，并学会合理地思考和推算，才能够在局部死活问题中取得优势。

2.1 破眼杀棋

做眼和破眼是死活问题中采用的基本技术，也是防守和进攻的基本方法。破眼方法种类繁多，常见的有冲、扳、扑、挤、挖等。只有通过练习对棋形进行观察、分类，对要点进行理解、研究，才能在行棋中灵活运用破眼杀棋。

例1

图1 问题图

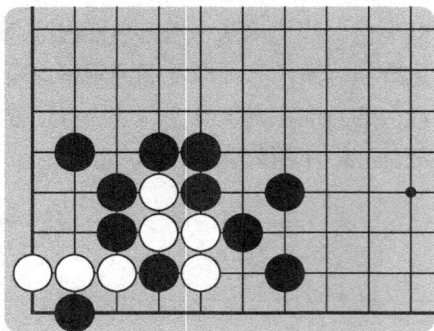

黑先，应该怎样破眼杀白呢？

图2 正解图

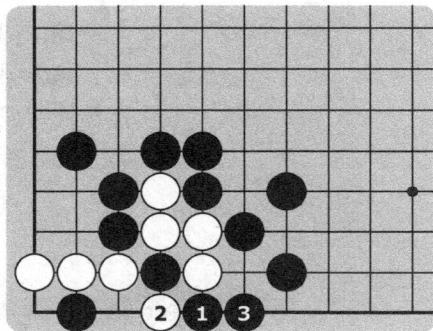

黑1反打吃，白2提，黑3连。白棋虽提了一子，但形成的这只眼为假眼，白棋被杀。

图3 失败图1

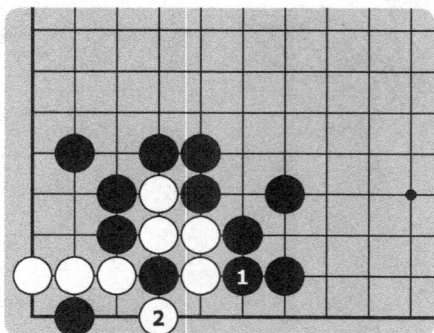

黑1打吃，白2提，这时白棋提子形成的眼是真眼，即白棋一共有两只真眼，从而活棋。

图4 失败图2

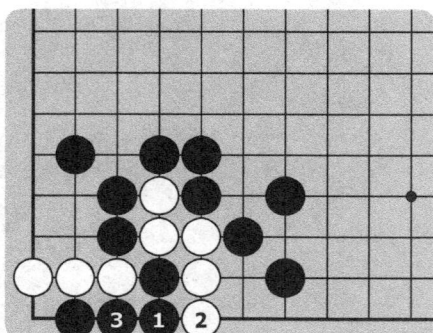

黑1立，白2挡，黑3连，黑棋为弯四棋形，白棋吃掉弯四棋形后净活。

例2

图1　问题图

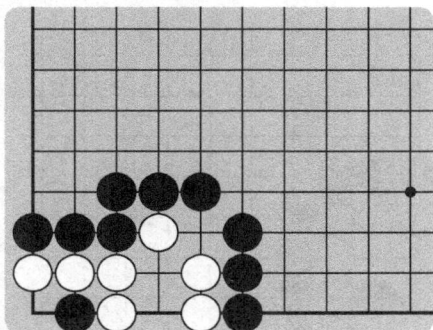

黑先，应该怎样破眼杀白呢？

图2　正解图

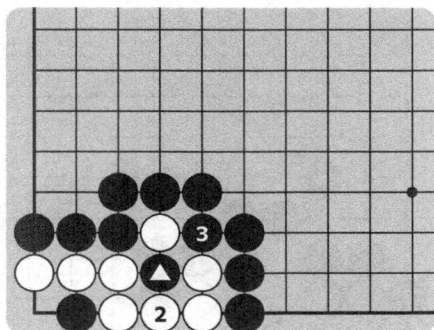

黑1扑在△位，白2提，黑3打吃。白棋在△位形成假眼，白棋被杀。

图3　失败图1

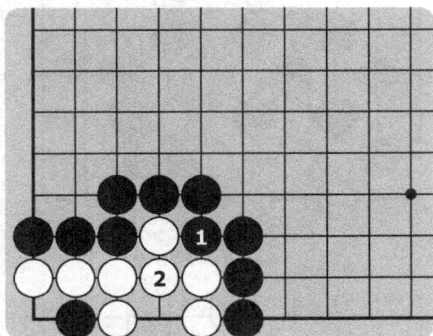

黑1打吃，白2直接粘上，白棋有两只真眼，黑棋杀白失败。

图4　失败图2

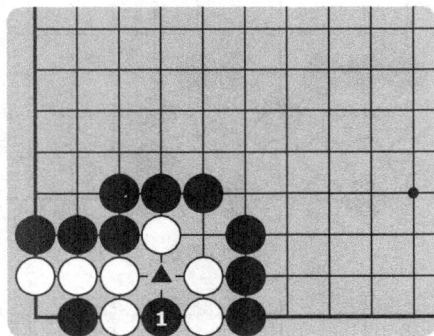

黑1看似是扑破眼，但白棋可下在▲位提掉黑棋，即白棋已成两只真眼，黑棋杀白失败。

破眼杀棋（一）

黑先，请用破眼杀棋的方法杀死白棋，并写出必要的过程。

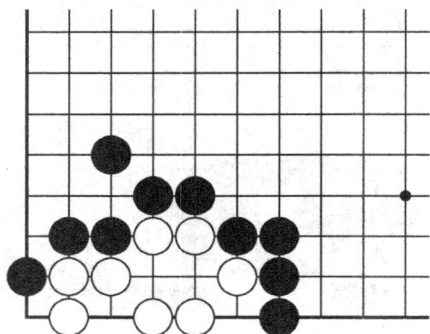

第 169 题

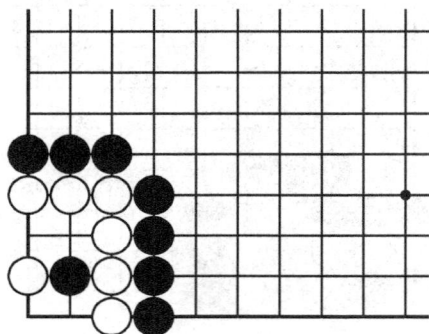

第 170 题

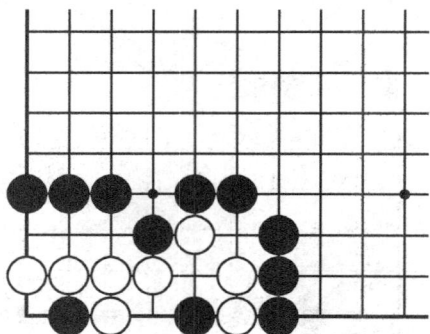

第 171 题

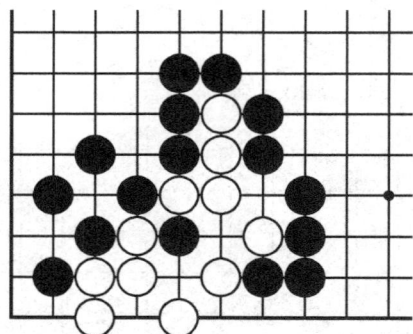

第 172 题

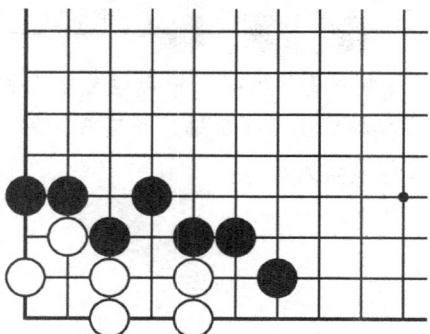

第 173 题

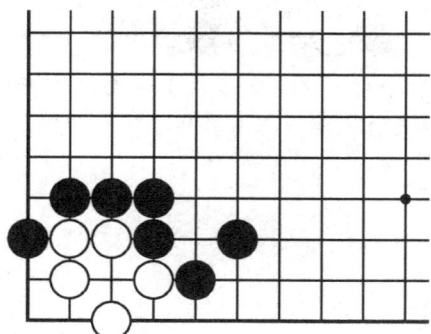

第 174 题

破眼杀棋（二）

黑先，请用破眼杀棋的方法杀死白棋，并写出必要的过程。

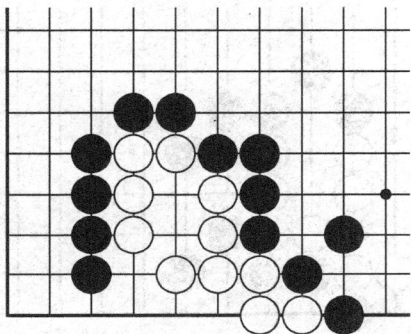

第 175 题

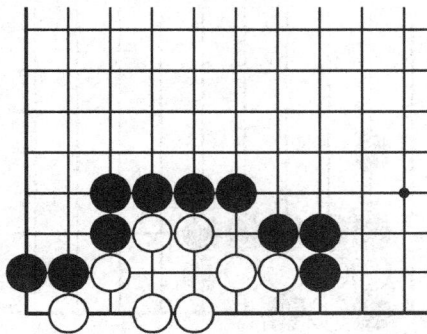

第 176 题

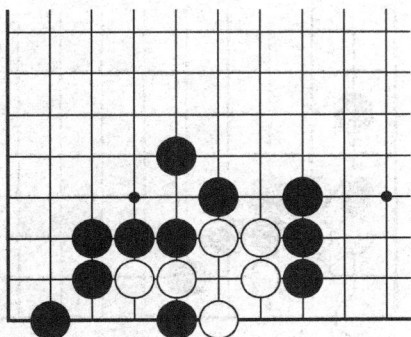

第 177 题

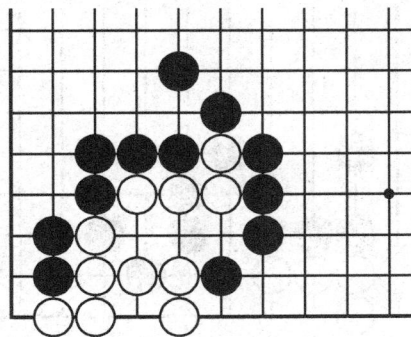

第 178 题

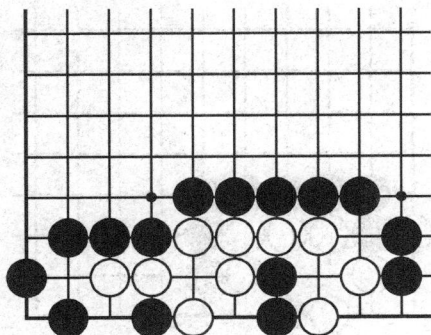

第 179 题

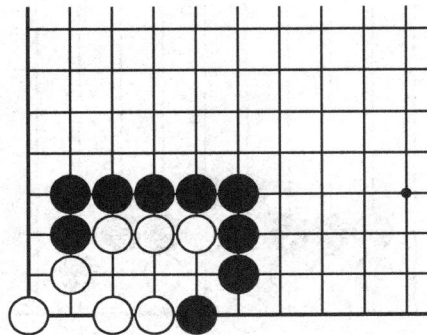

第 180 题

破眼杀棋（三）

黑先，请用破眼杀棋的方法杀死白棋，并写出必要的过程。

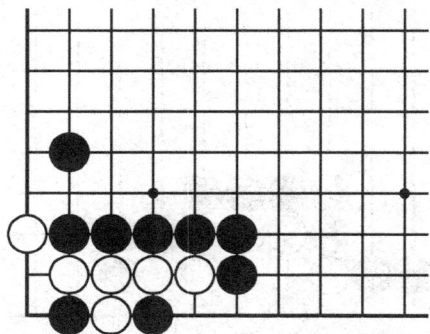

第 181 题

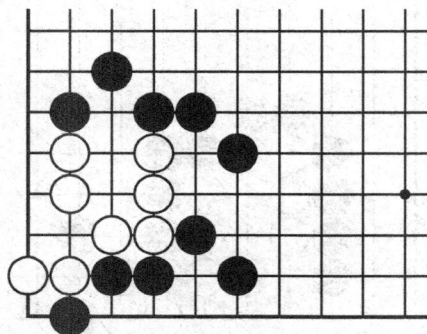

第 182 题

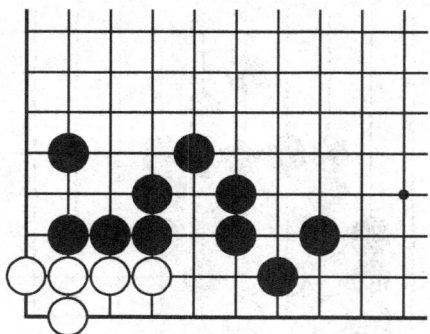

第 183 题

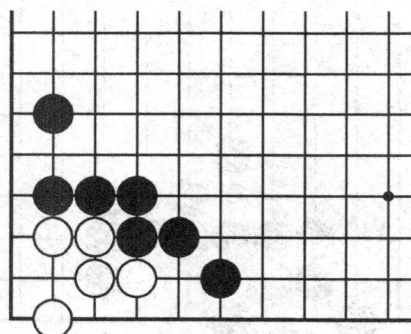

第 184 题

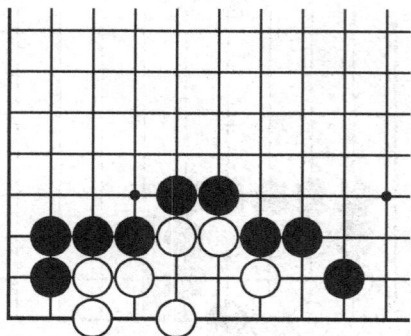

第 185 题

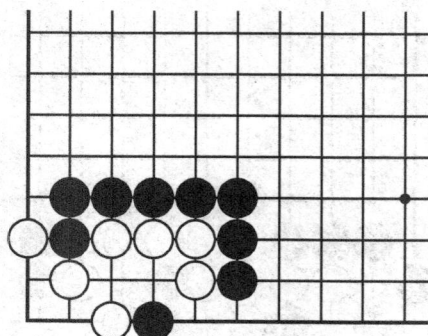

第 186 题

破眼杀棋（四）

黑先，请用破眼杀棋的方法杀死白棋，并写出必要的过程。

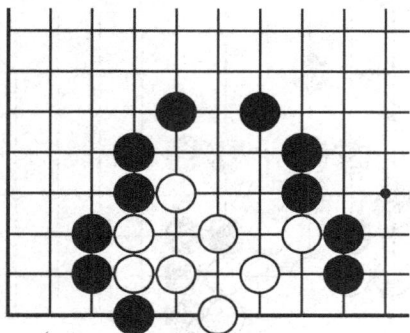

第 187 题

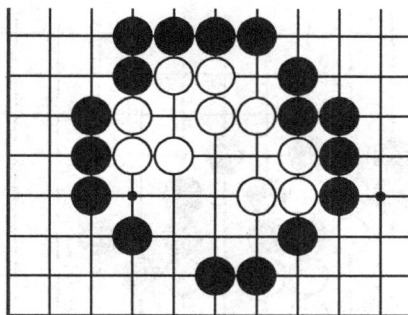

第 188 题

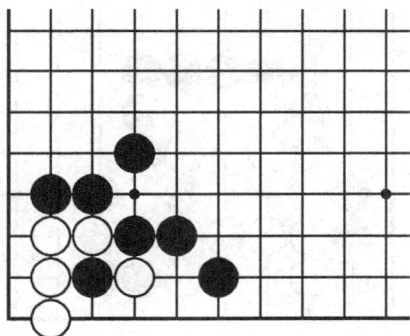

第 189 题

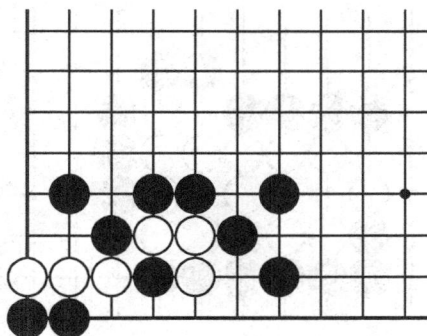

第 190 题

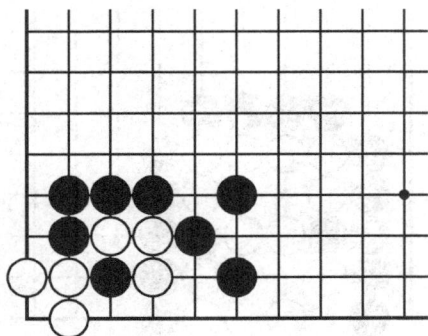

第 191 题

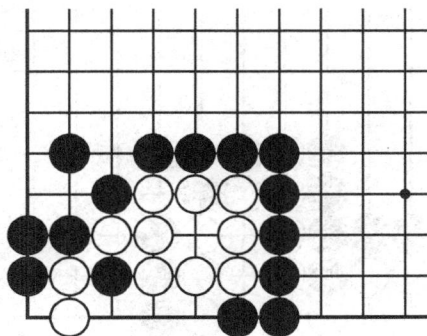

第 192 题

破眼杀棋（五）

黑先，请用破眼杀棋的方法杀死白棋，并写出必要的过程。

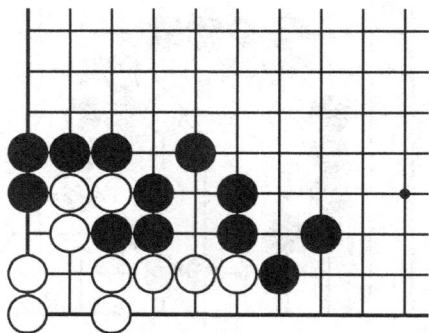

第 193 题

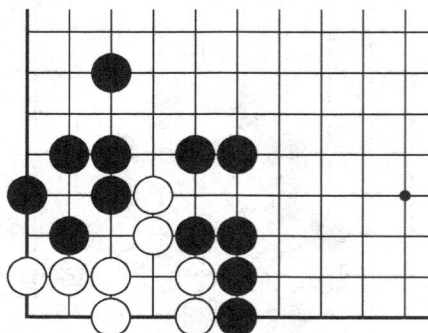

第 194 题

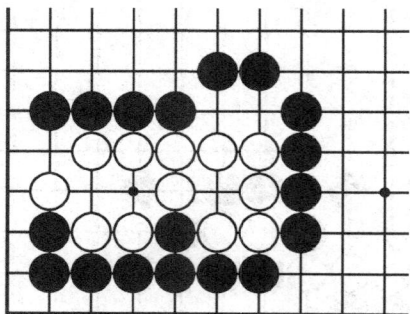

第 195 题

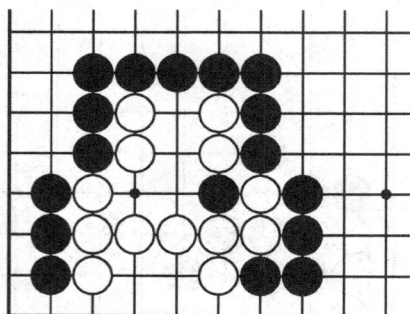

第 196 题

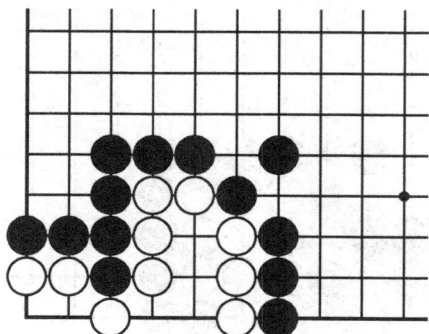

第 197 题

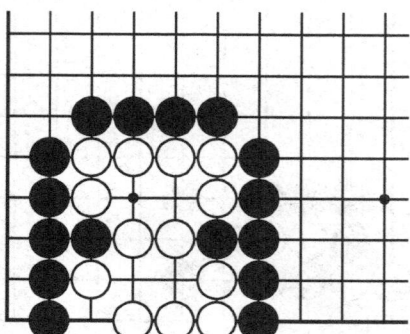

第 198 题

2.2 缩小眼位

缩小眼位指通过压缩对方的做眼空间，让对方无法做出两只真眼。一般来说，我们可以把对方的眼位压缩成直三、弯三、方四、丁四、刀把五、葡萄六等基本的死棋形状，然后通过点眼让对方棋形变成一只眼，最终把对方吃掉。

例1

图1 问题图

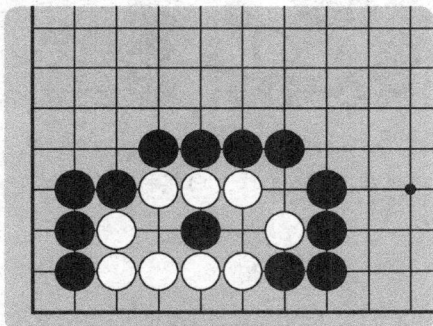

黑先，应该怎样通过缩小眼位的方法杀白呢？

图2 正解图

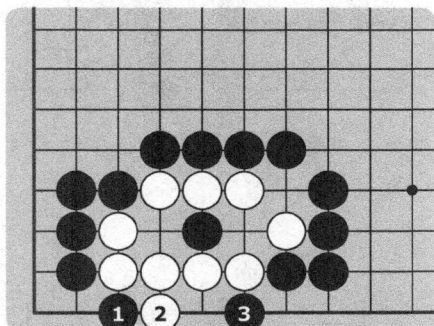

黑1扳，白2挡，黑3扳。即使白棋吃掉黑1，白棋形成的也是假眼，黑棋破眼成功。

图3 失败图1

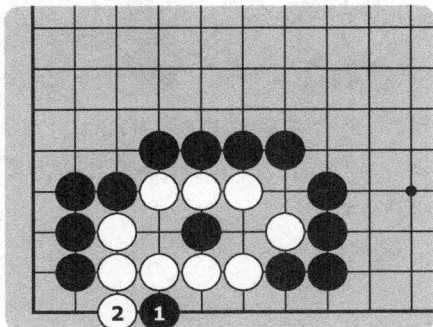

黑1点进白棋的眼位里面，白2阻断。白棋吃掉黑1后即可形成两只真眼，白棋活棋。

图4 失败图2

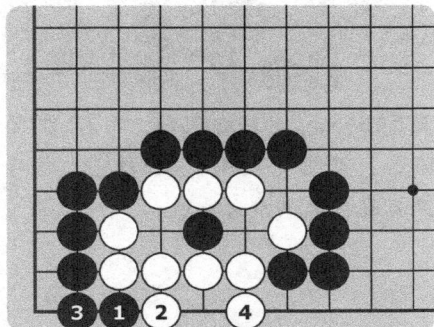

黑1扳，白2挡，黑3粘是败着，白4做眼活棋。

例2

图1 问题图

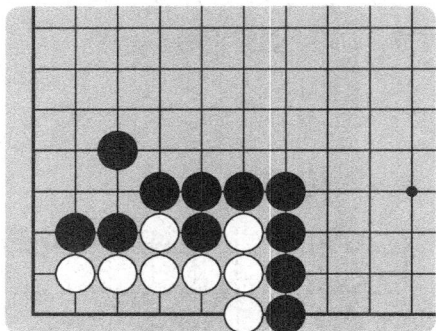

黑先，应该怎样通过缩小眼位的方法
杀棋？

图2 正解图

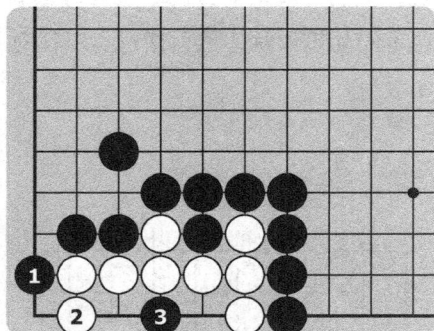

黑1扳，白2立，白棋形成直三棋形，
被黑棋3点中间后，白棋被杀。

图3 失败图1

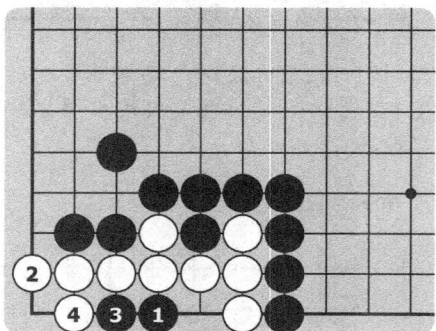

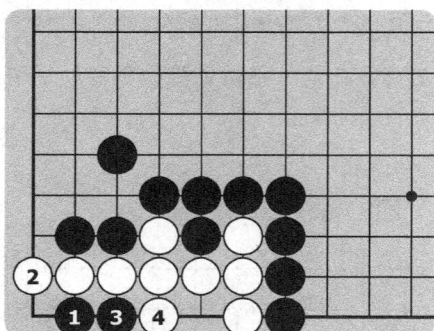

黑1点进白棋的眼位里面，白2立扩大
眼位，黑3长，白4挡。白棋已形成两
只真眼，黑棋杀白失败。

图4 失败图2

黑1点进白棋眼位里面，白2立，黑3
长，白4挡。白棋已形成两只真眼，黑
棋杀白失败。

缩小眼位（一）

黑先，请用缩小眼位的方法杀死白棋，并写出必要的过程。

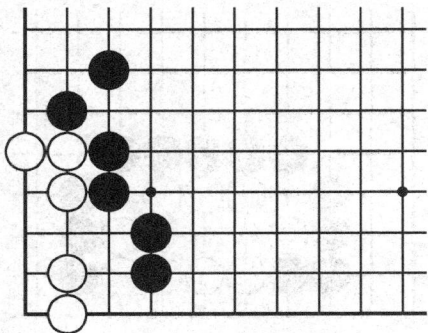

第 199 题

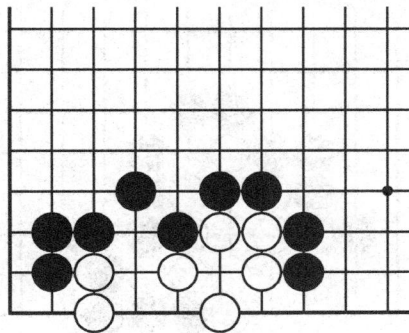

第 200 题

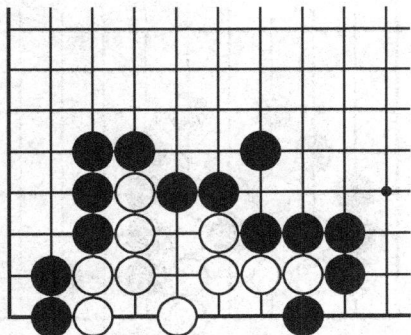

第 201 题

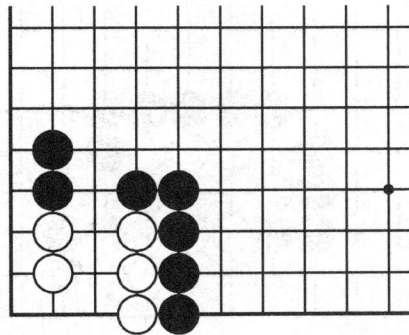

第 202 题

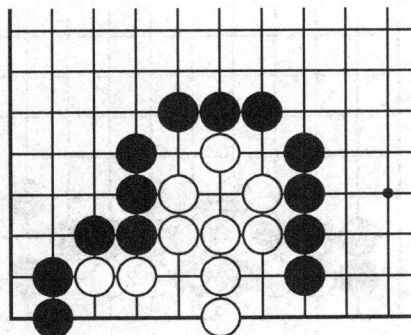

第 203 题

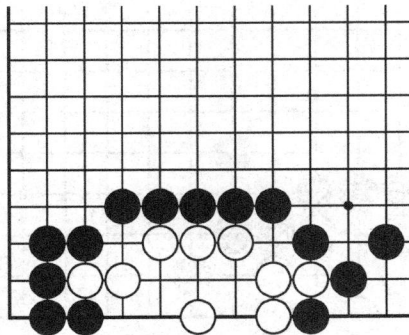

第 204 题

缩小眼位（二）

黑先，请用缩小眼位的方法杀死白棋，并写出必要的过程。

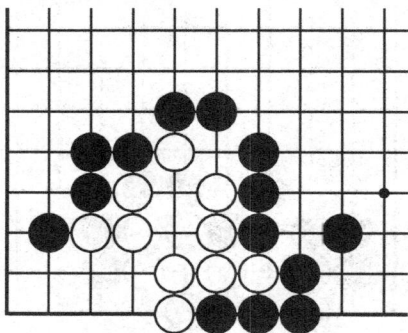

第 205 题

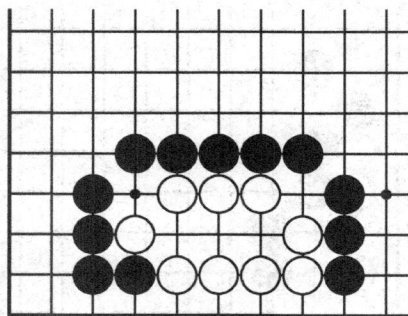

第 206 题

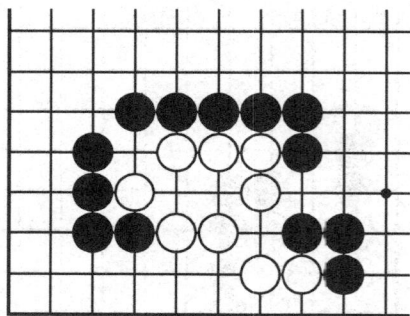

第 207 题

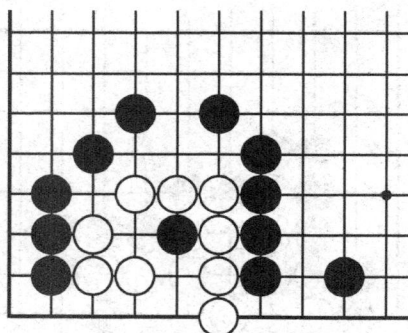

第 208 题

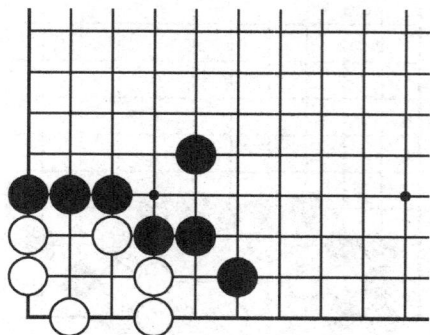

第 209 题

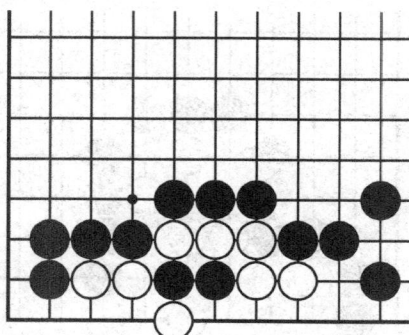

第 210 题

缩小眼位（三）

黑先，请用缩小眼位的方法杀死白棋，并写出必要的过程。

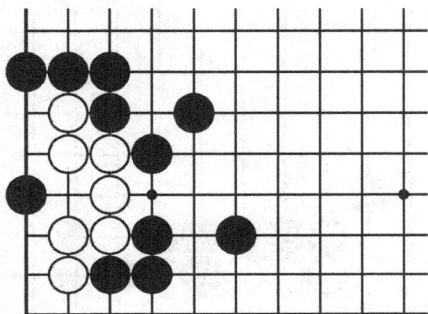

第 211 题

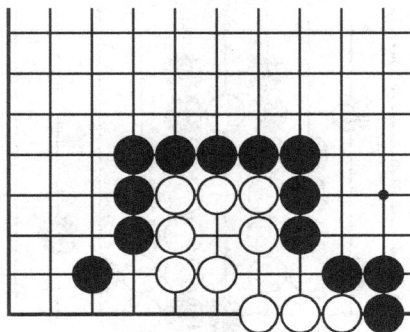

第 212 题

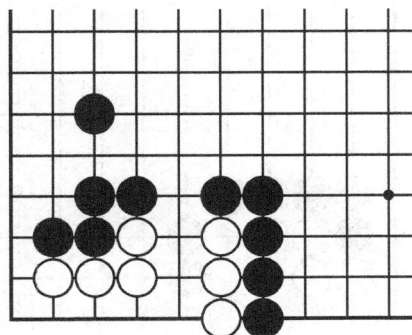

第 213 题

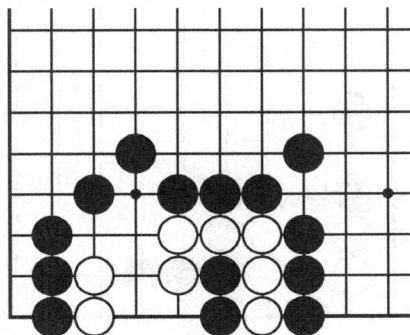

第 214 题

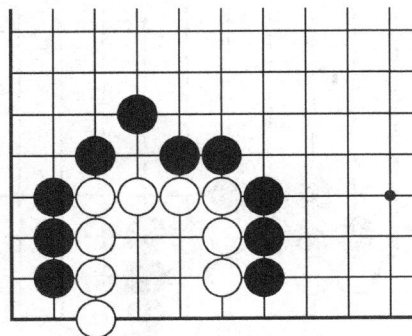

第 215 题

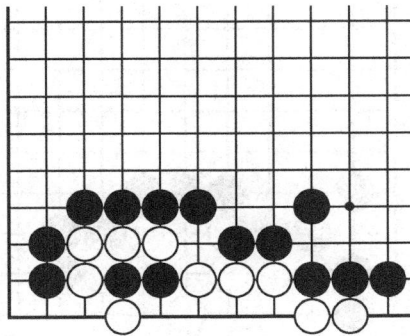

第 216 题

缩小眼位（四）

黑先，请用缩小眼位的方法杀死白棋，并写出必要的过程。

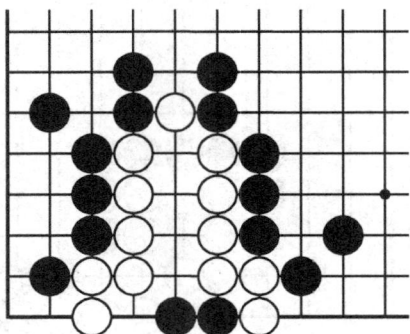

第 217 题

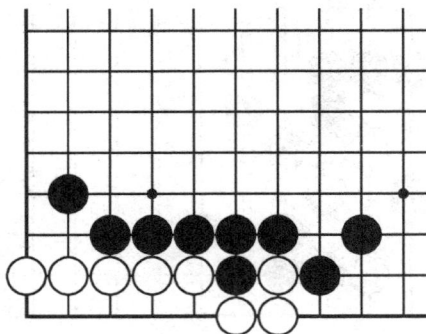

第 218 题

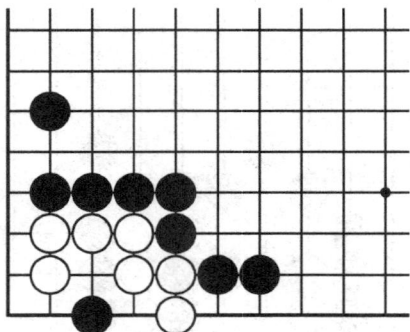

第 219 题

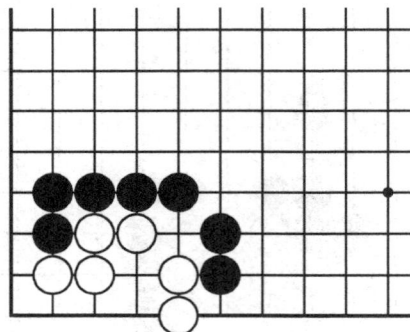

第 220 题

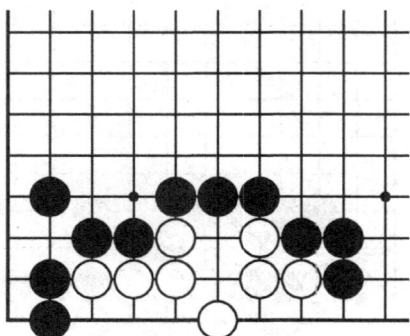

第 221 题

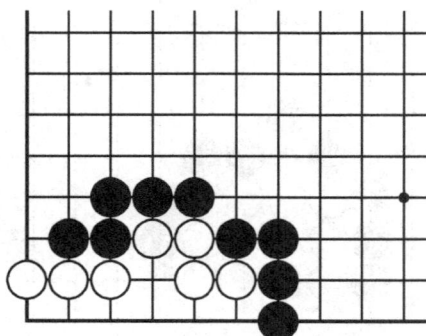

第 222 题

2.3 聚杀

聚杀是指让对方的眼位做成直三、弯三、丁四、方四、刀把五、梅花五、葡萄六等危险的眼形，对方即使提掉这些子，己方也可再次点入，使对方依然无法做成两只真眼，从而完成杀棋的方法。

例1

图1 问题图

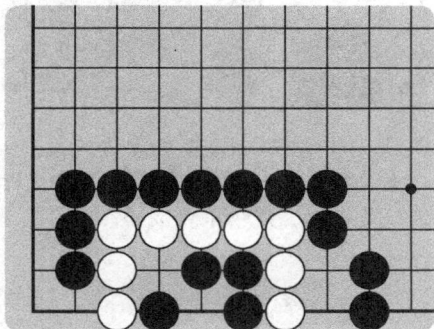

黑先，应该怎样通过聚杀的方法杀白呢?

图2 正解图

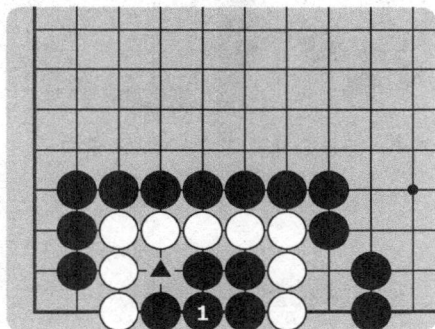

黑1粘，白2在▲位提，白棋的眼位形成了刀把五的形状。接着，黑3在黑1位点，白棋被杀。

图3 失败图1

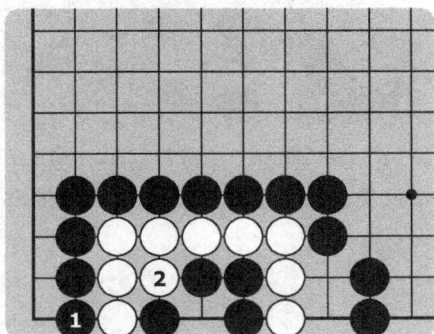

黑1挡，白2打吃。白棋的眼位形成了胀牯牛的棋形，黑棋杀白失败。

图4 失败图2

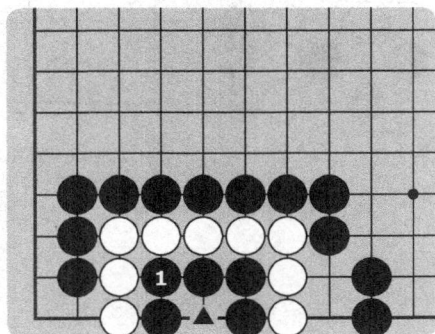

黑1粘，白棋走在▲位提子，轻松做活，黑棋杀白失败。

例2

图1　问题图

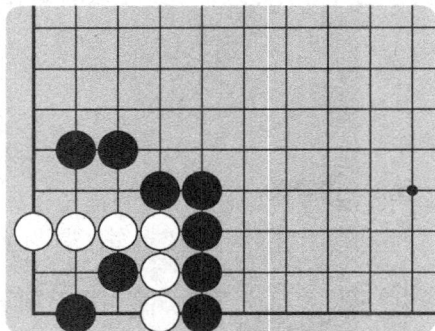

黑先，应该怎样通过聚杀的方法杀白呢？

图2　正解图

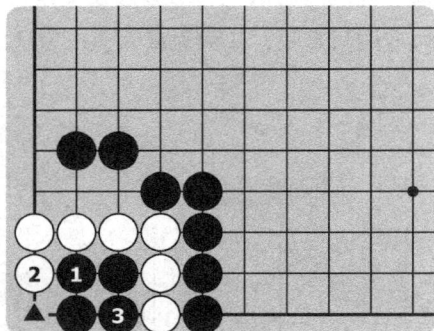

黑1团，白2拐，黑3走成方块四。白4在▲位提，白棋吃掉黑棋后只有一只眼，是死棋，黑棋杀白成功。

图3　失败图1

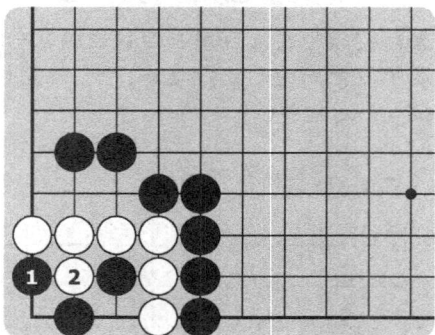

黑1尖，白2打吃。白棋已做成两只眼，黑棋杀白失败。

图4　失败图2

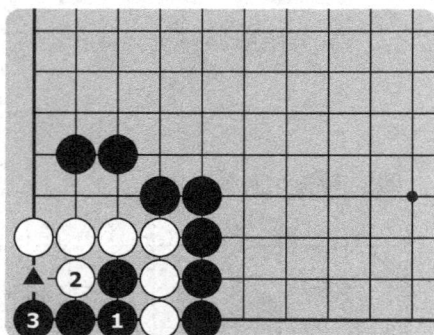

黑1粘，白2打吃，黑3长破眼。白4在▲位提，白棋的眼形是弯四，黑棋杀白失败。

聚杀（一）

黑先，请判断黑棋能否聚杀白棋。如果能聚杀，在棋盘下方的括号里打"√"。如果不能，则打"×"。

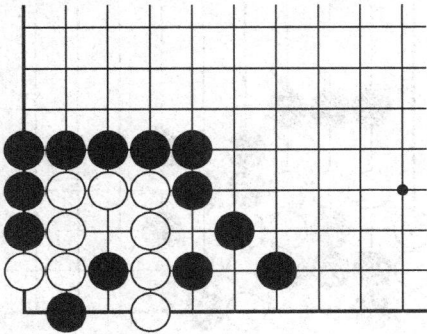

第 223 题　（　　　）

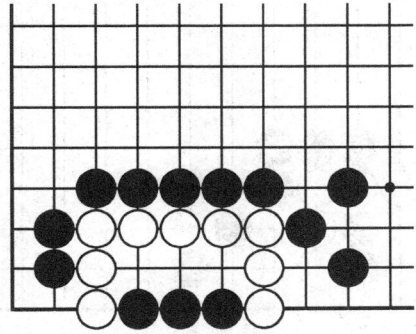

第 224 题　（　　　）

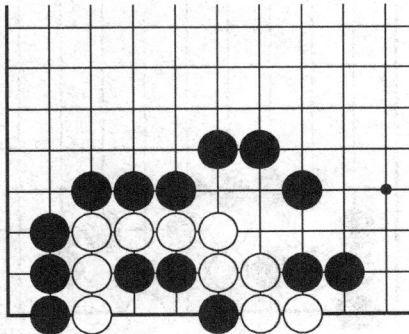

第 225 题　（　　　）

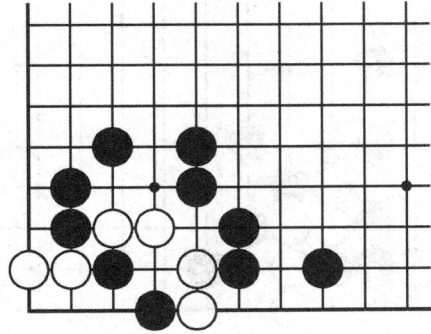

第 226 题　（　　　）

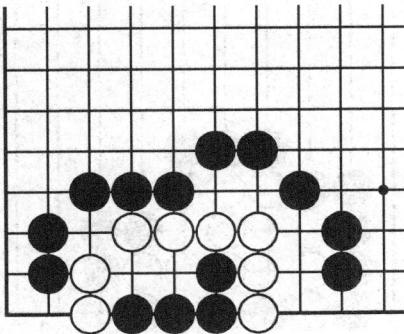

第 227 题　（　　　）

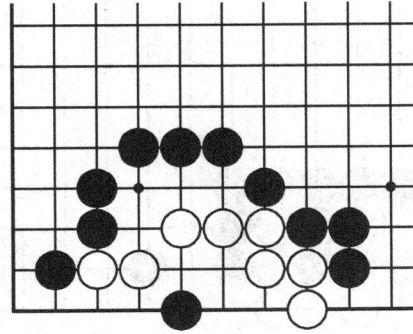

第 228 题　（　　　）

聚杀（二）

黑先，请判断黑棋能否聚杀白棋。如果能聚杀，在棋盘下方的括号里打"√"。如果不能，则打"×"。

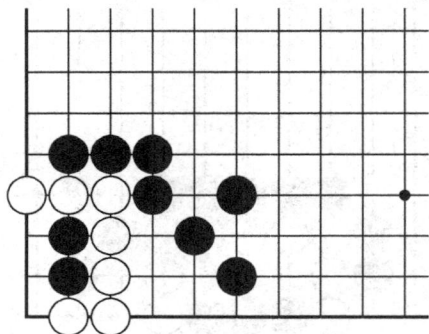

第 229 题 （　　）

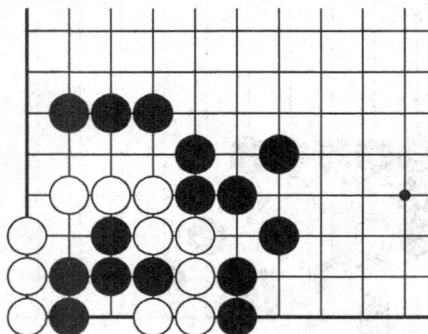

第 230 题 （　　）

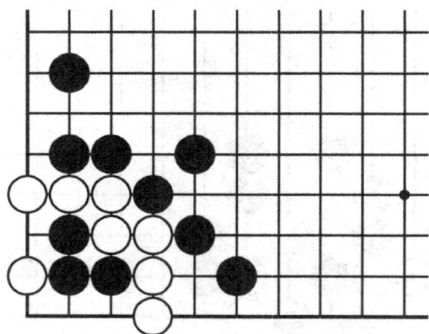

第 231 题 （　　）

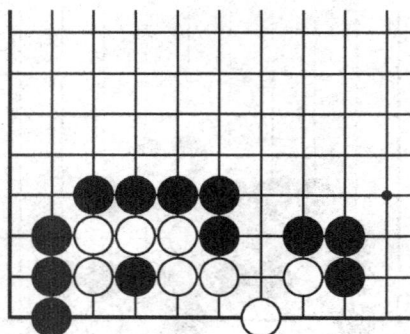

第 232 题 （　　）

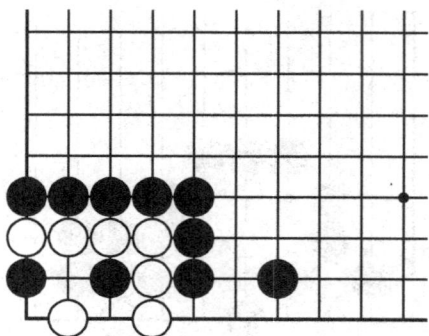

第 233 题 （　　）

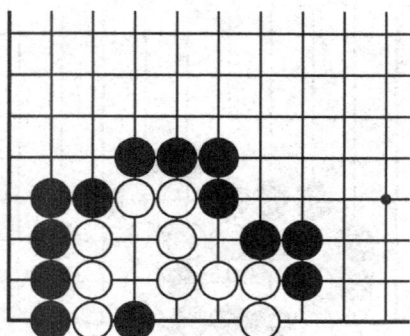

第 234 题 （　　）

聚杀（三）

黑先，请用聚杀的方法杀死白棋，并写出必要的过程。

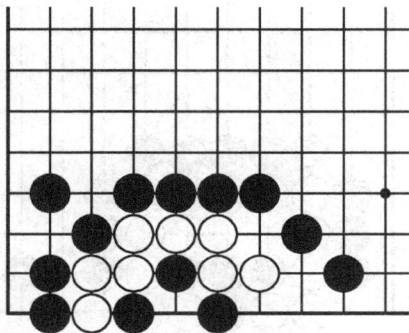

第 235 题

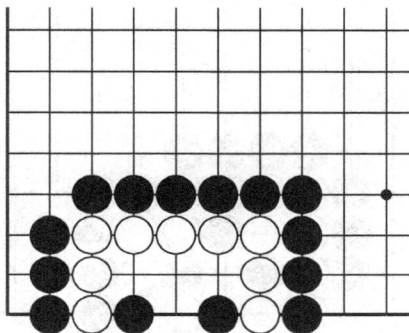

第 236 题

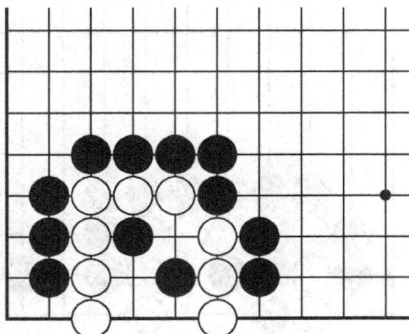

第 237 题

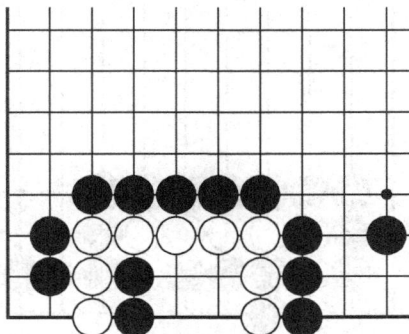

第 238 题

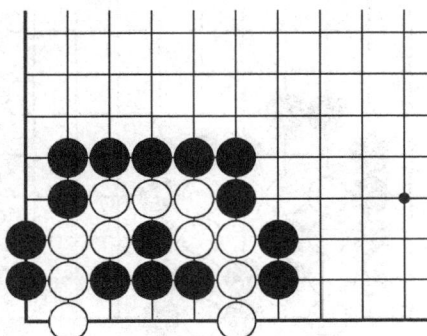

第 239 题

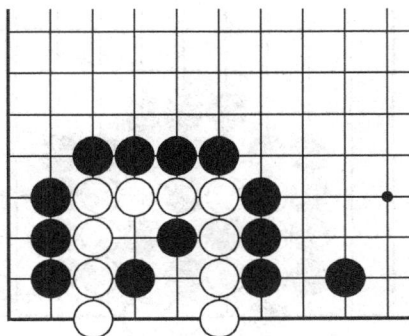

第 240 题

聚杀（四）

黑先，请用聚杀的方法杀死白棋，并写出必要的过程。

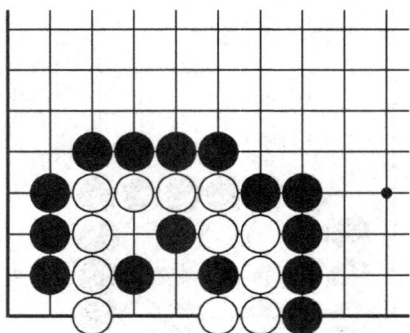

第 241 题

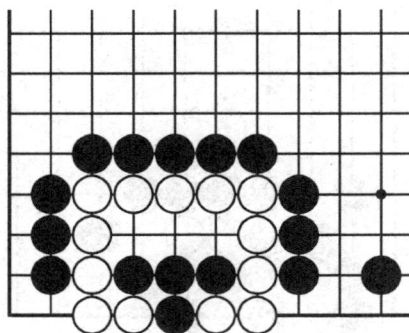

第 242 题

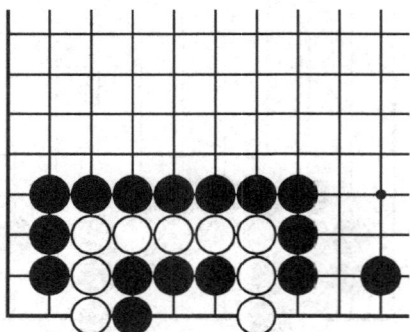

第 243 题

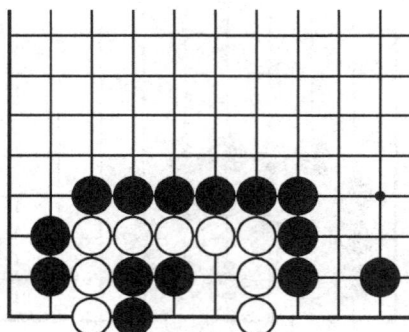

第 244 题

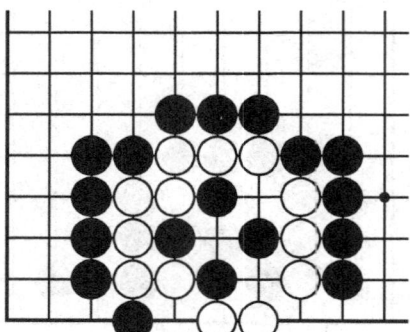

第 245 题

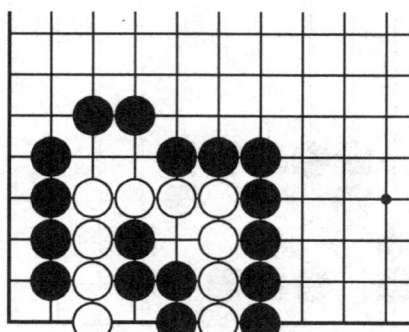

第 246 题

2.4　利用先手杀棋

　　利用先手杀棋是指通过先手破坏对方的眼位，使对方没有机会去做两只真眼，从而吃掉对手大块棋的方法。

例

图1　问题图

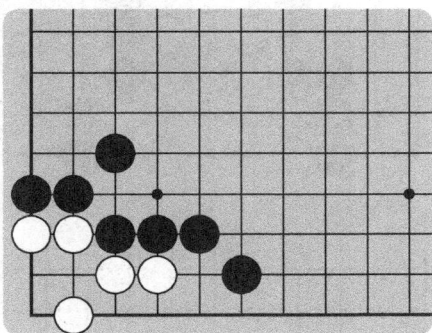

黑先，应该怎样杀白呢？

图2　正解图

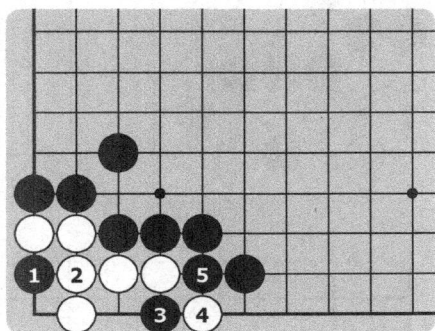

黑1打吃白棋是先手，白2粘，黑3破眼，白4挡住，黑5断。此时白棋只有一只真眼，黑棋杀棋成功。

图3　失败图1

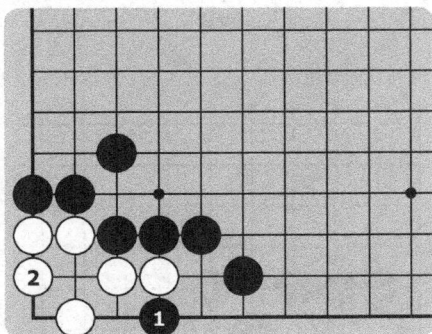

黑1破眼，白2做活，黑杀棋失败。

图4　失败图2

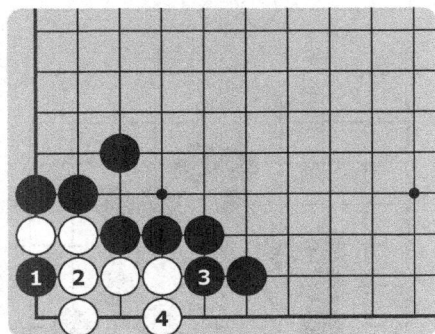

黑1打吃白棋是先手，白2粘，黑3团是败着，白4做眼。此时白棋做出两只真眼，成功活棋。

利用先手杀棋（一）

黑先，请利用先手杀死白棋，并写出必要的过程。

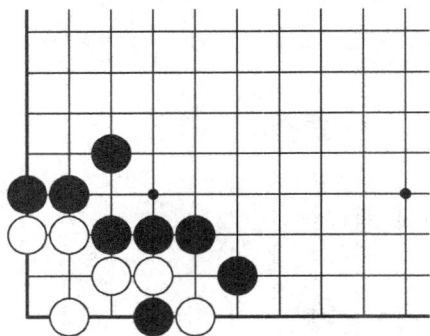

第 247 题

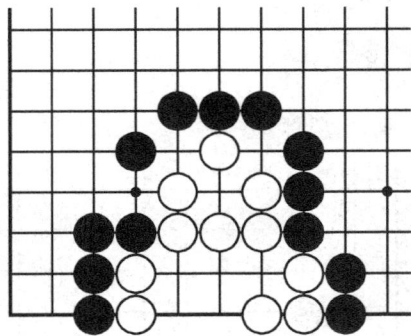

第 248 题

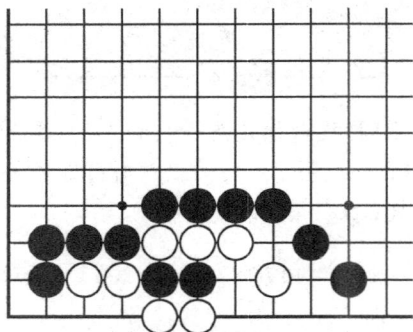

第 249 题

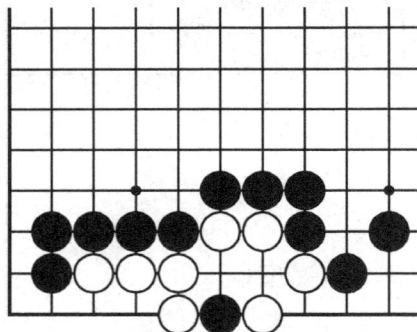

第 250 题

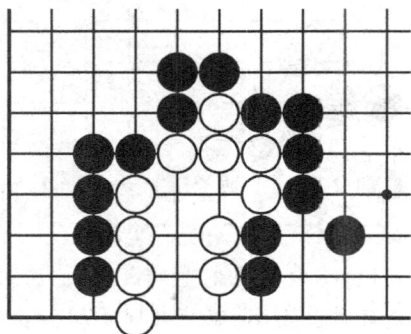

第 251 题

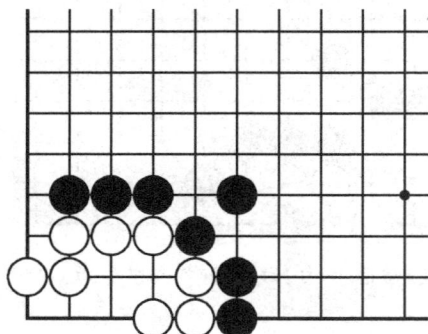

第 252 题

利用先手杀棋（二）

黑先，请利用先手杀死白棋，并写出必要的过程。

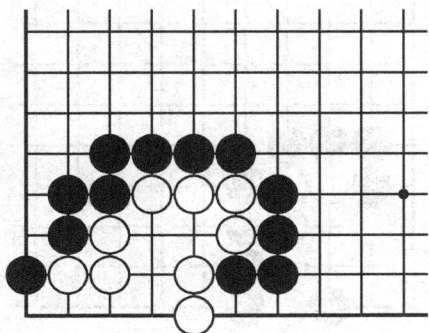

第 253 题

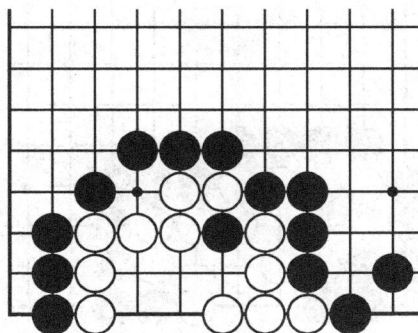

第 254 题

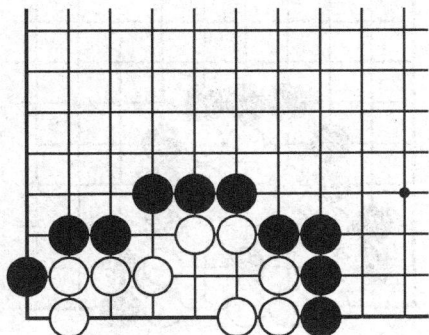

第 255 题

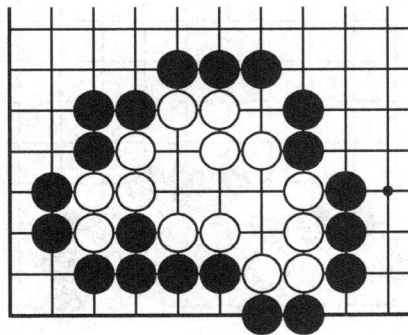

第 256 题

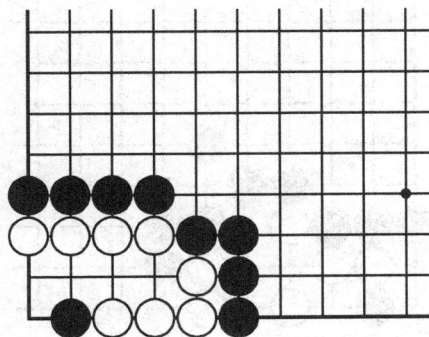

第 257 题

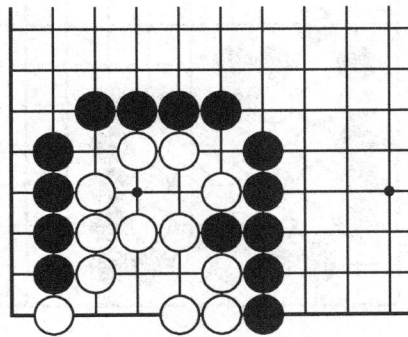

第 258 题

利用先手杀棋（三）

黑先，请利用先手杀死白棋，并写出必要的过程。

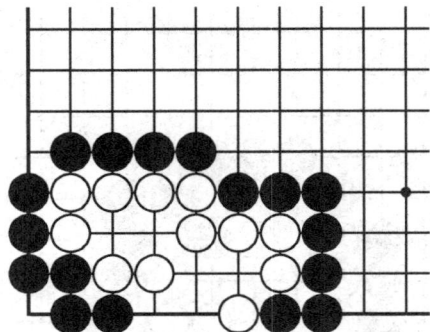

第 259 题

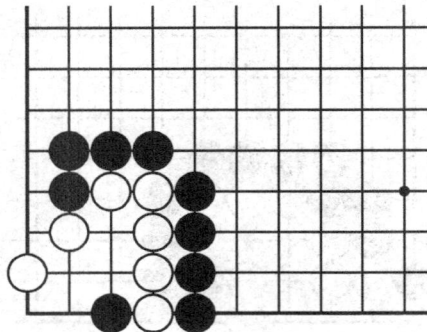

第 260 题

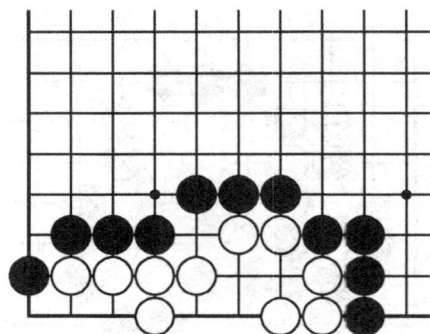

第 261 题

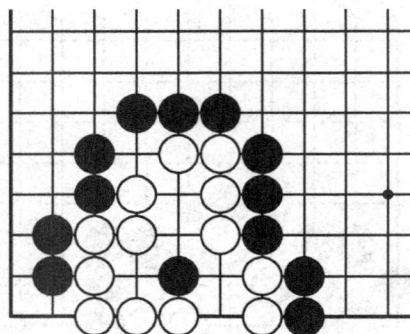

第 262 题

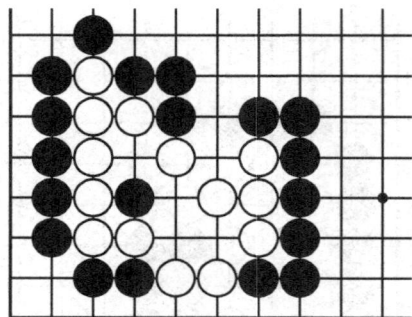

第 263 题

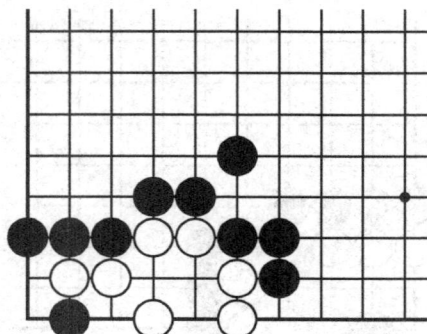

第 264 题

2.5 利用倒扑破眼

利用倒扑破眼是指利用对方的眼形缺陷，通过制造倒扑的技巧破坏对方的眼形，导致对方无法做成真眼。

例

图1 **问题图**

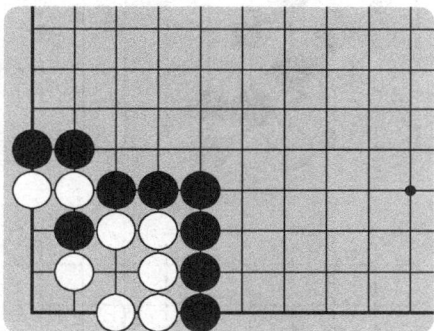

黑先，应该怎样吃掉白棋呢？

图2 **正解图**

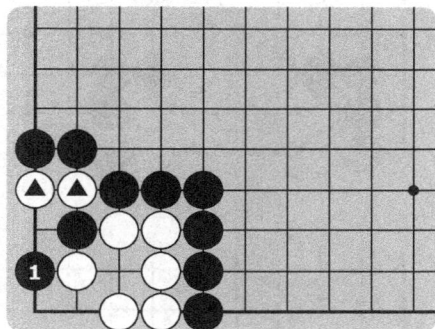

黑1扳，▲两子被黑棋利用倒扑的方法吃掉了。此时白棋只有一只眼，黑棋杀棋成功。

图3 **失败图1**

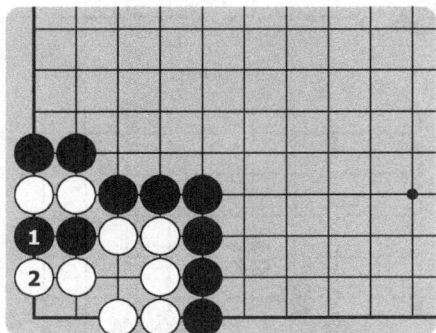

黑1提，吃掉白棋两子。白2挡，白棋确保了角部有两只真眼，白棋成功活棋。

图4 **失败图2**

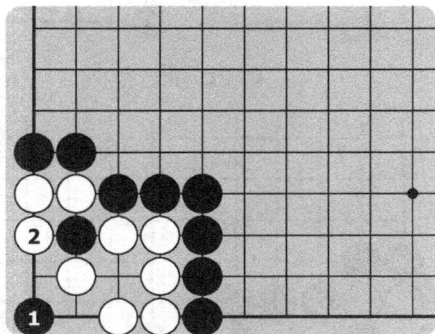

黑1点，白2提，此时白棋已做成两只真眼，黑棋杀棋失败。

利用倒扑破眼（一）

黑先，请用倒扑破眼的方法杀死白棋，并写出必要的过程。

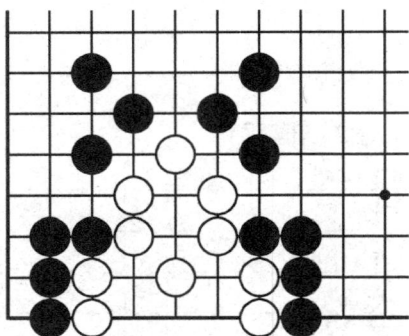

第 265 题

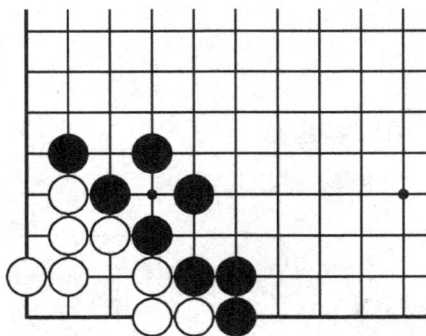

第 266 题

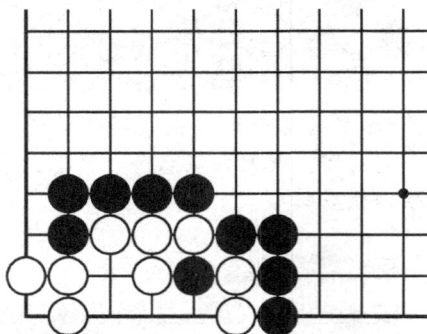

第 267 题

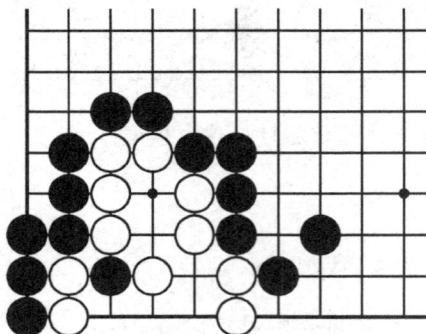

第 268 题

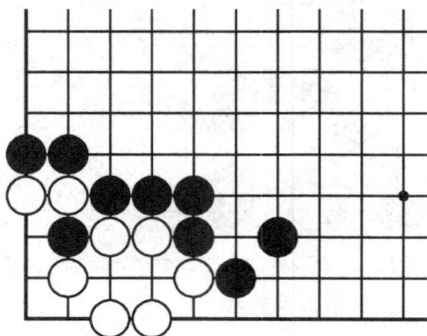

第 269 题

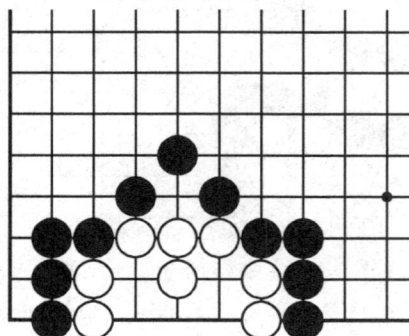

第 270 题

利用倒扑破眼（二）

黑先，请用倒扑破眼的方法杀死白棋，并写出必要的过程。

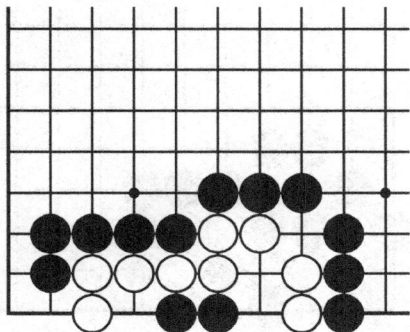

第 271 题

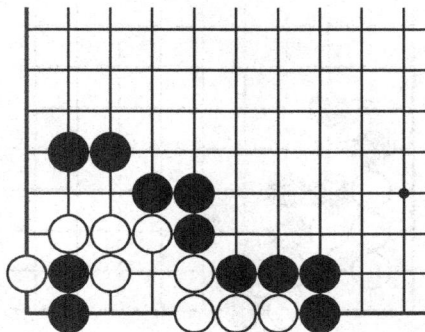

第 272 题

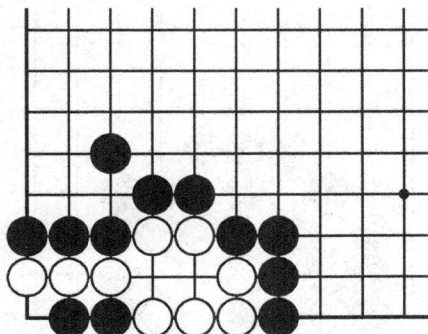

第 273 题

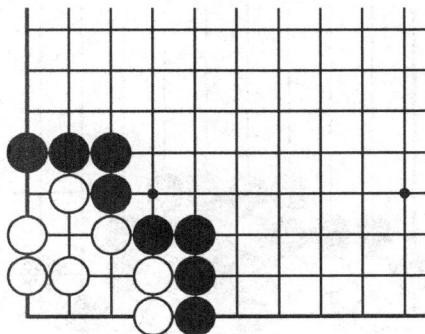

第 274 题

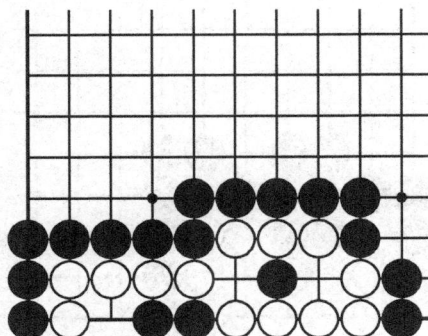

第 275 题

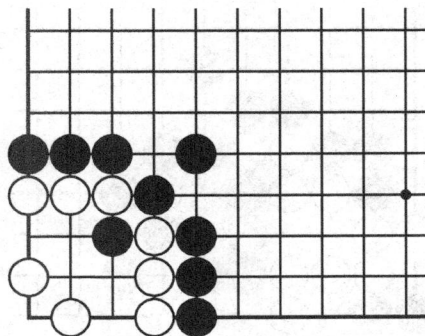

第 276 题

聂卫平围棋习题精解
死活专项训练（从5级到1级）

利用倒扑破眼（三）

黑先，请用倒扑破眼的方法杀死白棋，并写出必要的
过程。

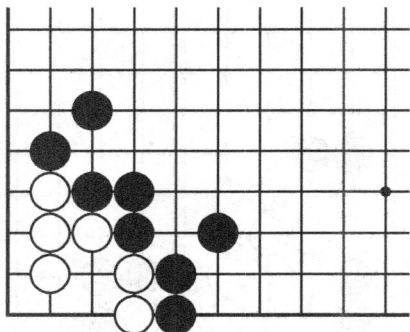

第 277 题

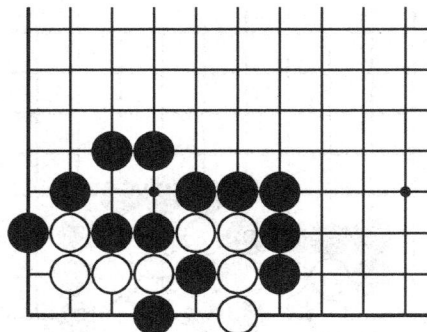

第 278 题

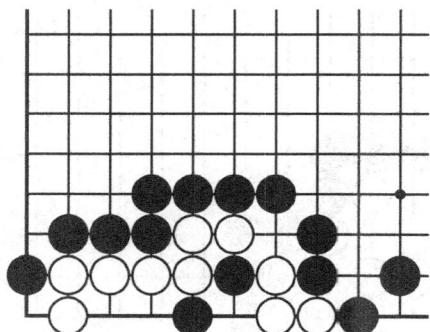

第 279 题

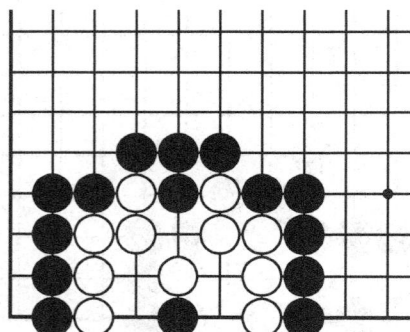

第 280 题

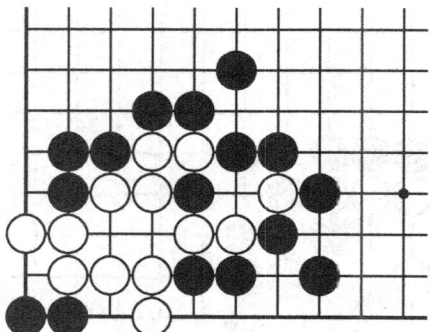

第 281 题

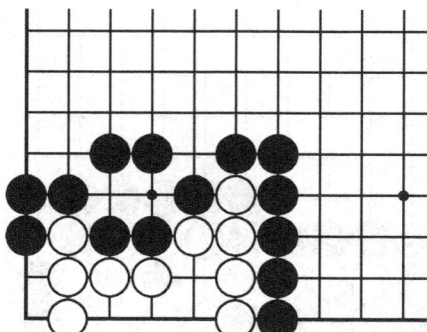

第 282 题

74

111111111# 利用倒扑破眼（四）

黑先，请用倒扑破眼的方法杀死白棋，并写出必要的过程。

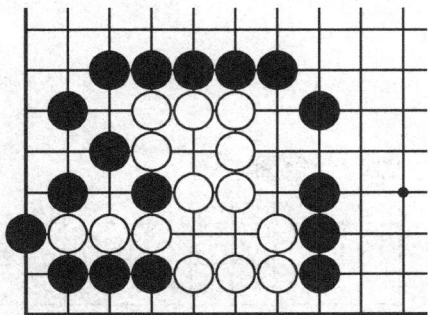

第 283 题

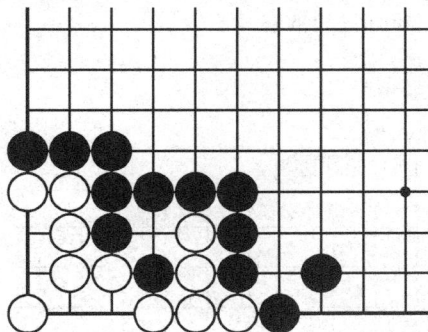

第 284 题

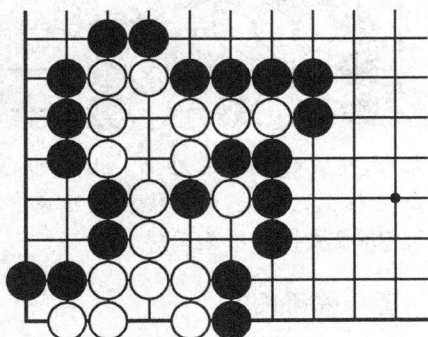

第 285 题

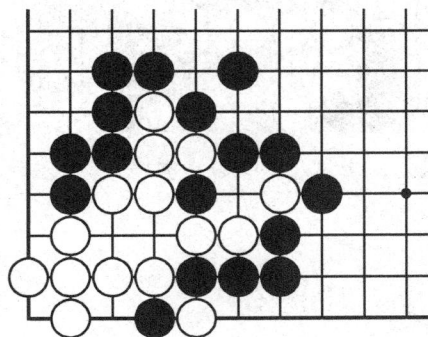

第 286 题

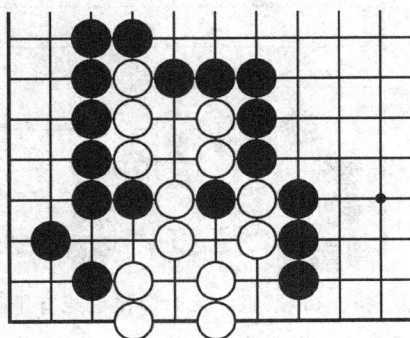

第 287 题

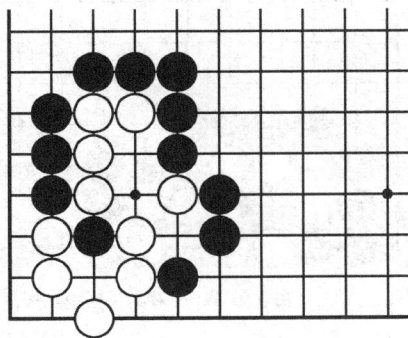

第 288 题

75

2.6 劫杀

劫杀指通过打劫的手段进行杀棋，是一种重要的杀棋方法。因为棋的死活和劫材有很大关系，所以存在很大的不确定性。在不能净杀的情况下，劫杀不失为一种可行的选择。

例

图1 问题图

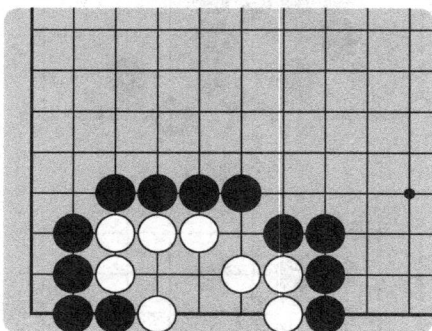

黑先，应该怎样吃掉白棋呢？

图2 正解图

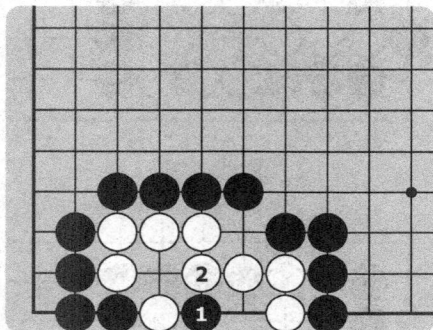

黑1打吃，白棋不能粘上。因为如果白棋粘上，就会直接被黑棋净杀，所以白2反打开劫是正解。

图3 失败图1

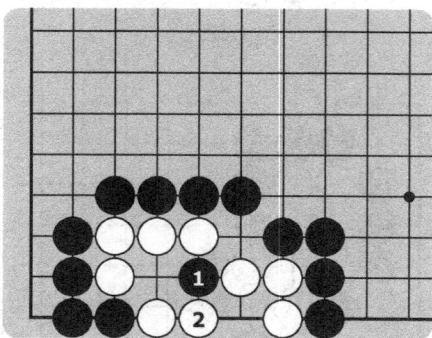

黑1点眼，白2做眼活棋，黑棋杀棋失败。

图4 失败图2

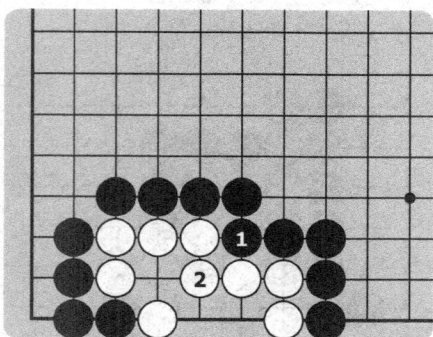

黑1挤，白2做眼。此时白棋已经有了两只真眼，黑棋杀棋失败。

劫杀（一）

黑先，请利用打劫杀死白棋，并写出必要的过程。

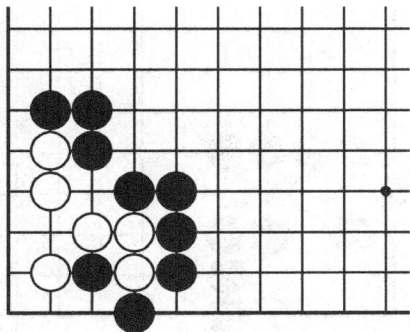

第 289 题

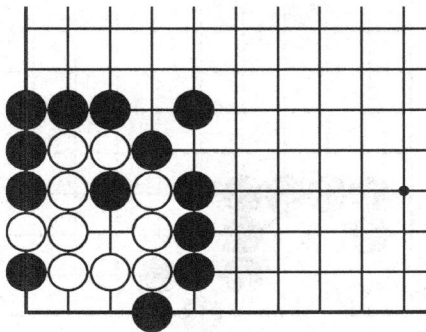

第 290 题

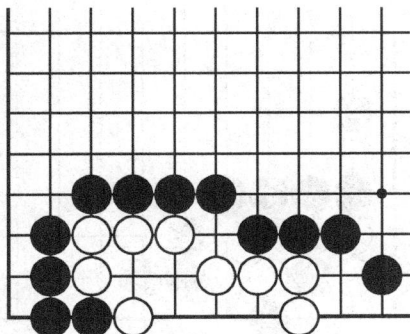

第 291 题

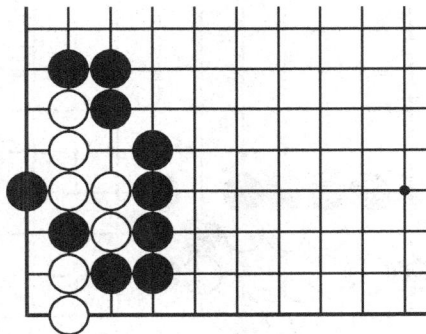

第 292 题

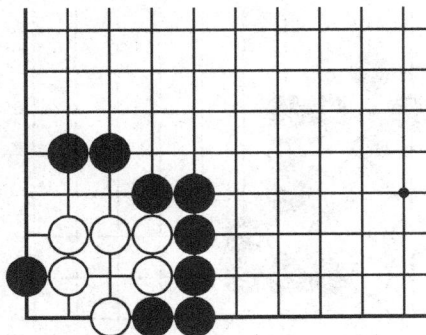

第 293 题

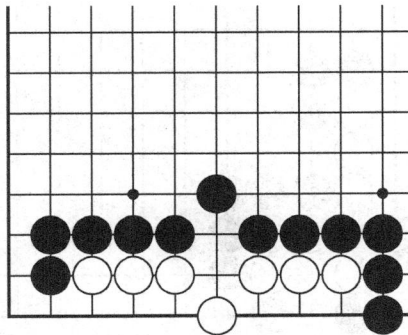

第 294 题

劫杀（二）

黑先，请利用打劫杀死白棋，并写出必要的过程。

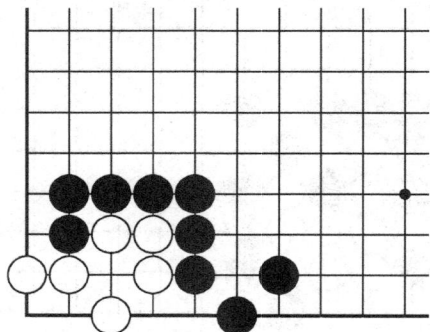

第 295 题

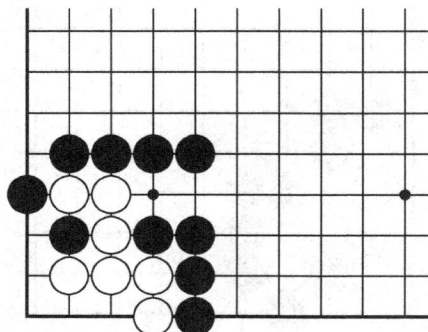

第 296 题

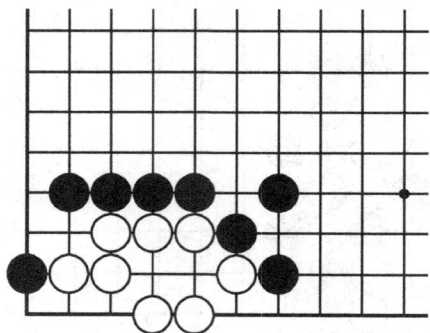

第 297 题

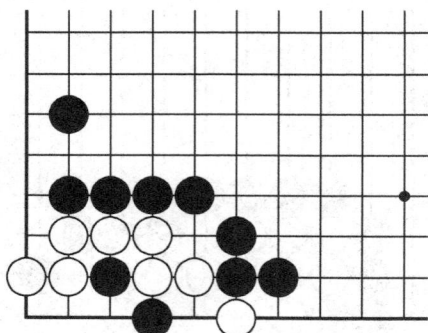

第 298 题

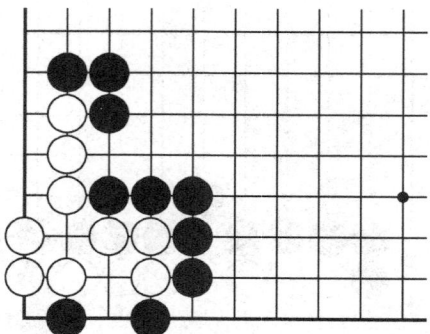

第 299 题

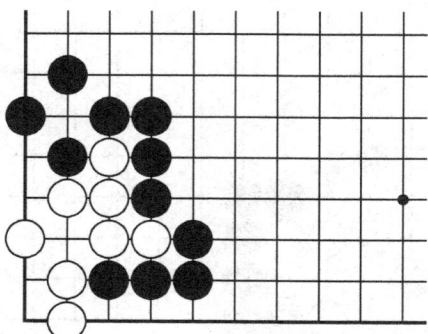

第 300 题

劫杀（三）

黑先，请利用打劫杀死白棋，并写出必要的过程。

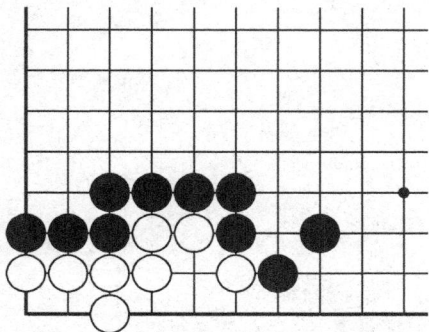

第 301 题

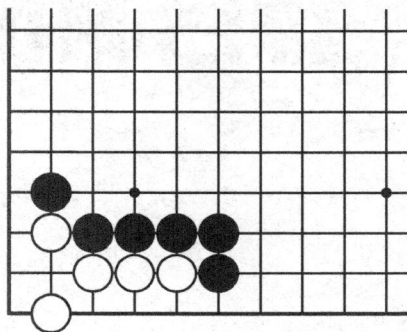

第 302 题

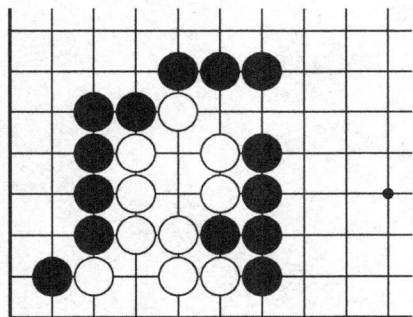

第 303 题

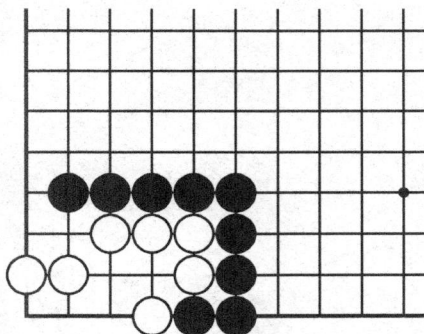

第 304 题

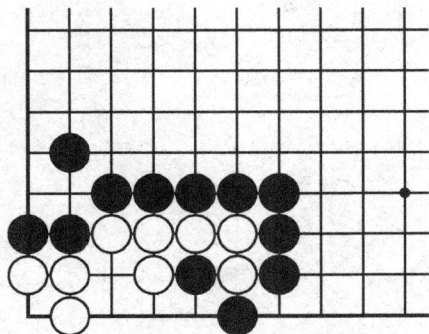

第 305 题

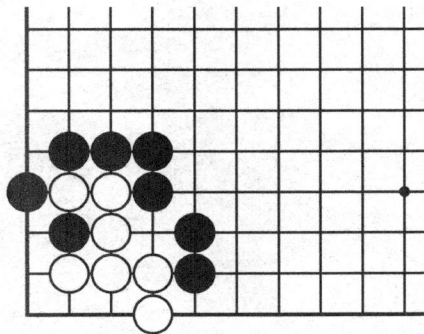

第 306 题

综合测试

综合测试（一）

黑先，请利用正确的方法杀白，并写出必要的过程。

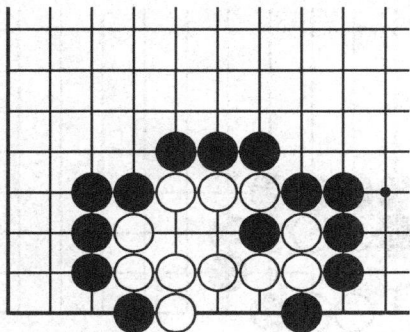

第 307 题

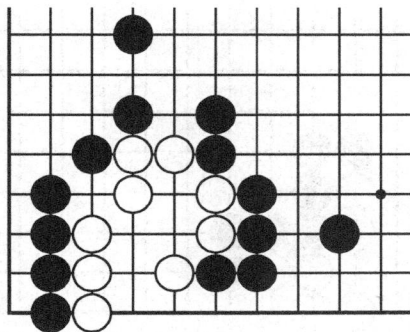

第 308 题

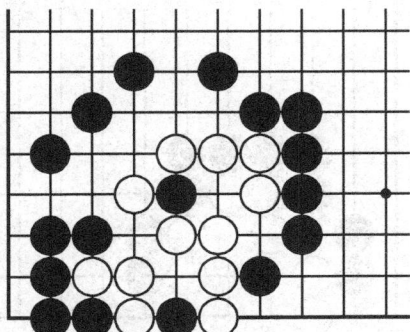

第 309 题

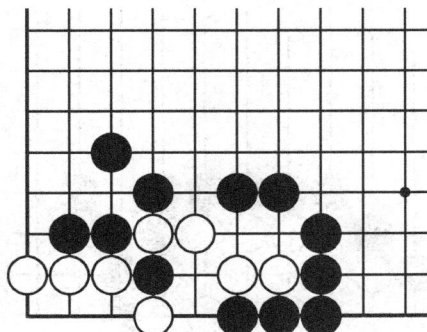

第 310 题

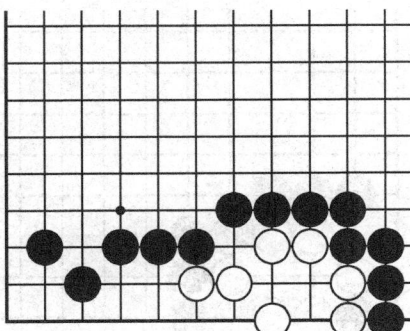

第 311 题

第 312 题

聂卫平围棋习题精解
死活专项训练（从5级到1级）

综合测试（二）

黑先，请利用正确的方法杀白，并写出必要的过程。

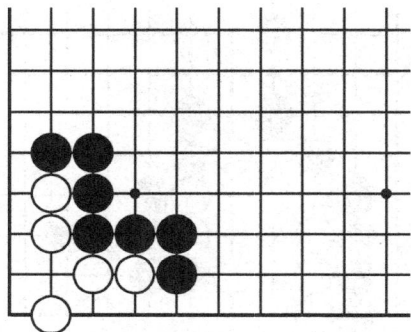

第 313 题

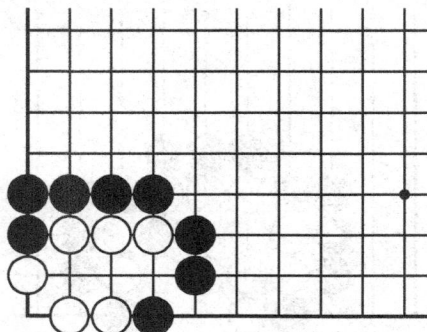

第 314 题

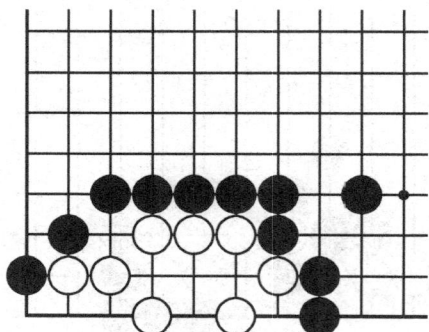

第 315 题

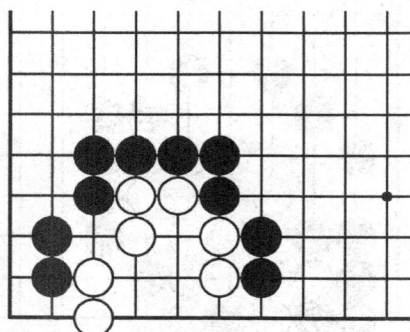

第 316 题

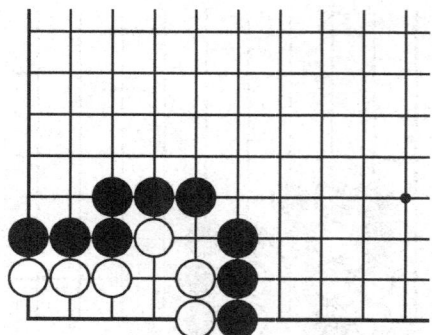

第 317 题

第 318 题

综合测试（三）

黑先，请利用正确的方法杀白，并写出必要的过程。

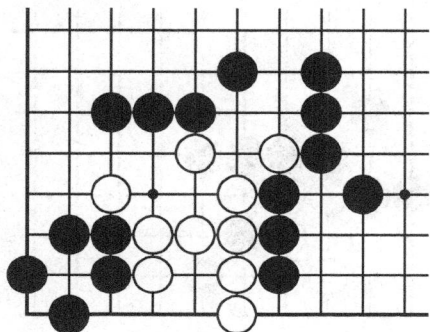

第 319 题

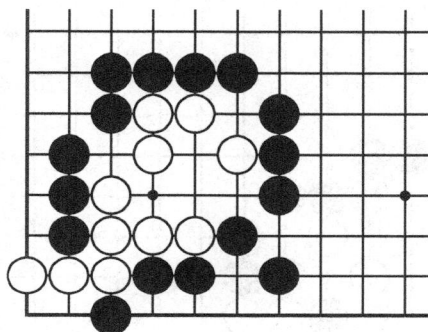

第 320 题

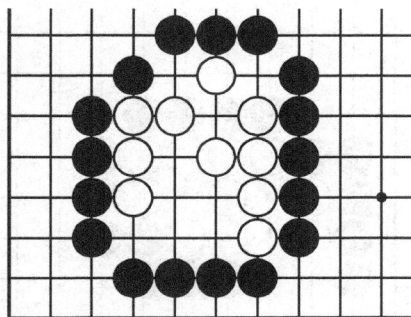

第 321 题

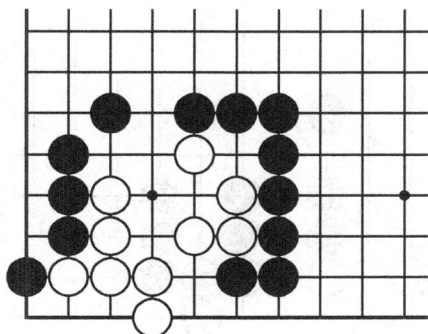

第 322 题

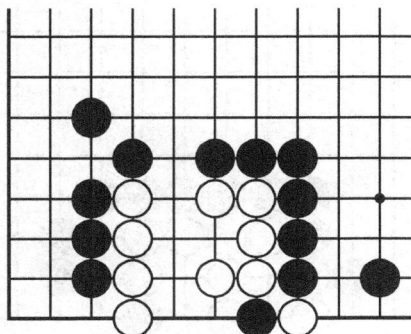

第 323 题

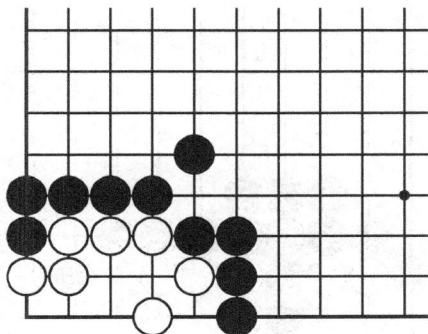

第 324 题

综合测试（四）

黑先，请利用正确的方法杀白，并写出必要的过程。

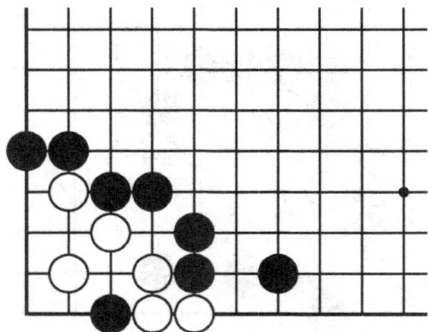

第 325 题

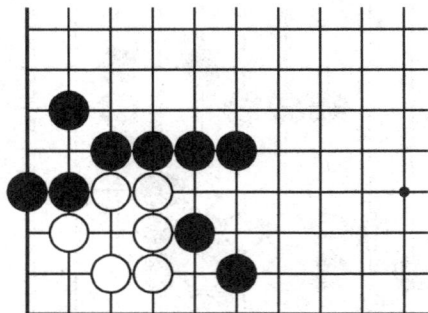

第 326 题

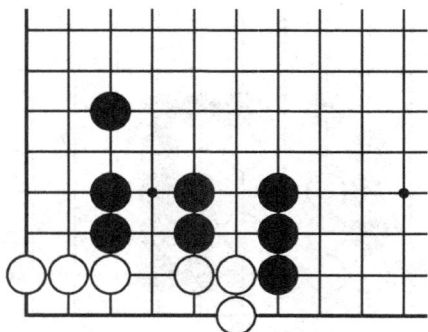

第 327 题

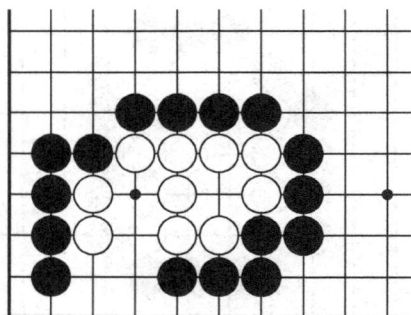

第 328 题

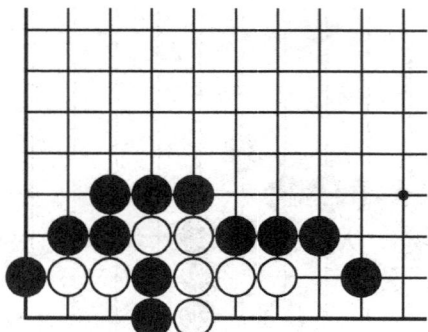

第 329 题

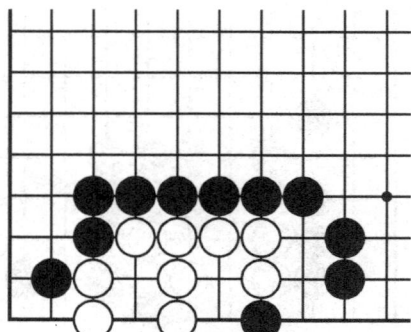

第 330 题

综合测试（五）

黑先，请利用正确的方法杀白，并写出必要的过程。

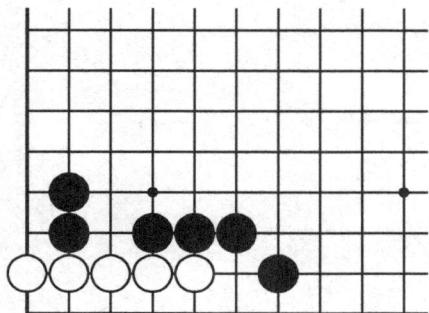

第 331 题

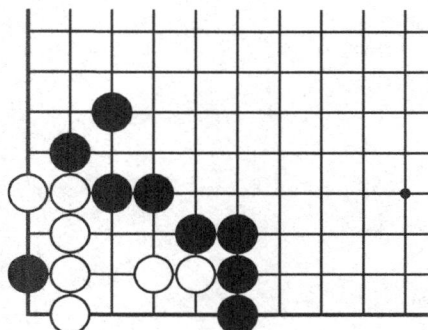

第 332 题

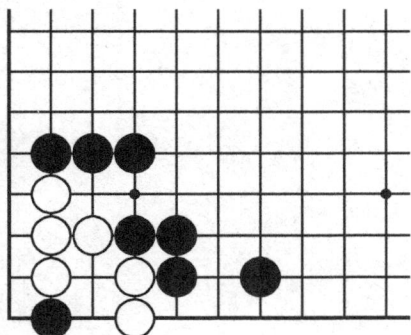

第 333 题

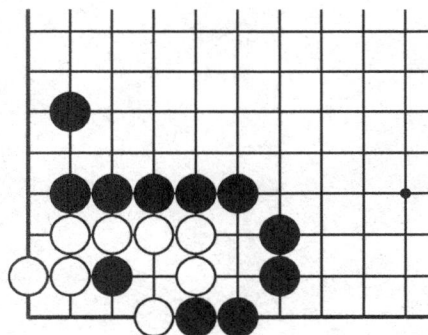

第 334 题

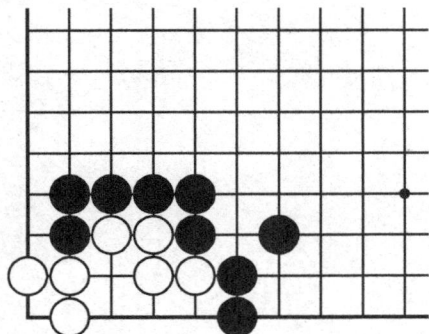

第 335 题

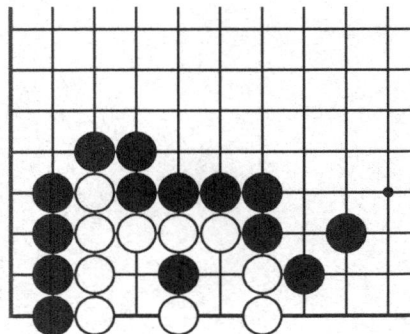

第 336 题

下篇

第三章
进阶篇：活棋技巧

上篇内容对常用的活棋技巧进行了介绍，并提供了大量练习题，相信棋友们对围棋死活的认知已经有了明显的提高。下篇内容不仅将对上篇内容中涉及的知识点进行扩展学习，而且将对一些难度更大的新的知识点进行介绍。因此，下篇内容中的习题呈现出更多类型、更大难度的特点，希望棋友们能不畏艰难，尽情领略围棋之美。

3.1 做眼活棋

关于做眼活棋的应用方法的介绍参见第10页。

例

图1 问题图

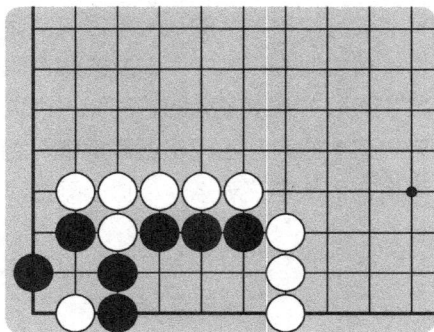

黑先，应该怎样做出另外一只眼呢？

图2 正解图

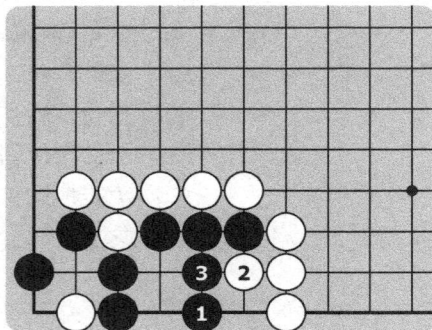

黑1跳，成功做出真眼。白2冲，黑3挡住即可。

图3 失败图1

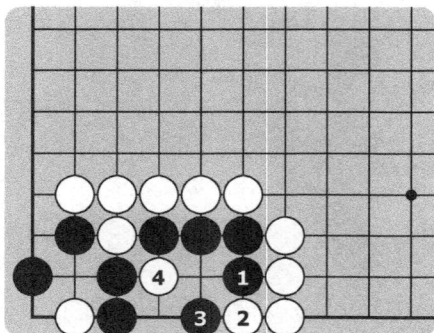

黑1挡，是失败的一着。白2冲，黑3挡，白4吃黑棋接不归。黑棋被杀。

图4 失败图2

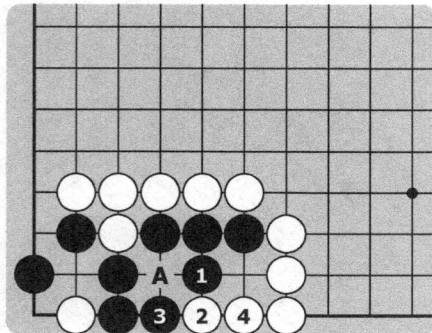

黑1看似做出了眼，但白2托，A位是假眼，黑棋依然被杀。

做眼做活（一）

黑先，请做眼做活，并写出必要的过程。

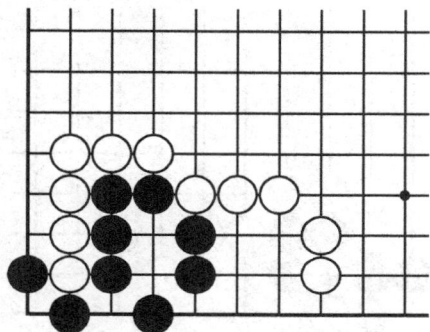

第 337 题

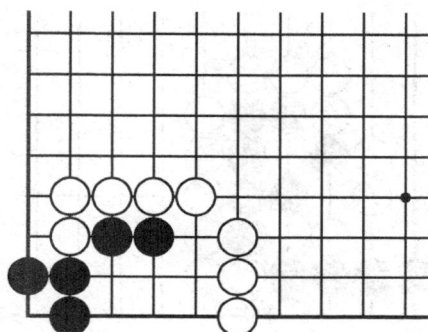

第 338 题

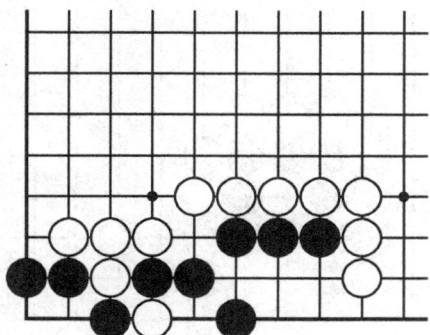

第 339 题

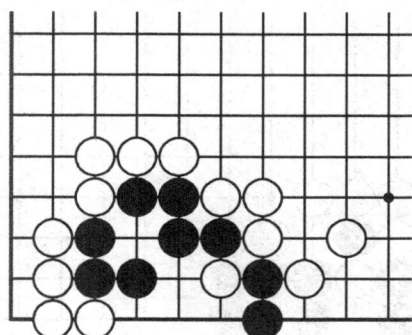

第 340 题

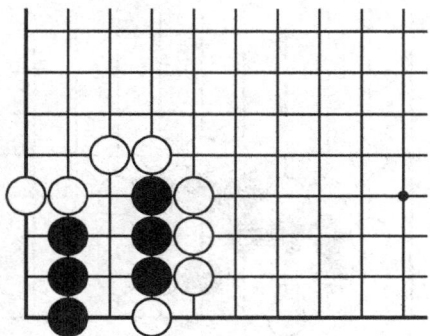

第 341 题

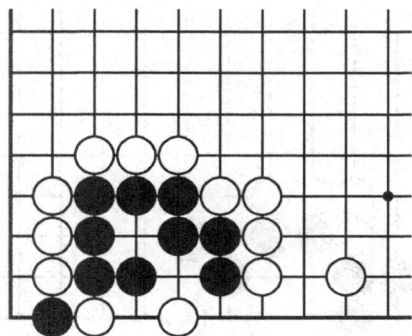

第 342 题

做眼做活（二）

黑先，请做眼做活，并写出必要的过程。

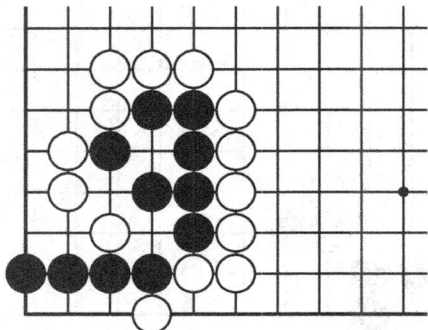

第 343 题

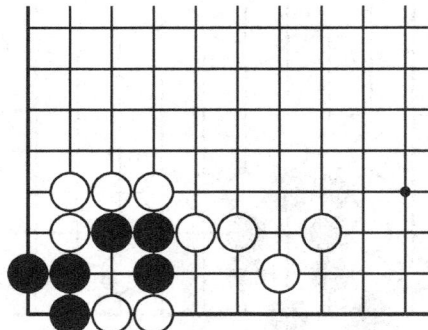

第 344 题

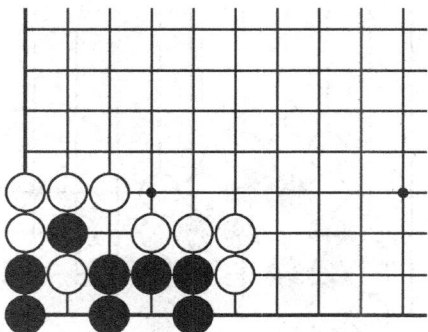

第 345 题

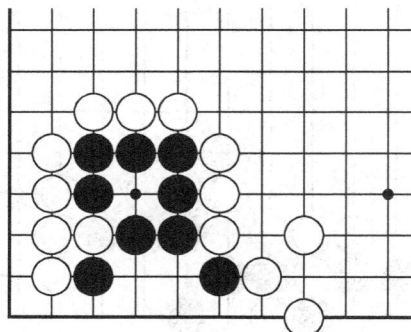

第 346 题

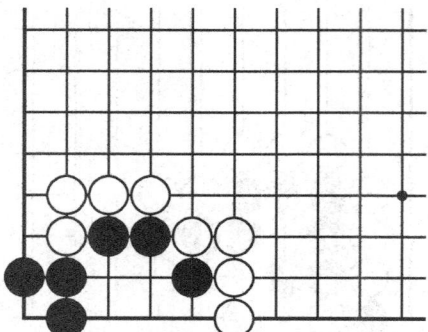

第 347 题

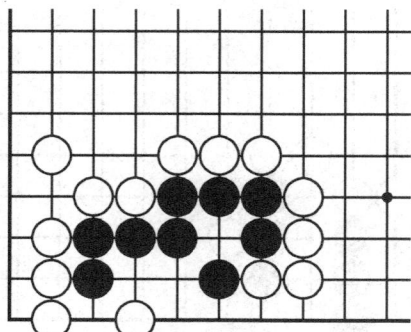

第 348 题

做眼做活（三）

黑先，请做眼做活，并写出必要的过程。

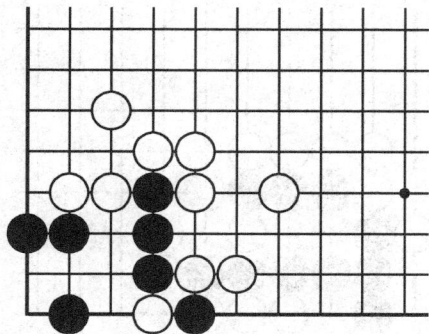

第 349 题

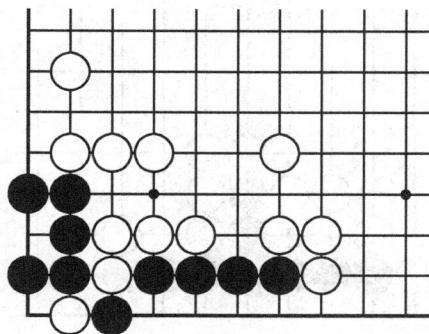

第 350 题

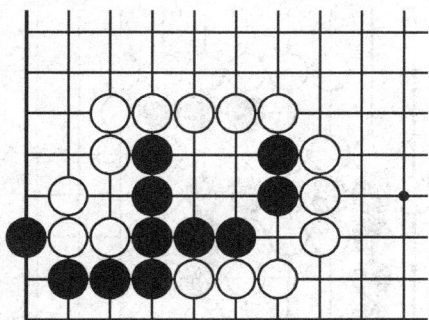

第 351 题

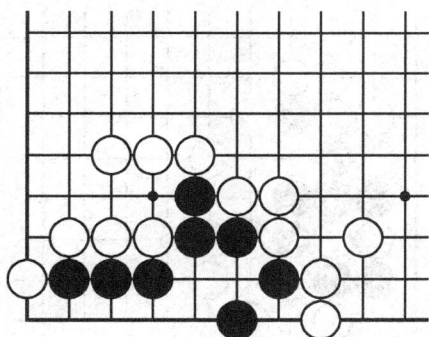

第 352 题

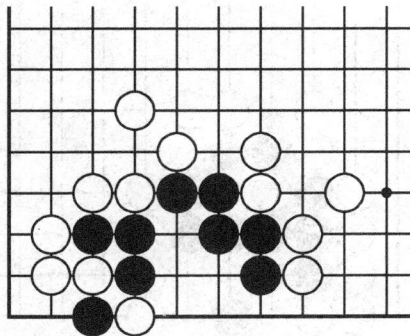

第 353 题

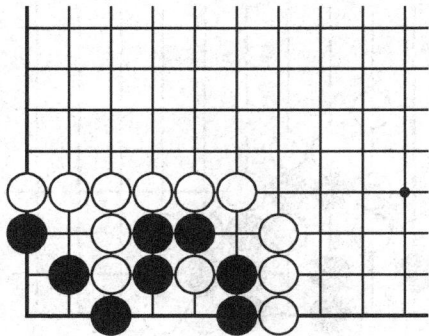

第 354 题

做眼做活（四）

黑先，请做眼做活，做写出必要的过程。

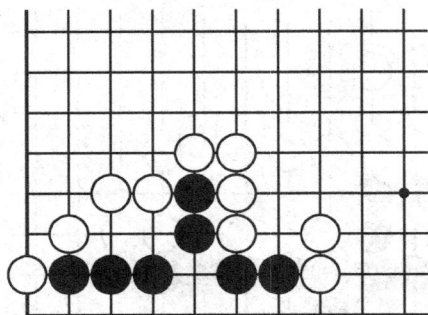

第 355 题

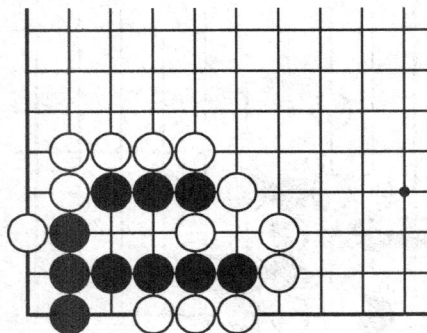

第 356 题

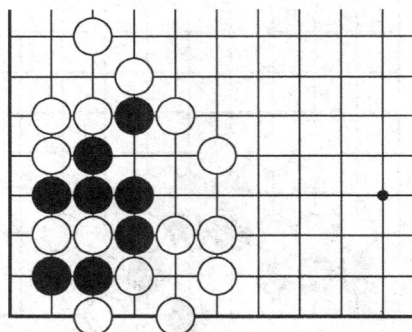

第 357 题

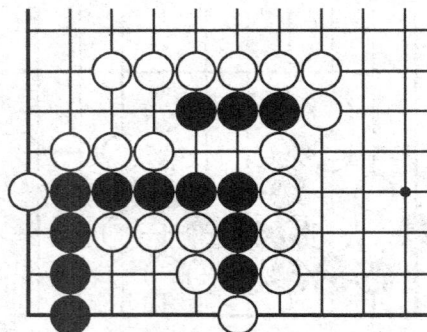

第 358 题

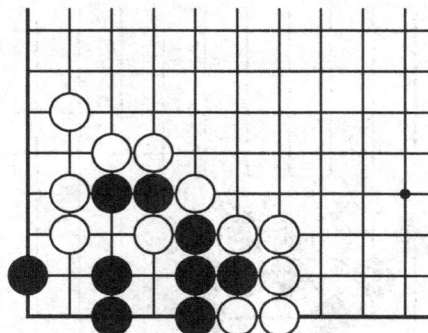

第 359 题

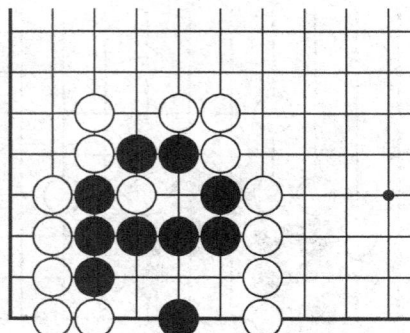

第 360 题

3.2　吃子做活

关于吃子做活的应用方法的介绍参见第15页。

例

图1　问题图

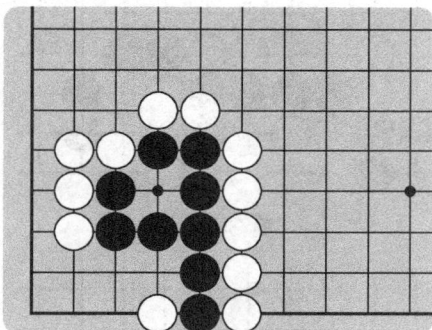

黑先，黑棋已经有了一只真眼，应该怎样通过吃掉下方的白子，从而做活呢?

图2　正解图

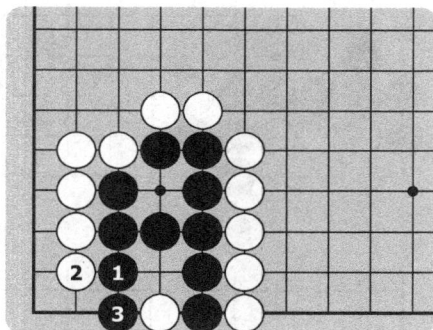

黑1长，黑3挡，黑棋可吃掉白棋一子，成功活棋。

图3　失败图1

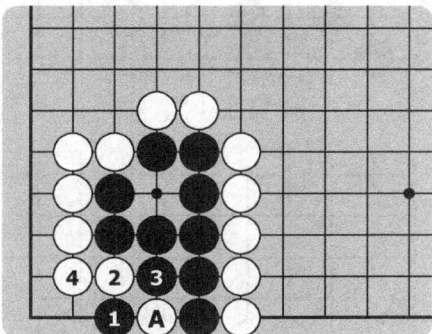

黑1夹吃Ⓐ，是常见的吃子手法。白2反吃，白4粘，Ⓐ处是假眼，黑棋无法做活。

图4　失败图2

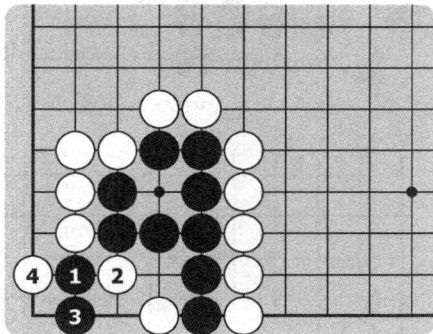

黑1扳，想吃掉更多白棋。但白2断，白4收气，呈老鼠偷油之势，黑棋因不入气被杀。

吃子做活（一）

黑先，请利用吃子做活，并写出必要的过程。

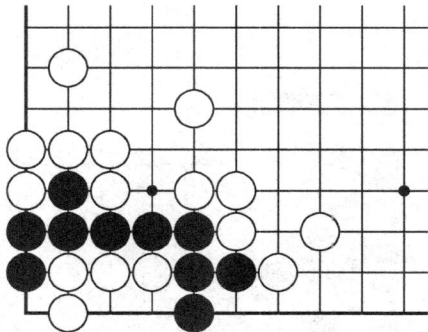

第 361 题

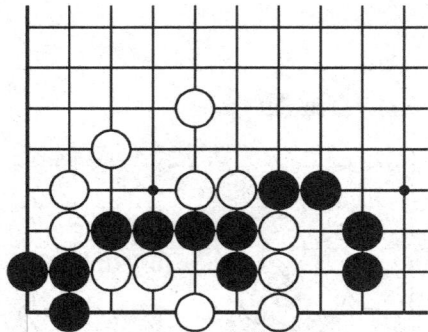

第 362 题

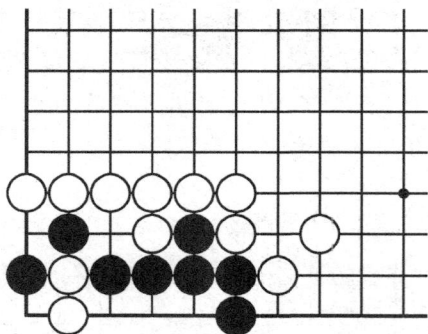

第 363 题

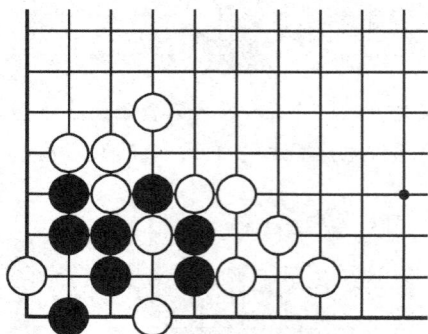

第 364 题

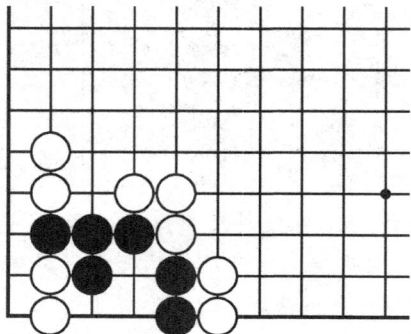

第 365 题

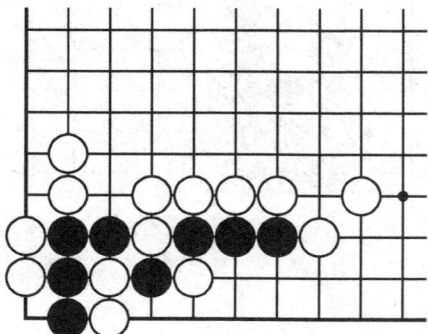

第 366 题

吃子做活（二）

黑先，请利用吃子做活，并写出必要的过程。

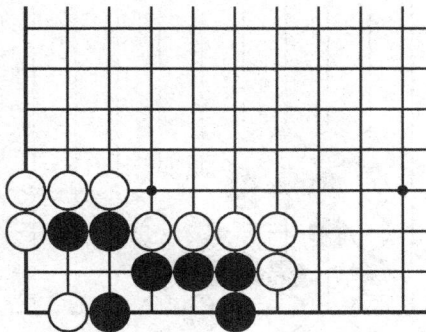

第 367 题

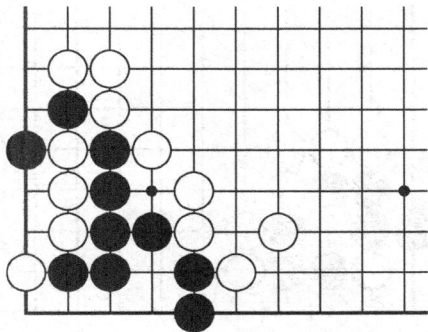

第 368 题

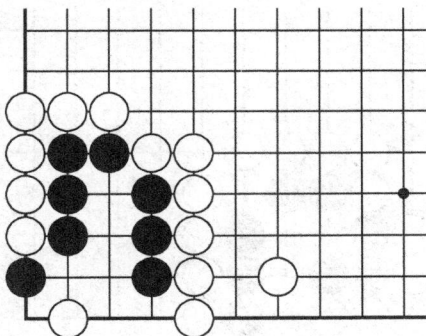

第 369 题

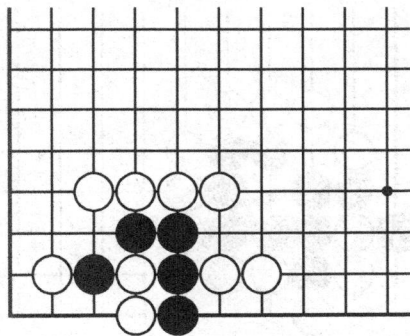

第 370 题

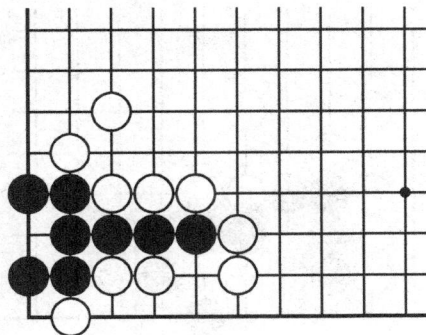

第 371 题

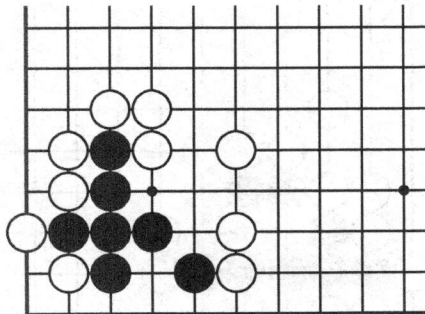

第 372 题

吃子做活（三）

黑先，请利用吃子做活，并写出必要的过程。

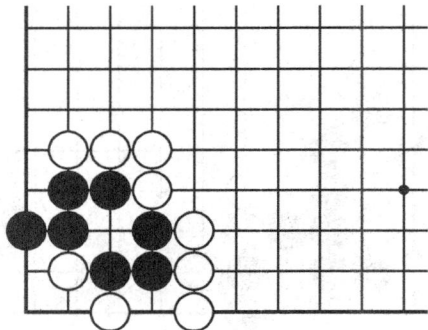

第 373 题

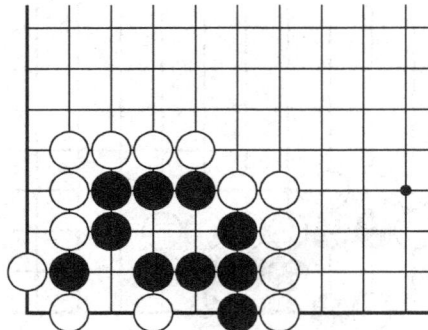

第 374 题

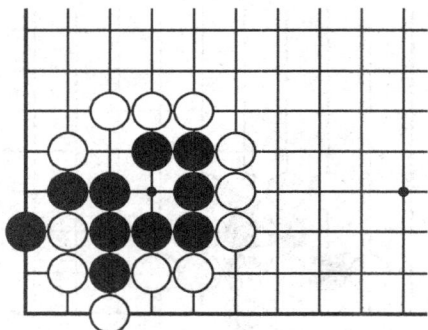

第 375 题

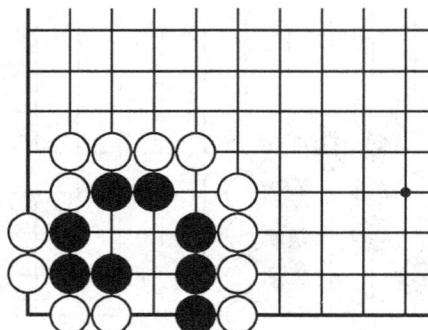

第 376 题

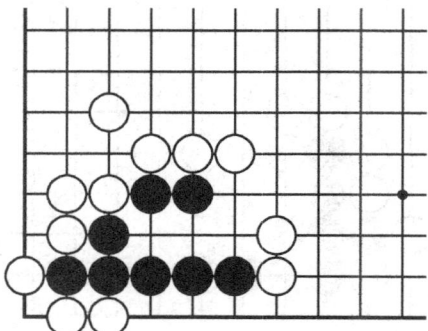

第 377 题

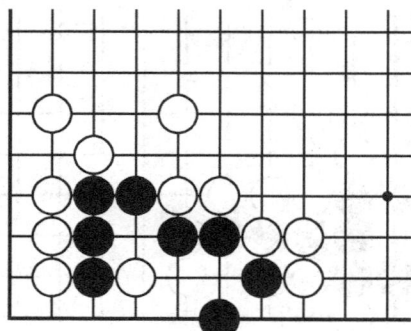

第 378 题

吃子做活（四）

黑先，请利用吃子做活，并写出必要的过程。

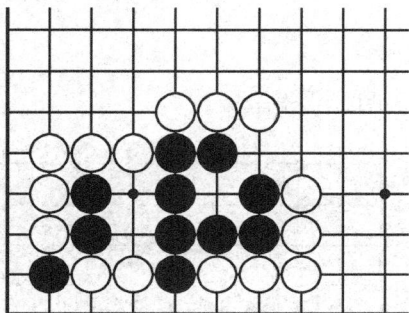

第 379 题

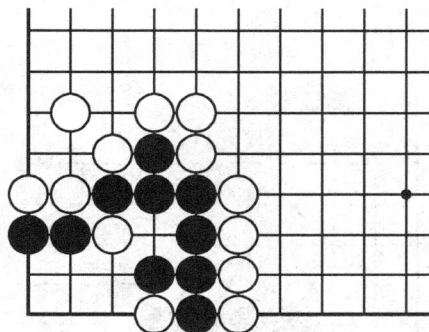

第 380 题

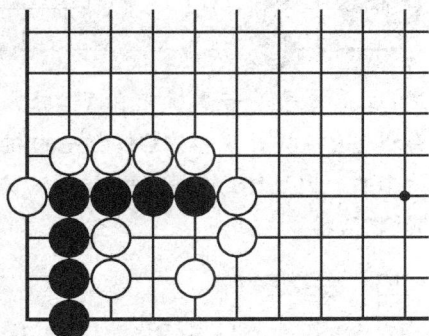

第 381 题

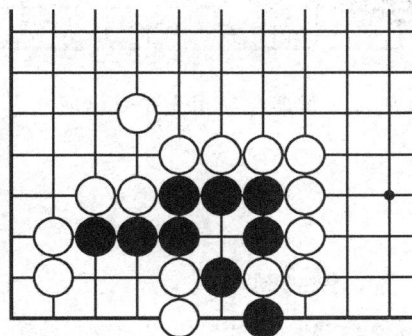

第 382 题

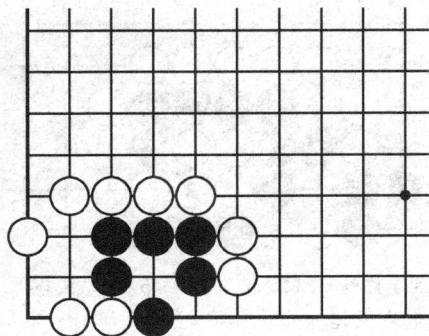

第 383 题

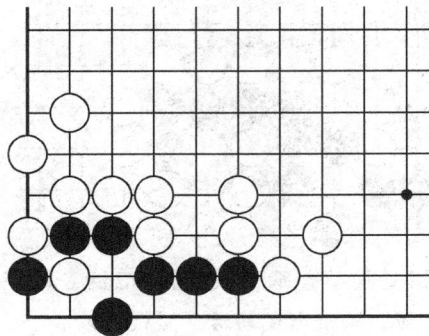

第 384 题

3.3　利用先手

　　关于利用先手的应用方法的介绍参见第21页。

例

图1　问题图

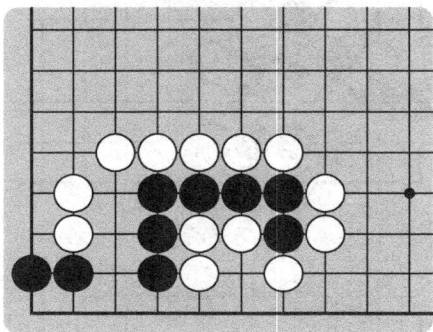

黑先，应该怎样利用先手做活呢？

图2　正解图

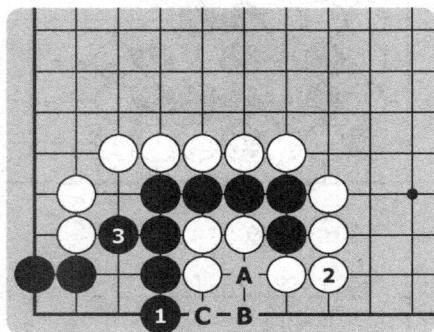

黑1立是先手。若黑棋先在A位扑，白棋可B位提，黑棋在C位打吃白棋接不归。因黑1为先手，白2补棋，黑3做眼活棋。

图3　失败图1

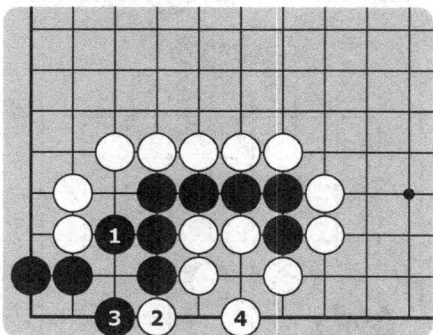

黑1直接扩大眼位做眼，白2扳，白4做劫，黑棋形成劫活，黑棋失败。

图4　失败图2

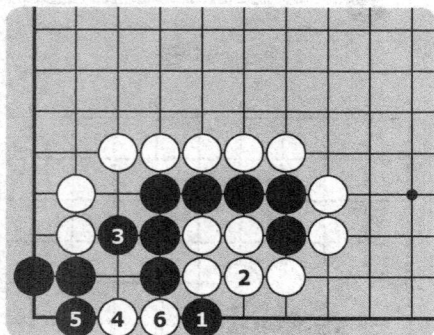

黑1打吃，白2粘，至白6扑，黑棋已无法做活。

利用先手做活（一）

黑先，请利用先手做活，并写出必要的过程。

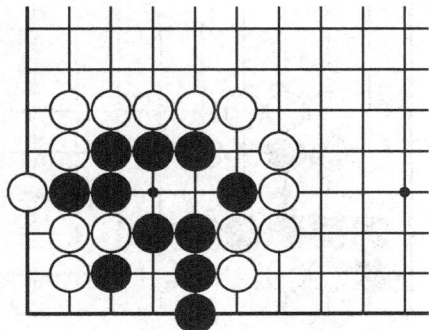

第 385 题

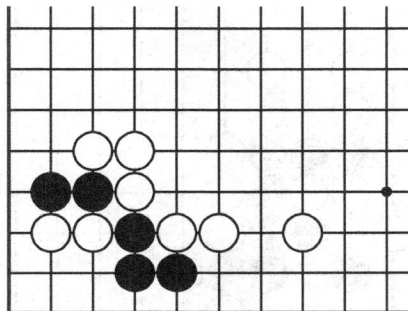

第 386 题

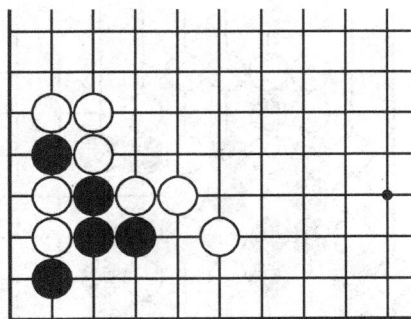

第 387 题

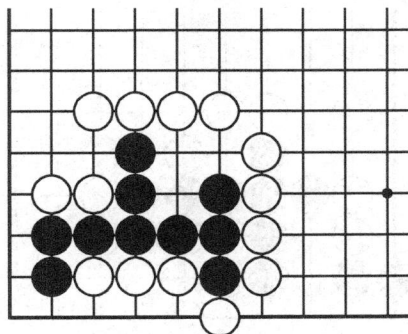

第 388 题

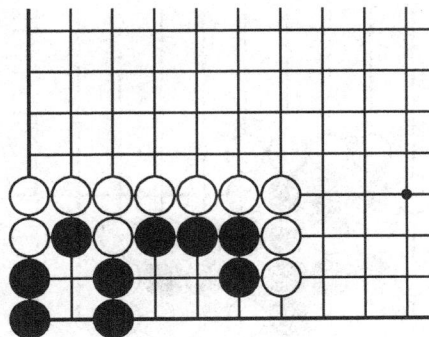

第 389 题

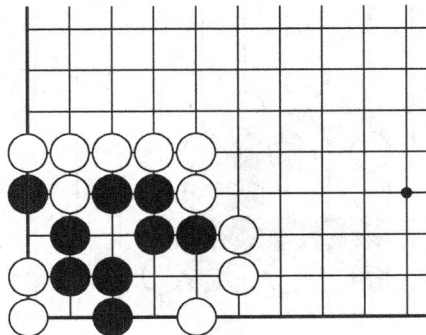

第 390 题

利用先手做活（二）

黑先，请利用先手做活，并写出必要的过程。

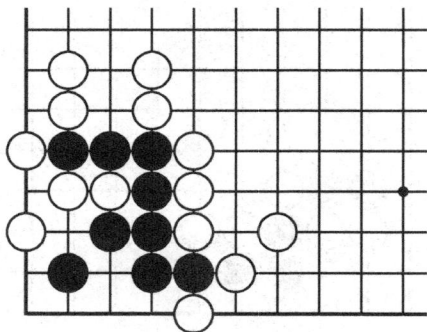

第 391 题

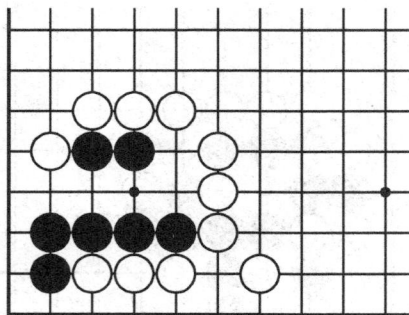

第 392 题

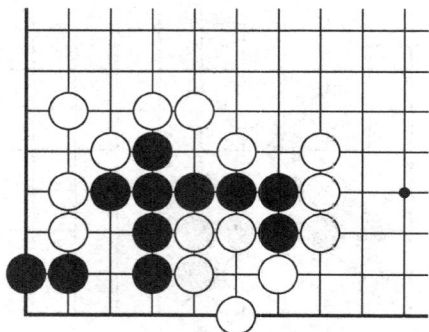

第 393 题

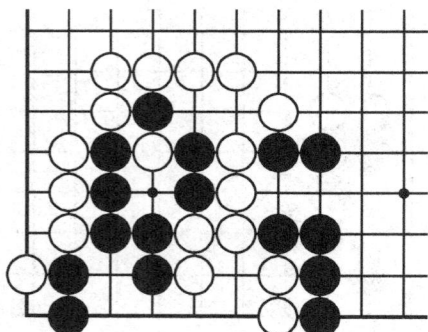

第 394 题

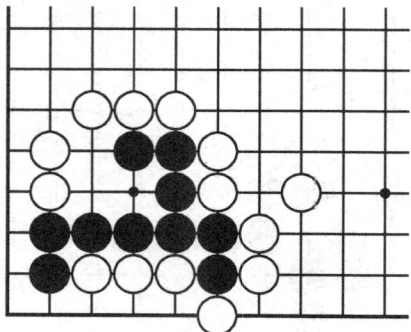

第 395 题

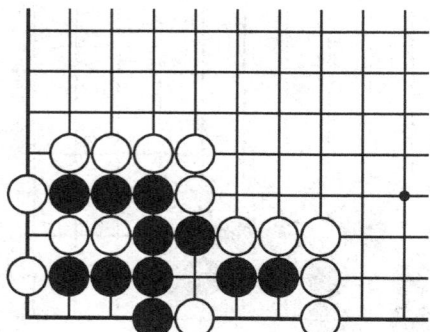

第 396 题

利用先手做活（三）

黑先，请利用先手做活，并写出必要的过程。

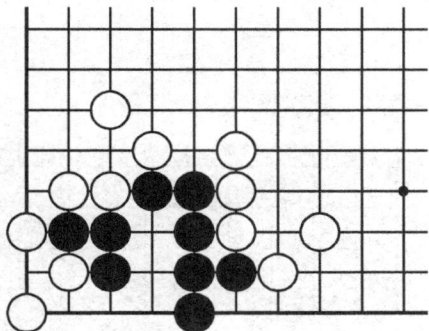

第 397 题

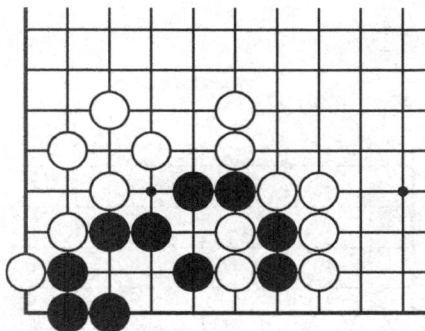

第 398 题

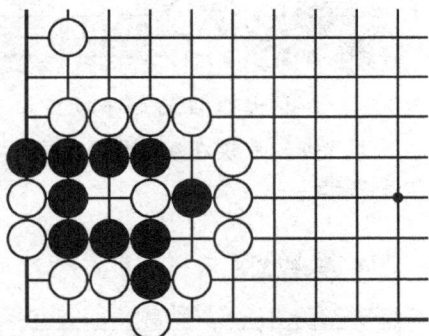

第 399 题

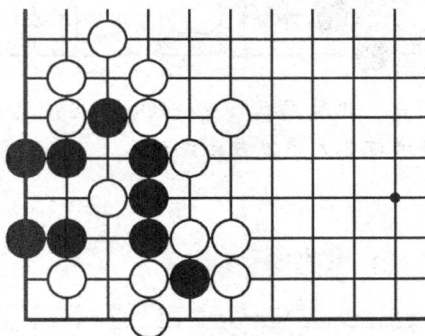

第 400 题

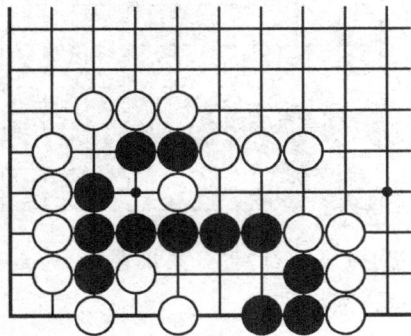

第 401 题

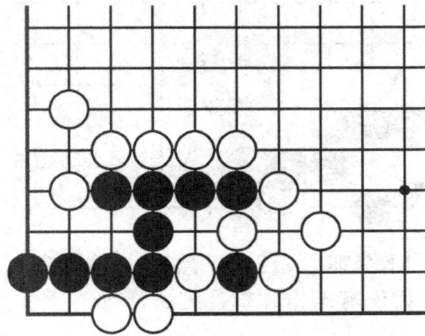

第 402 题

3.4 扩大眼位

关于扩大眼位的应用方法的介绍参见第25页。

例

图1 问题图

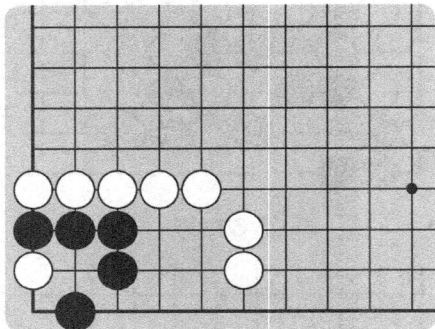

黑先，此时黑棋只有一只眼，应该怎样通过扩大眼位做活呢？

图2 正解图

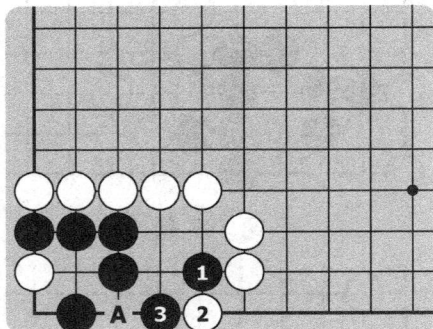

黑1跳，是扩大眼位的好手段！白2扳，黑3挡，黑棋在A位形成真眼，成功活棋。

图3 失败图1

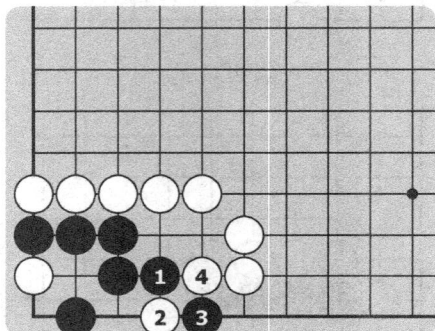

黑1长做眼，白2托，黑3扳，白4断。黑棋没有做出真眼，无法活棋。

图4 失败图2

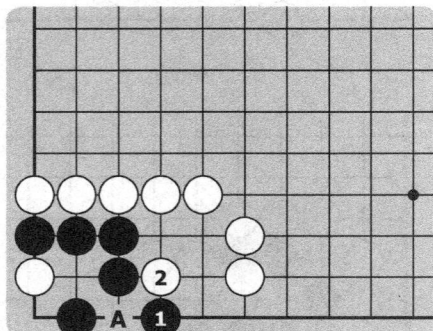

黑1做眼，白2挤，黑棋在A位形成假眼，黑棋被杀。

扩大眼位做活（一）

黑先，请利用扩大眼位做活，并写出必要的过程。

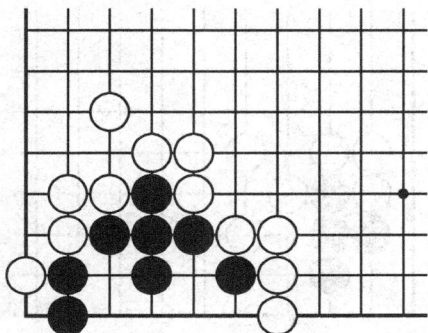

第 403 题

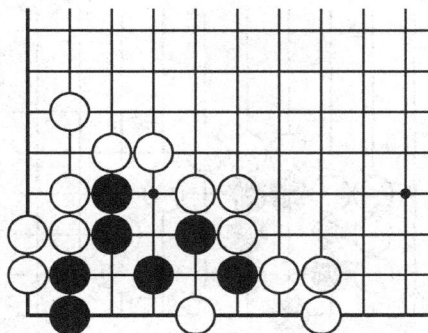

第 404 题

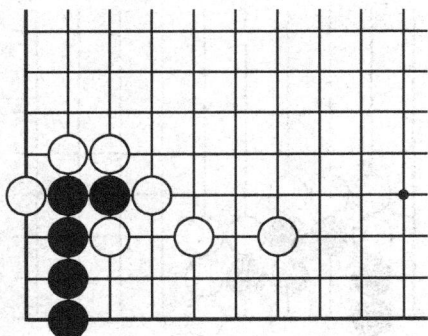

第 405 题

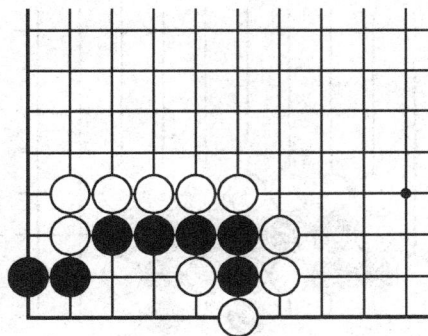

第 406 题

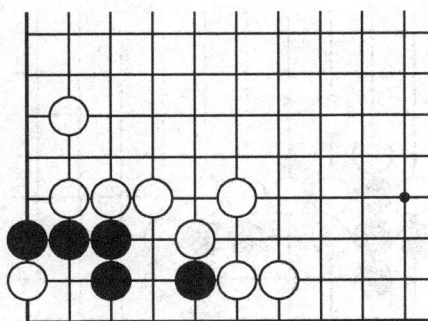

第 407 题

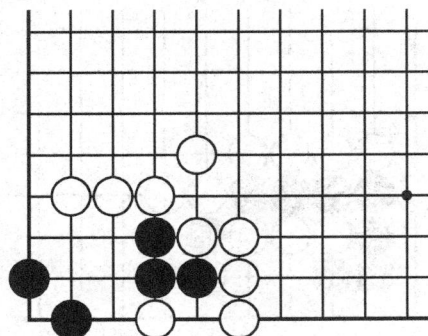

第 408 题

扩大眼位做活（一）

黑先，请利用扩大眼位做活，并写出必要的过程。

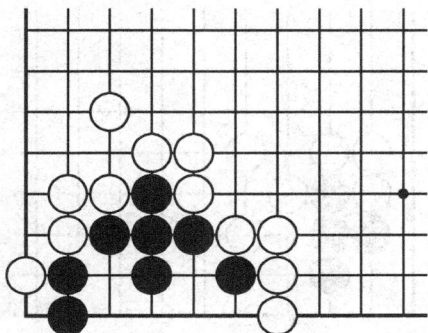
第 403 题

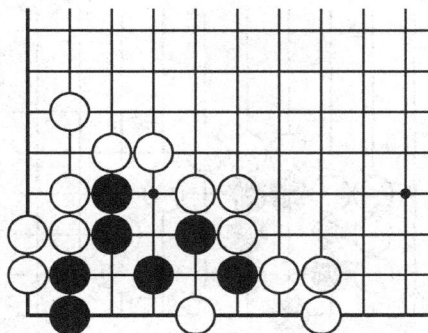
第 404 题

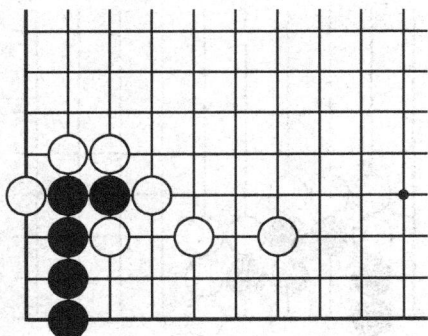
第 405 题

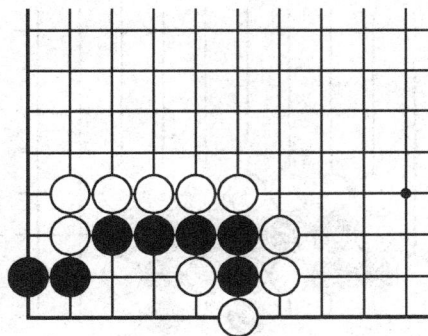
第 406 题

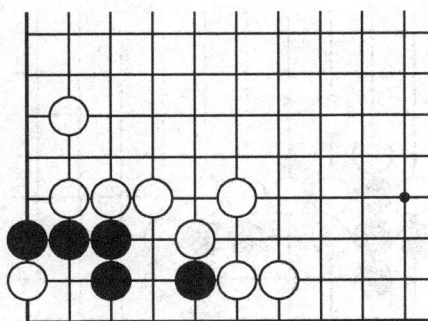
第 407 题

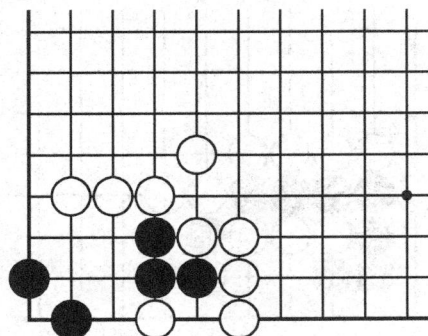
第 408 题

第三章　进阶篇：活棋技巧

扩大眼位做活（二）

黑先，请利用扩大眼位做活，并写出必要的过程。

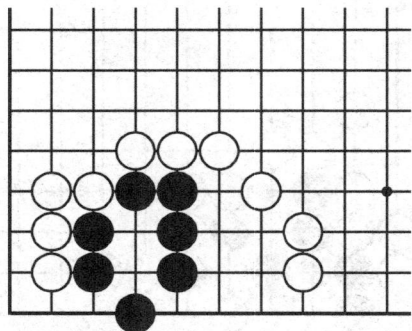

第 409 题

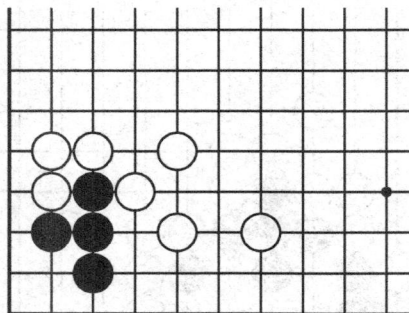

第 410 题

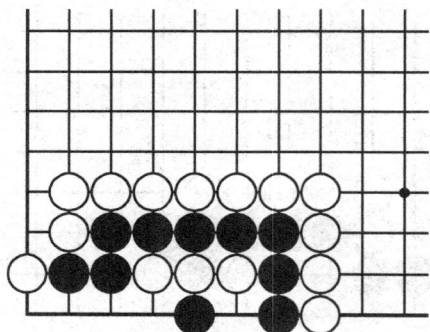

第 411 题

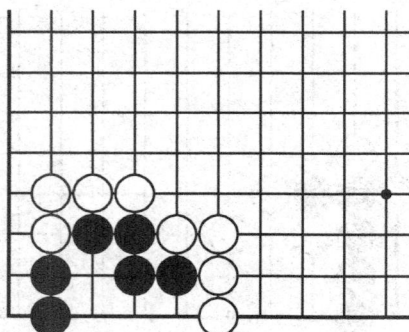

第 412 题

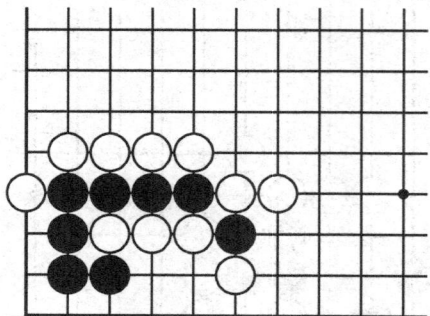

第 413 题

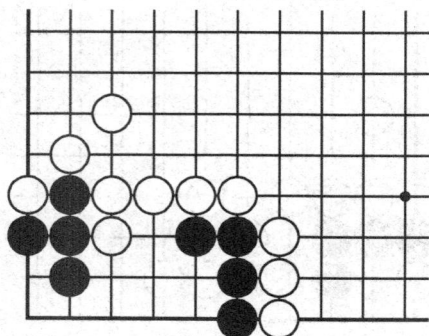

第 414 题

扩大眼位做活（三）

黑先，请利用扩大眼位做活，并写出必要的过程。

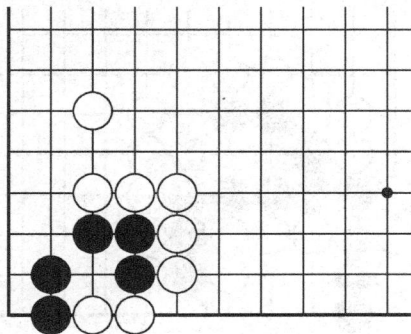

第 415 题

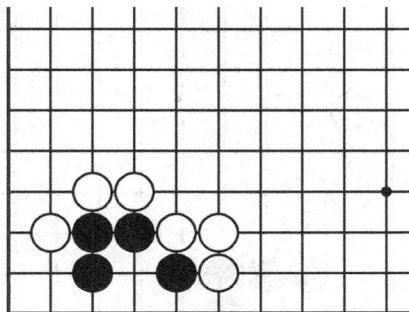

第 416 题

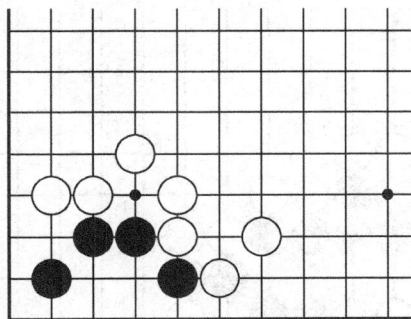

第 417 题

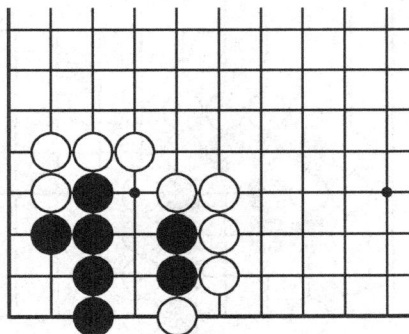

第 418 题

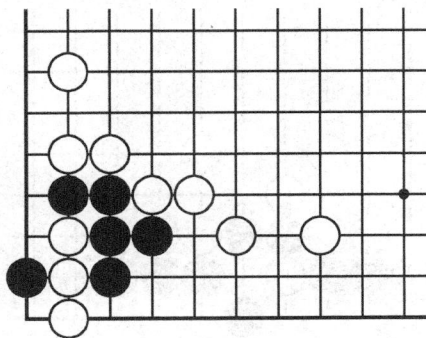

第 419 题

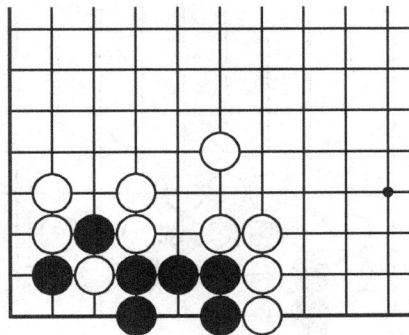

第 420 题

扩大眼位做活（四）

黑先，请利用扩大眼位做活，并写出必要的过程。

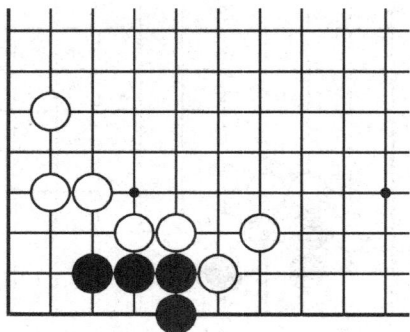

第 421 题

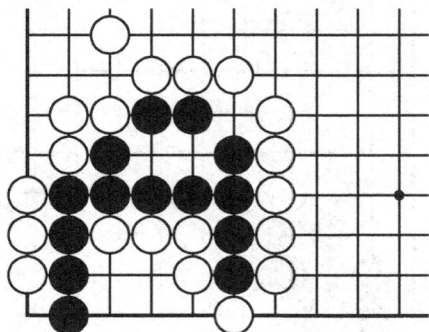

第 422 题

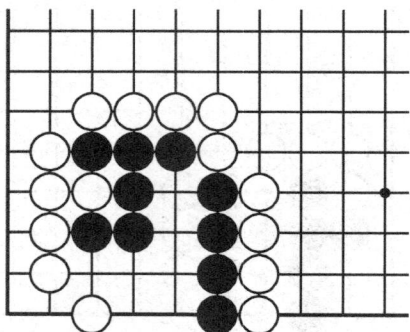

第 423 题

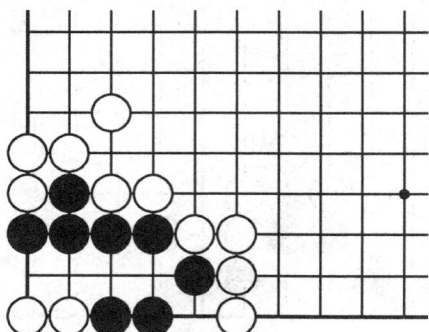

第 424 题

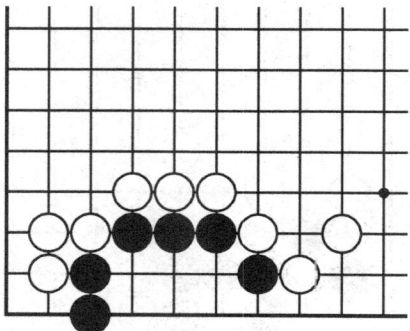

第 425 题

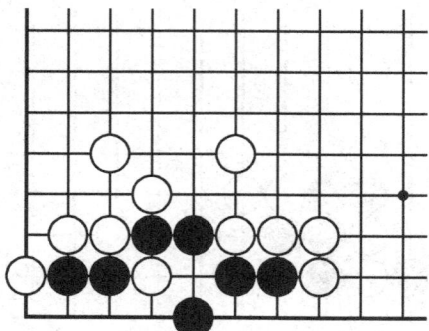

第 426 题

3.5　占据要点

关于占据要点的应用方法的介绍参见第30页。

例

图1　问题图

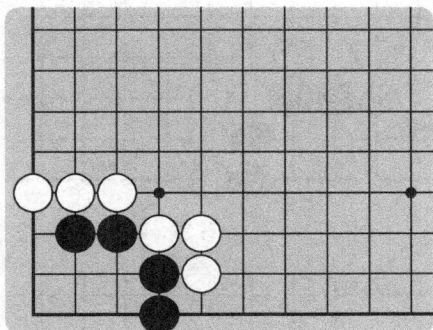

黑先，黑棋做眼的空间非常狭窄，怎样才能做出两只眼呢？

图2　正解图

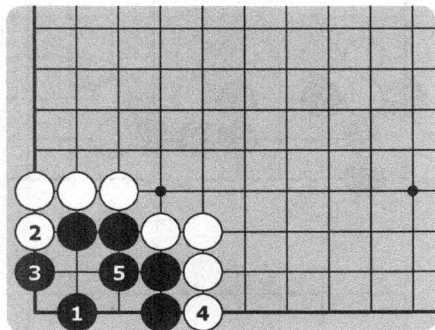

黑1跳，是成功的一手。白2冲，黑3挡，黑棋活棋。

图3　失败图1

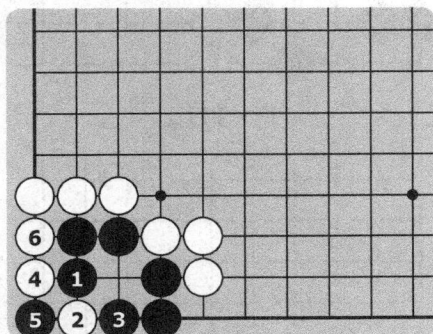

黑1虎，好像占据了做眼要点。但白2托，黑3打吃时，白4扳是好棋！黑棋已经无法做活。

图4　失败图2

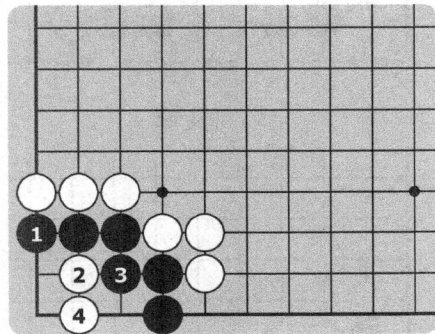

黑1挡，是扩大眼位的下法。白2靠是杀棋急所，黑3粘，白4长，黑棋被杀。

占据要点做活（一）

黑先，请利用占据要点做活，并写出必要的过程。

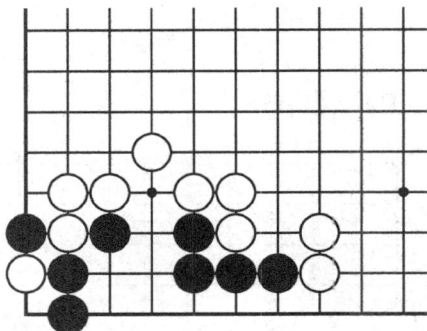

第 427 题

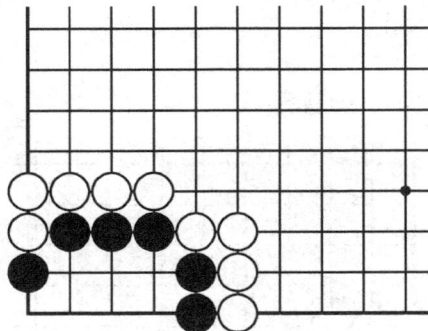

第 428 题

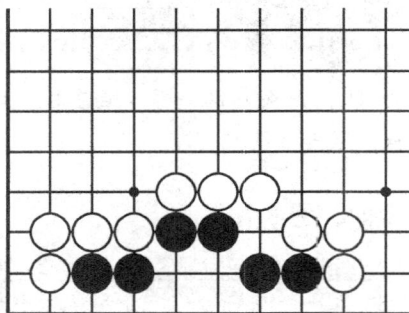

第 429 题

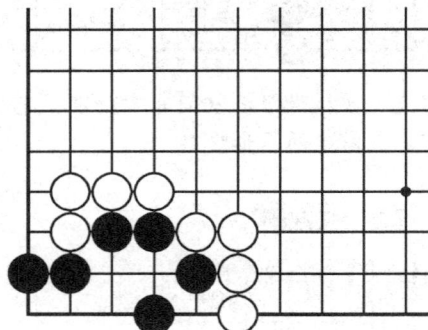

第 430 题

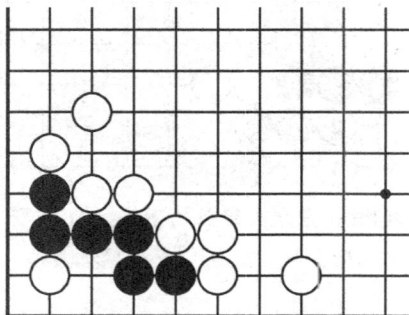

第 431 题

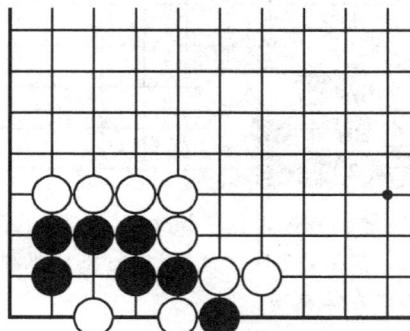

第 432 题

占据要点做活（二）

黑先，请利用占据要点做活，并写出必要的过程。

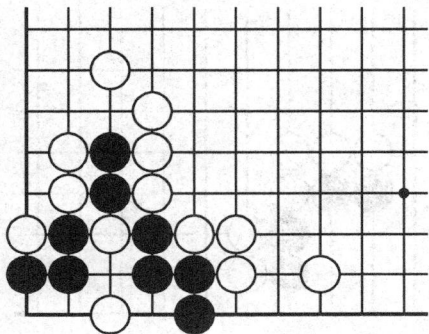

第 433 题

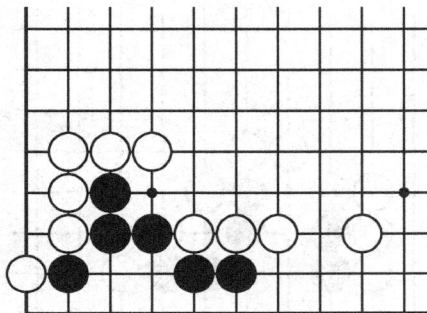

第 434 题

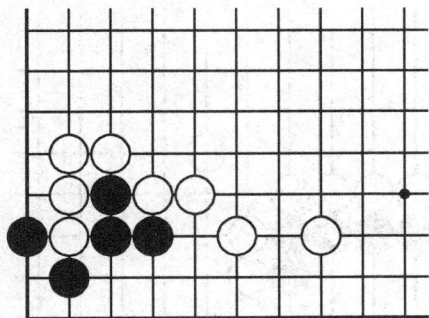

第 435 题

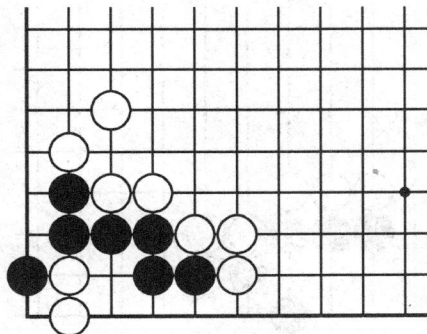

第 436 题

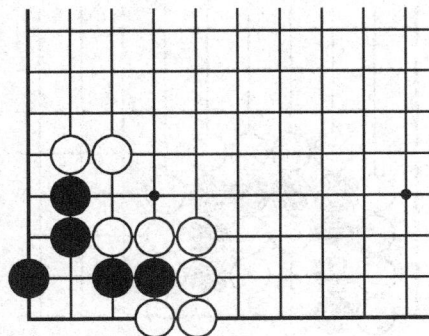

第 437 题

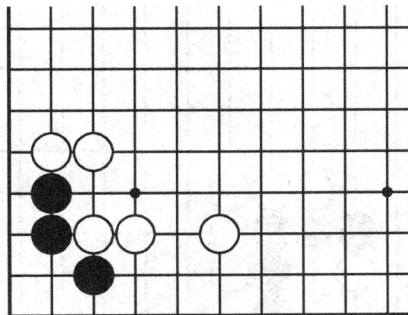

第 438 题

占据要点做活（三）

黑先，请利用占据要点做活，并写出必要的过程。

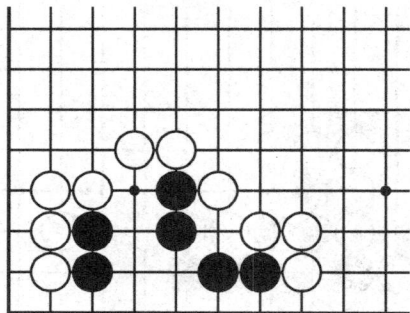

第 439 题

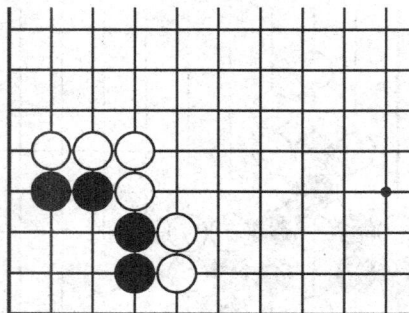

第 440 题

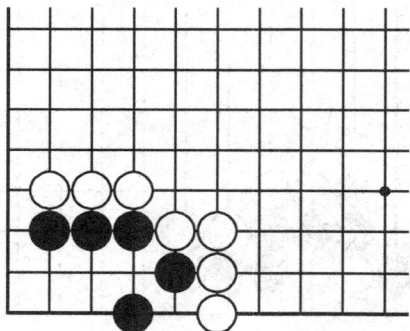

第 441 题

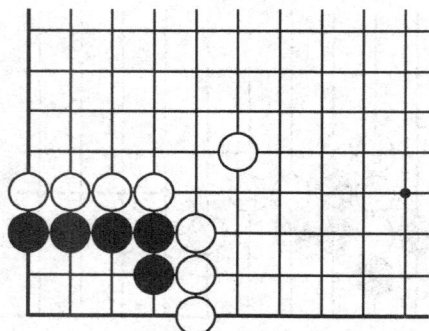

第 442 题

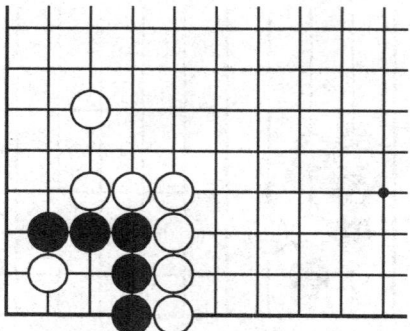

第 443 题

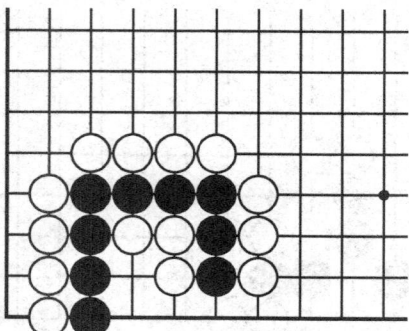

第 444 题

3.6　胀牯牛

　　胀牯牛是一种极为巧妙的活棋技巧。胀牯牛旨在利用对方的棋子气紧形成的禁入点，来达到提子做活的目的。胀牯牛需要避开对手的聚杀、劫杀等手段，来实现净活。

例

图1　问题图

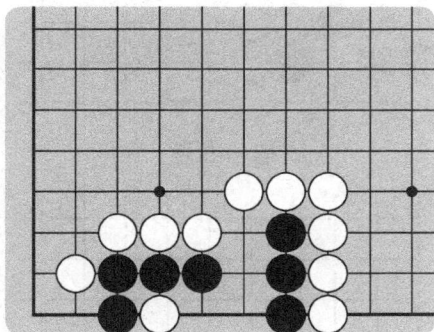

黑先，怎样才能利用胀牯牛做出两只眼呢？

图2　正解图

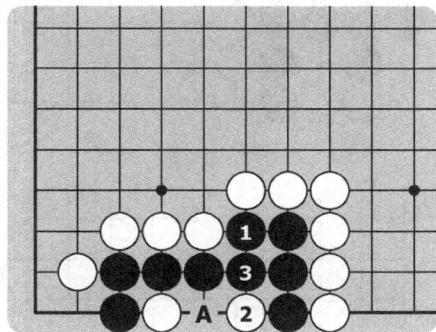

黑1是好棋。白2打吃，黑3粘，白棋无法下在A位聚杀黑棋，黑棋成功活棋。

图3　失败图1

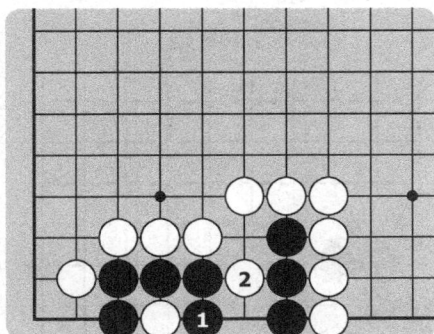

黑1提，先做一只眼。白2挖，成功破眼，黑棋净死。

图4　失败图2

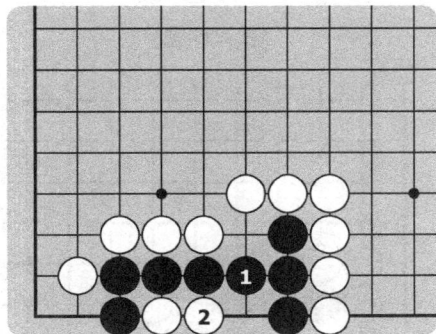

黑1粘，白2长，黑棋净死。

胀牯牛

黑先，请利用胀牯牛做活，并写出必要的过程。

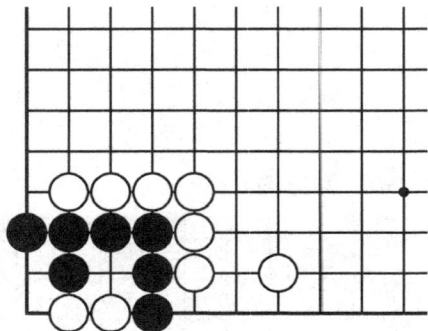

第 445 题

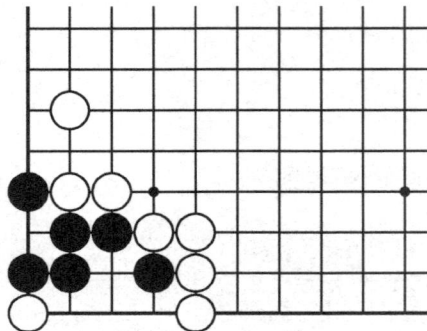

第 446 题

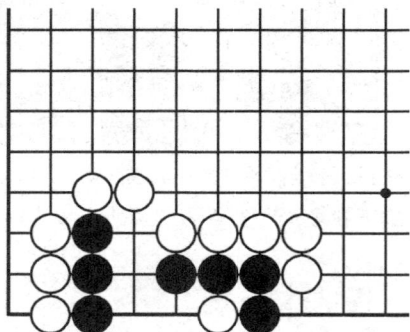

第 447 题

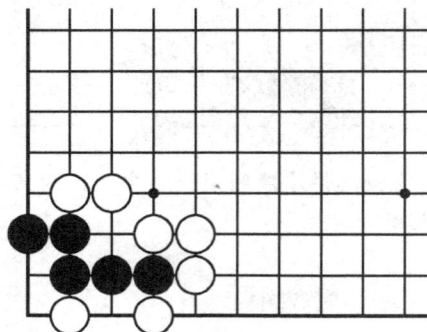

第 448 题

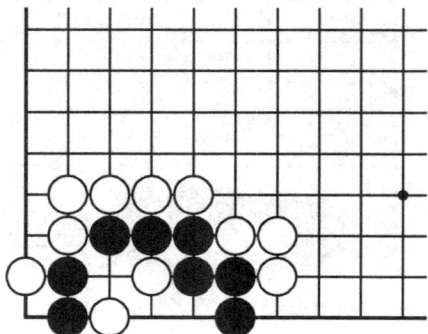

第 449 题

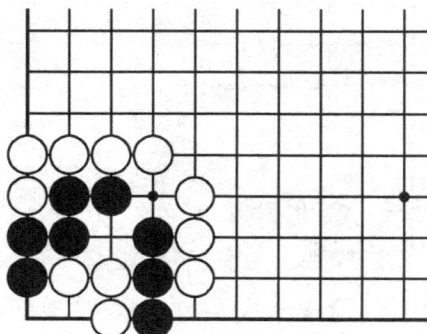

第 450 题

3.7　双活

关于双活的应用方法的介绍参见第35页。

例

图1　问题图

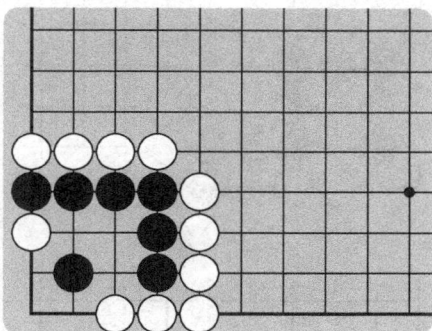

黑先，黑棋的眼形不大，应该怎样做活呢？

图2　正解图

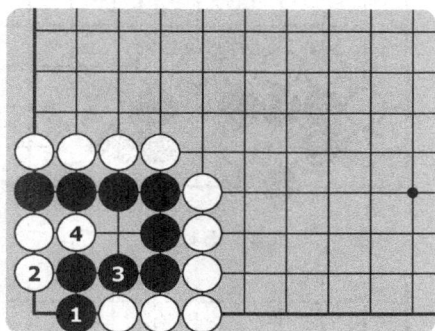

黑1挡，扩大眼位。白2破眼。黑3再扩大眼位，白4再破眼，白棋三子和黑棋成为双活之形。

图3　变化图

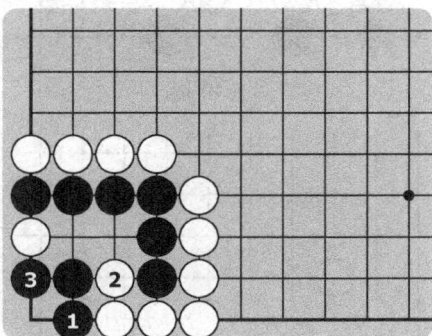

黑1挡，白2冲，破坏黑棋眼形。黑3分割眼位，黑棋做出两只眼，成功活棋。

图4　失败图

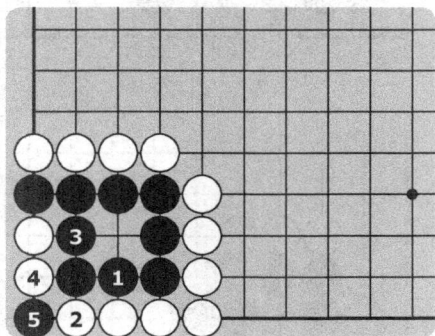

黑1也是扩大眼位的一手，但白2长是要点。黑3分割眼位，但白4制造打二还一是破眼的好棋，黑棋被杀。

双活（一）

黑先，请利用双活做活，并写出必要的过程。

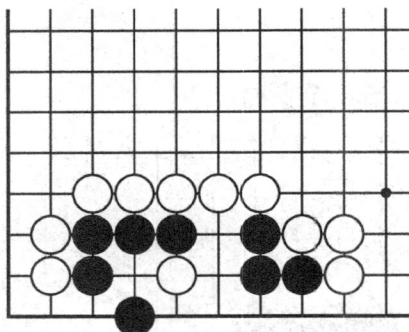

第 451 题

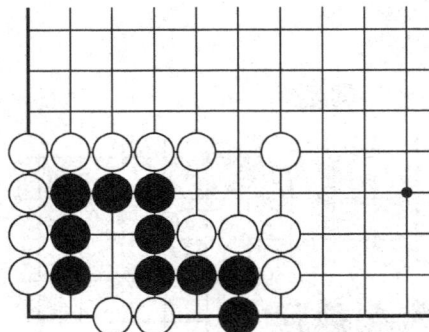

第 452 题

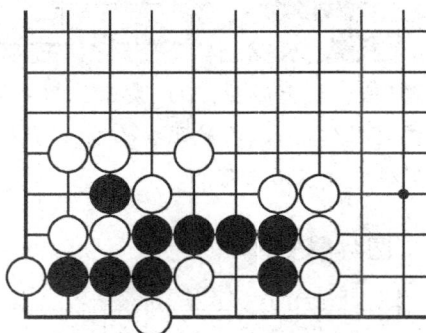

第 453 题

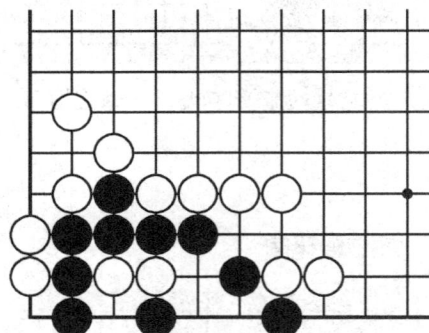

第 454 题

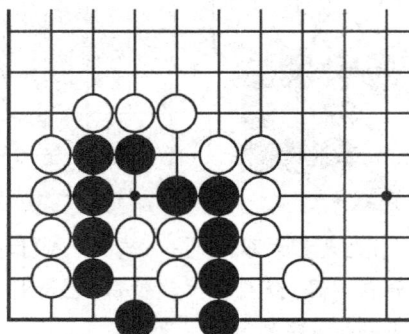

第 455 题

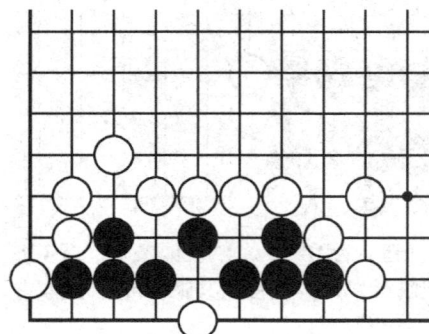

第 456 题

双活（二）

黑先，请利用双活做活，并写出必要的过程。

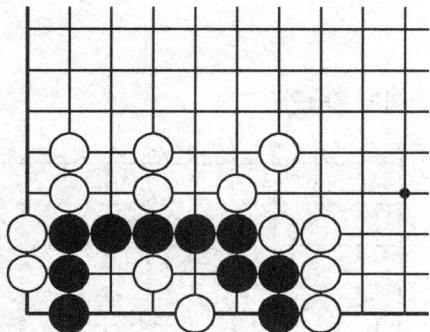

第 457 题

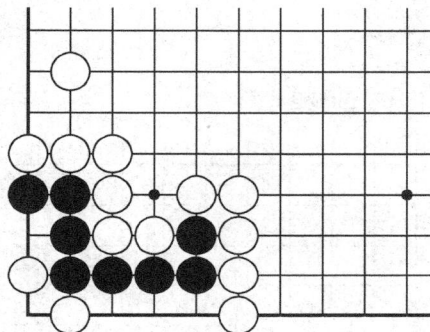

第 458 题

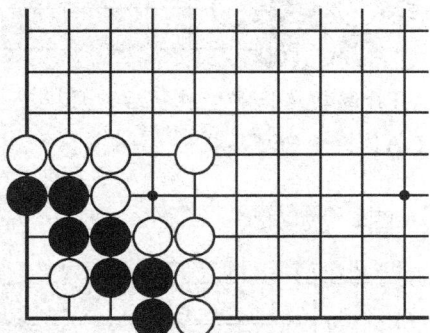

第 459 题

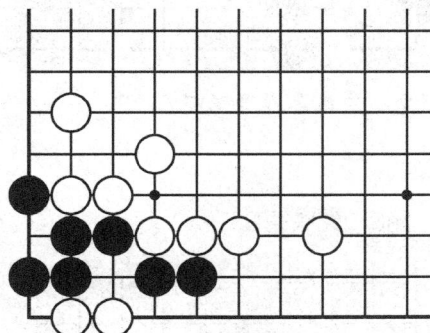

第 460 题

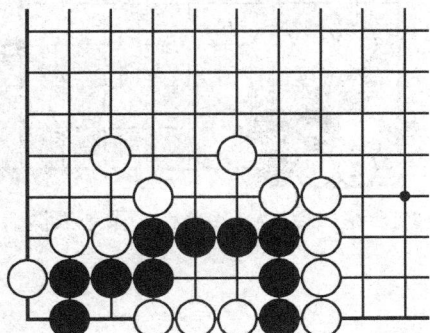

第 461 题

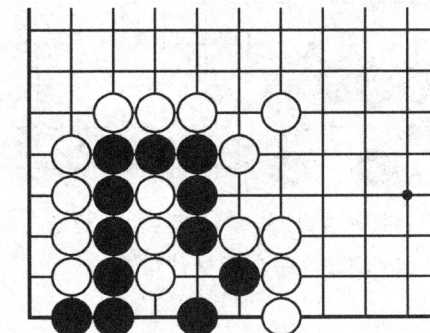

第 462 题

3.8　劫活

关于劫活的应用方法的介绍参见第38页。

例

图1　问题图

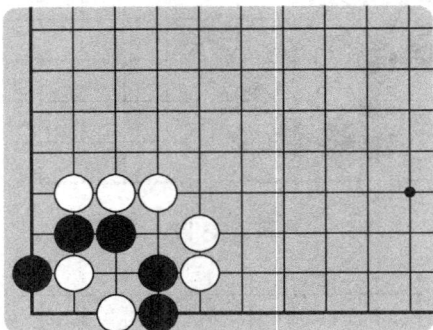

黑先，应该怎样做活呢？

图2　正解图

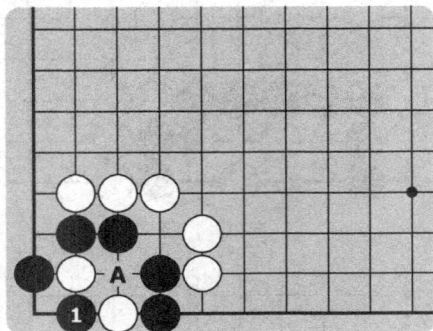

黑1扑做劫是正解！胜劫后，黑棋下
在A位提子即可活棋。

图3　失败图1

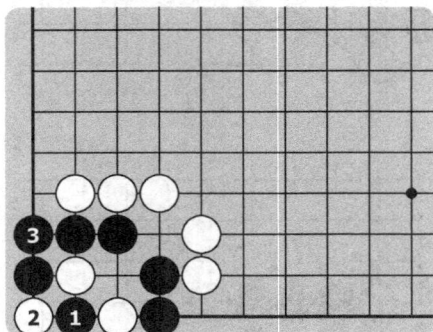

黑1做劫，白2提劫。黑3粘是错着。
白棋在黑1位粘，黑棋被聚杀。

图4　失败图2

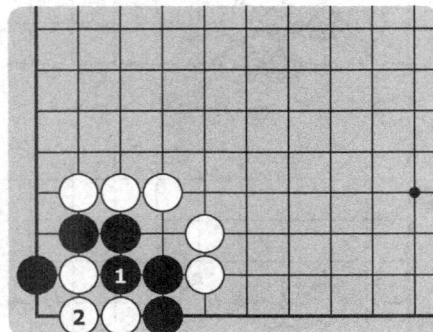

黑1打吃，白2接，白棋成功聚杀黑棋。

劫活（一）

黑先，请利用打劫做活，并写出必要的过程。

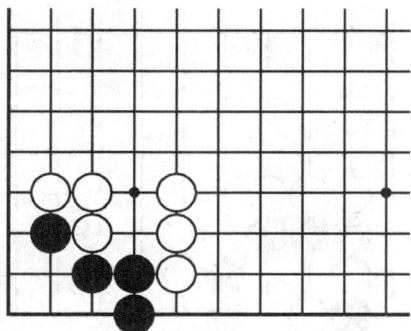

第 463 题

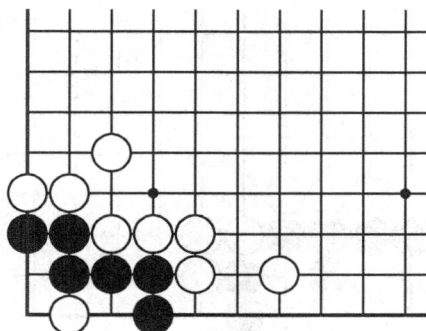

第 464 题

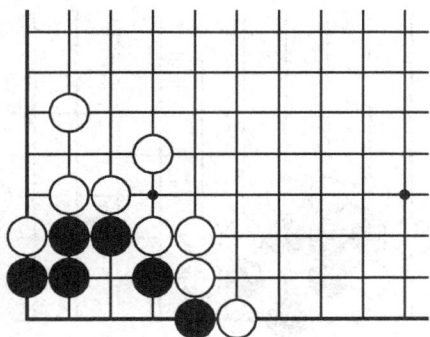

第 465 题

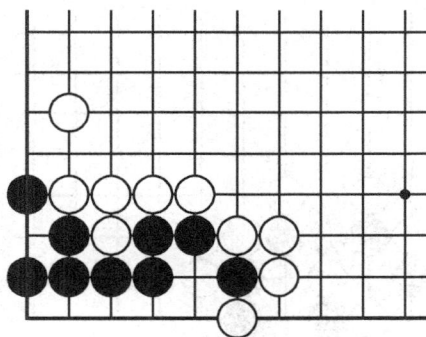

第 466 题

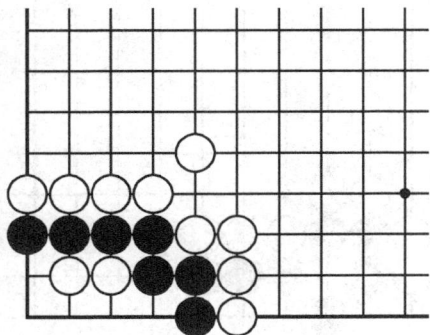

第 467 题

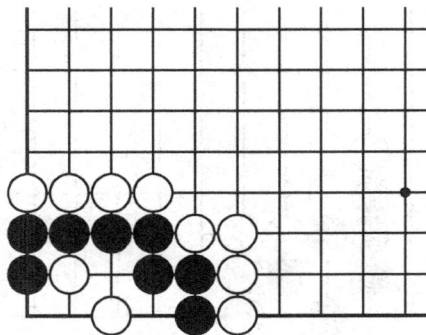

第 468 题

劫活（二）

黑先，请利用打劫做活，并写出必要的过程。

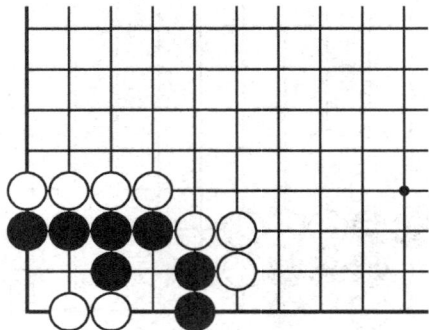

第 469 题

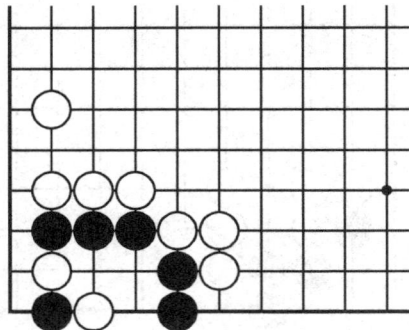

第 470 题

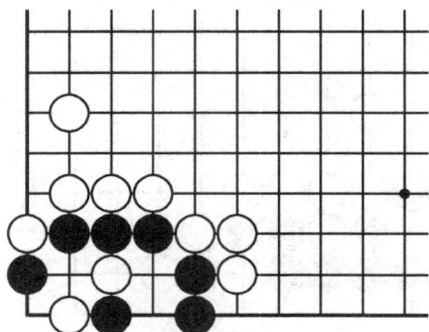

第 471 题

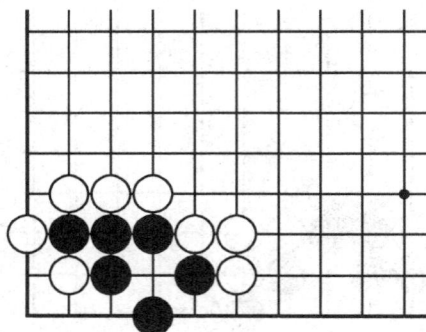

第 472 题

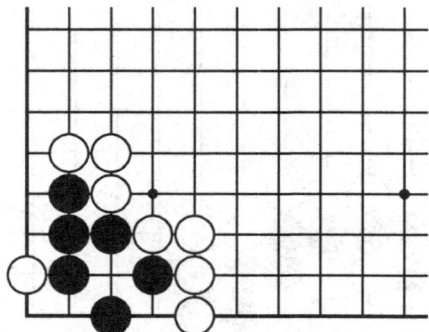

第 473 题

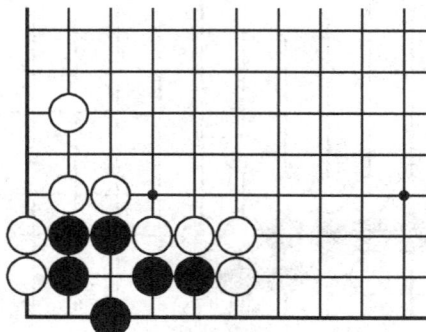

第 474 题

综合测试

综合测试（一）

黑先，请利用正确的方法做活，并写出必要的过程。

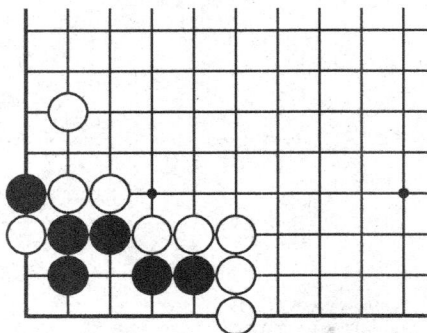

第 475 题

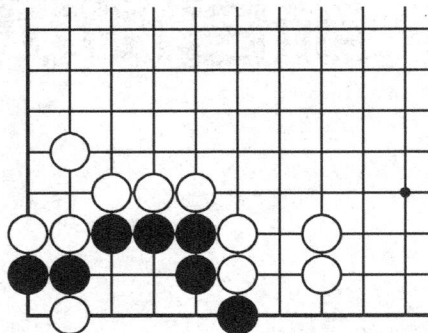

第 476 题

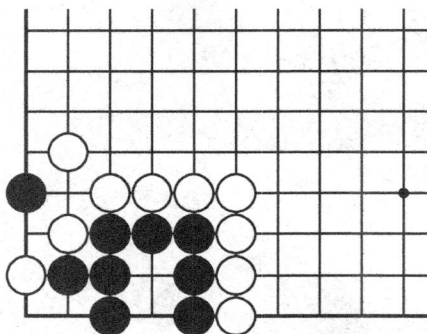

第 477 题

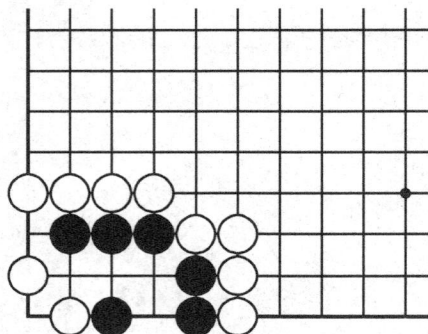

第 478 题

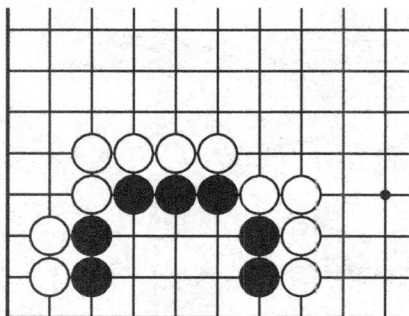

第 479 题

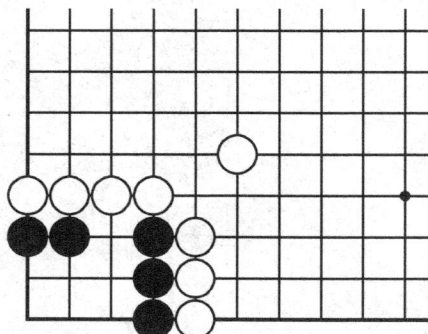

第 480 题

综合测试（二）

黑先，请利用正确的方法做活，并写出必要的过程。

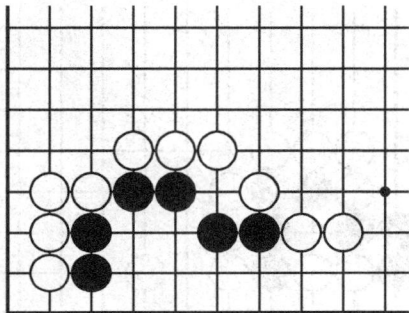

第 481 题

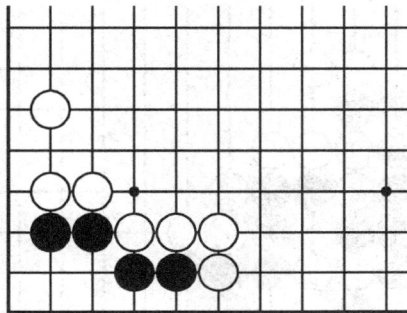

第 482 题

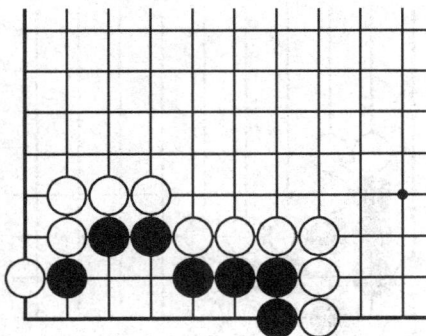

第 483 题

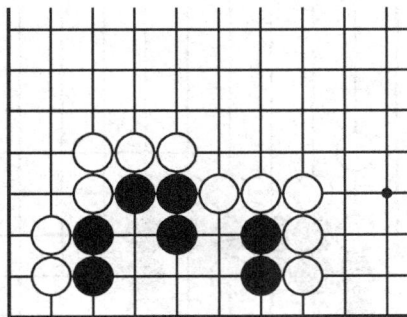

第 484 题

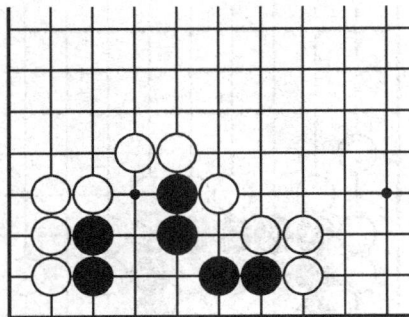

第 485 题

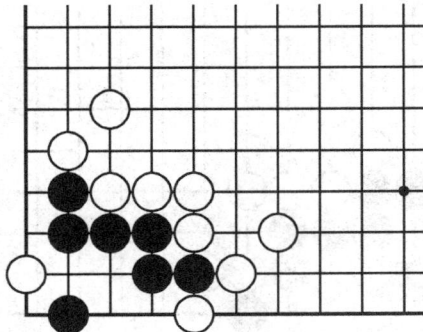

第 486 题

聂卫平围棋习题精解
死活专项训练（从5级到1级）

综合测试（三）

黑先，请利用正确的方法做活，并写出必要的过程。

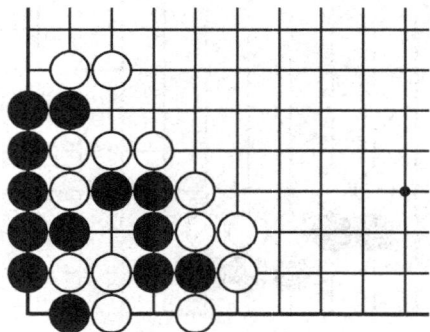

第 487 题

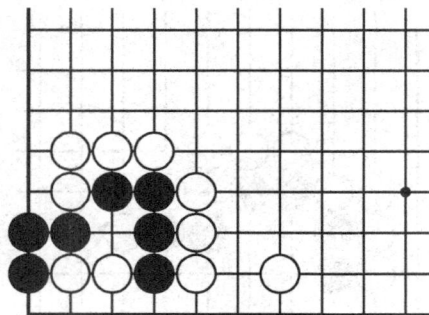

第 488 题

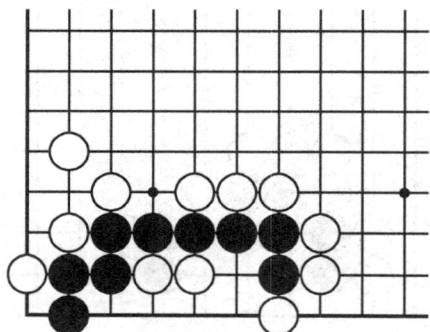

第 489 题

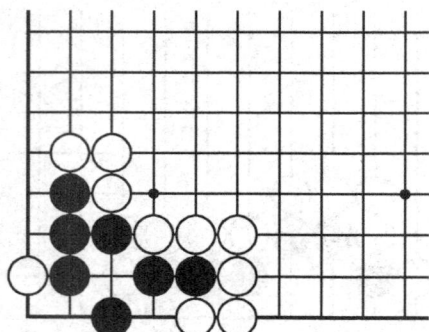

第 490 题

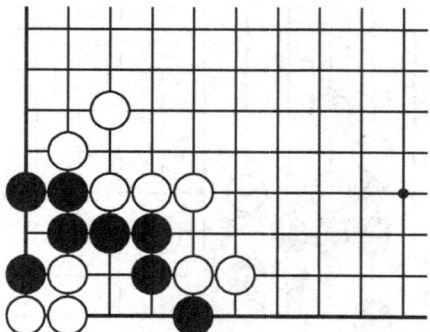

第 491 题

第 492 题

综合测试（四）

黑先，请利用正确的方法做活，并写出必要的过程。

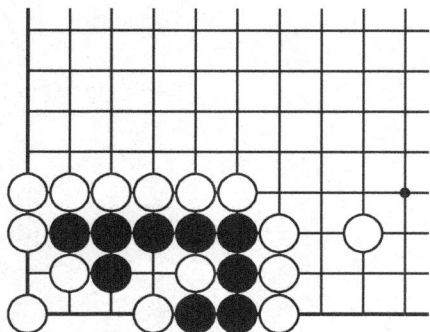

第 493 题

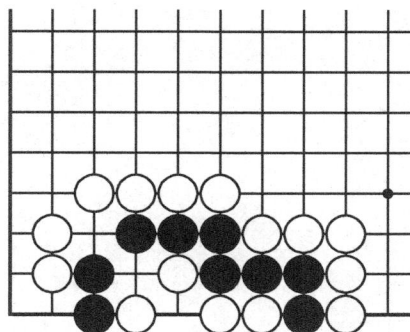

第 494 题

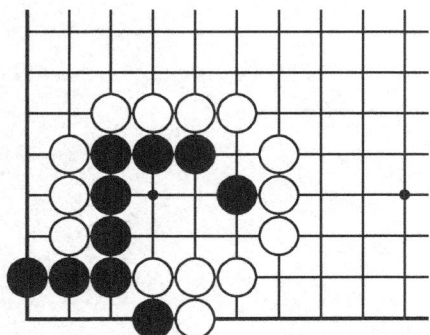

第 495 题

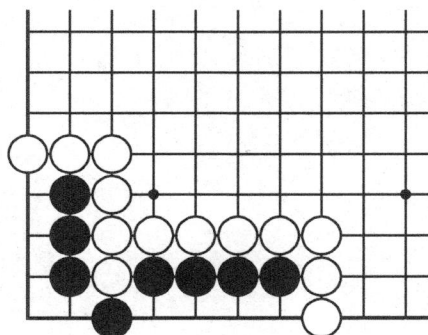

第 496 题

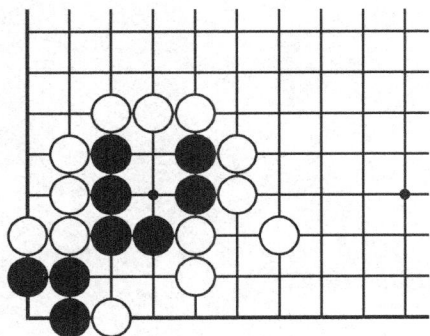

第 497 题

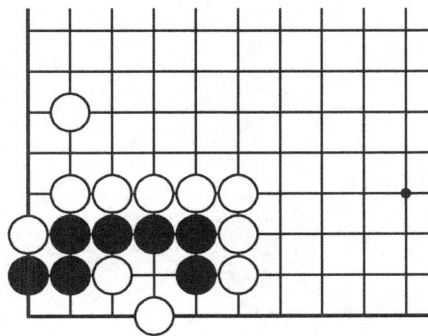

第 498 题

第四章
进阶篇：杀棋技巧

　　本书下篇的关于杀棋技巧题目难度相比上篇的题目难度会有所提升，希望棋友们做题时多观察，多思考，多计算，运用合理的方法解题。

4.1 破眼杀棋

关于破眼杀棋的应用方法的介绍参见第48页。

例

图1 问题图

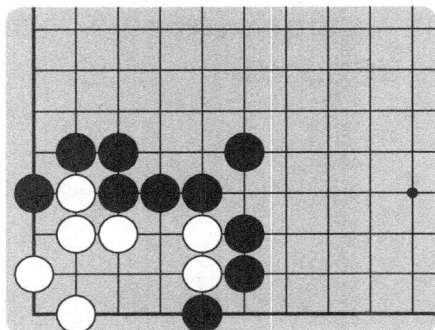

黑先，应该怎样破眼杀白呢？

图2 正解图

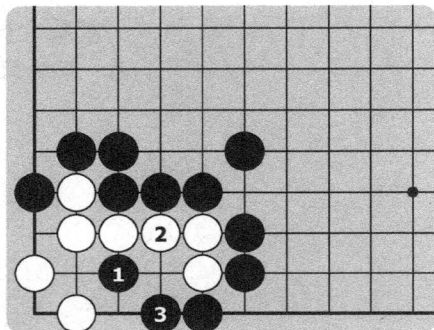

黑1点，白2粘，黑3连，黑破眼成功，白棋一共只有一只真眼，白棋为死棋。

图3 失败图1

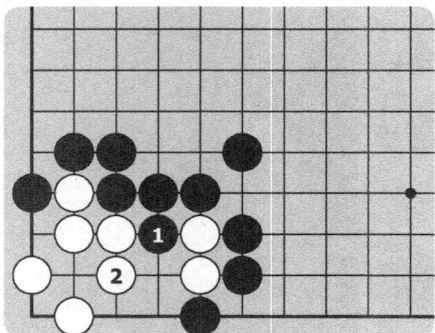

黑1冲，白2弃掉两子做眼。此时白棋一共有两只真眼，黑棋杀棋失败。

图4 失败图2

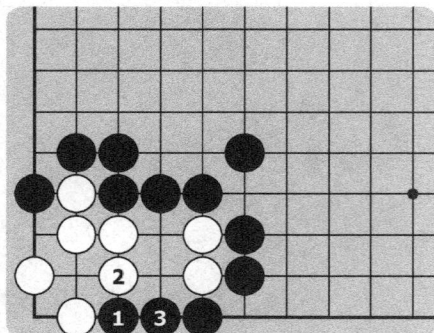

黑1跳，白2打吃，黑3连。白棋共做出两只真眼，黑棋杀棋失败。

破眼杀棋（一）

黑先，请用破眼杀棋的方法杀死白棋，并写出必要的过程。

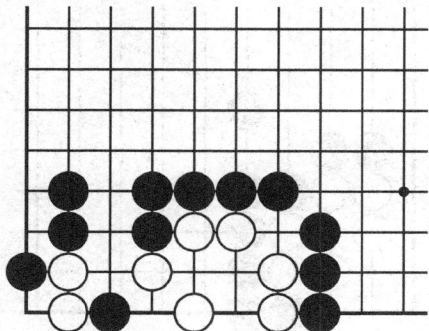

第 499 题

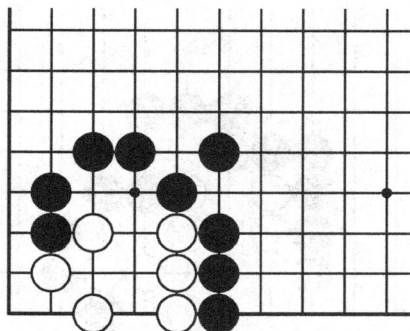

第 500 题

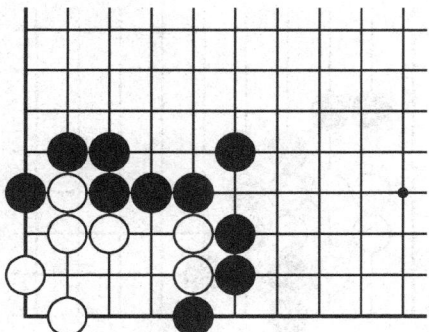

第 501 题

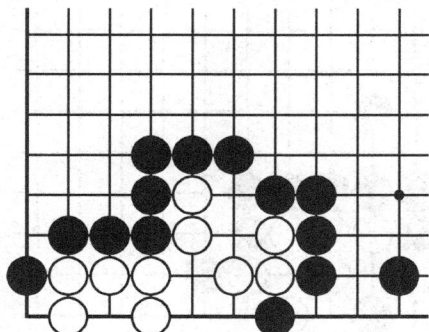

第 502 题

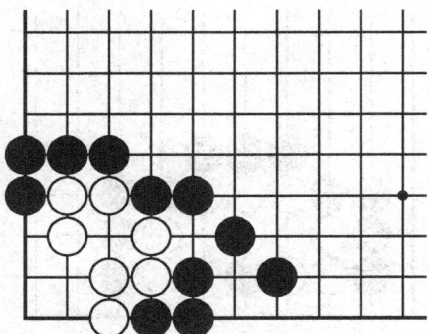

第 503 题

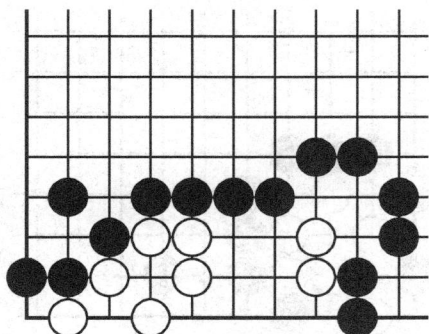

第 504 题

破眼杀棋（二）

黑先，请用破眼杀棋的方法杀死白棋，并写出必要的过程。

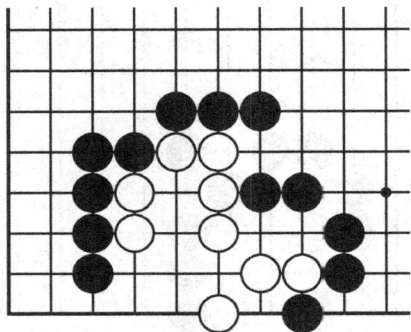

第 505 题

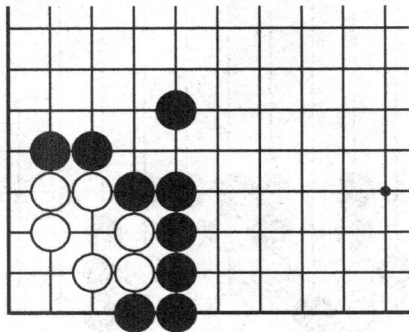

第 506 题

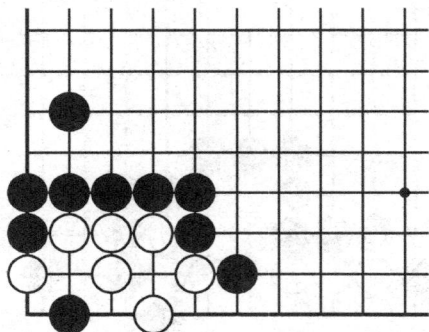

第 507 题

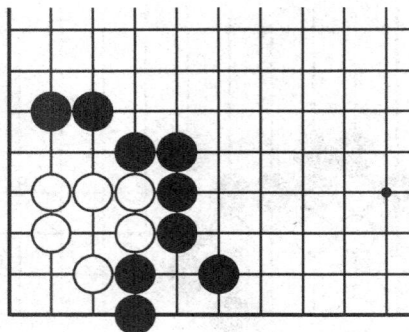

第 508 题

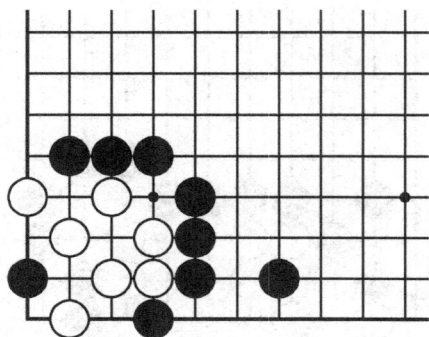

第 509 题

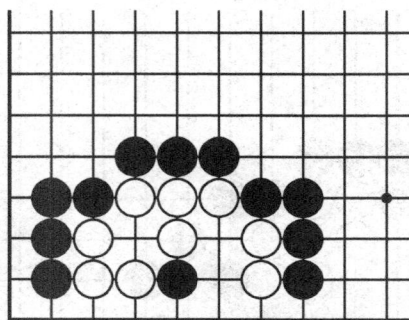

第 510 题

破眼杀棋（三）

黑先，请用破眼杀棋的方法杀死白棋，并写出必要的过程。

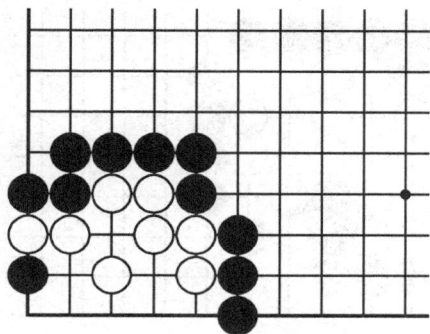

第 511 题

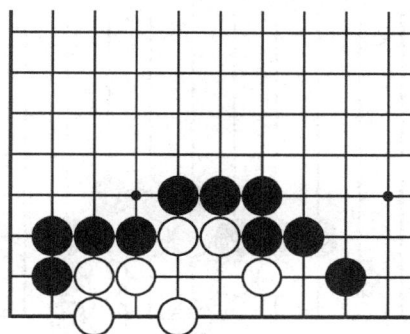

第 512 题

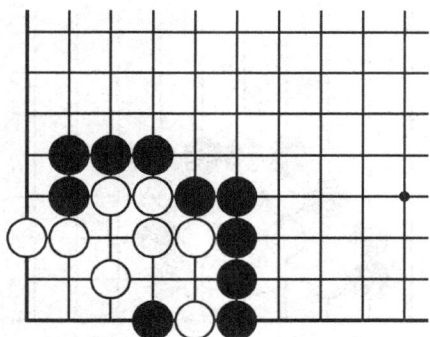

第 513 题

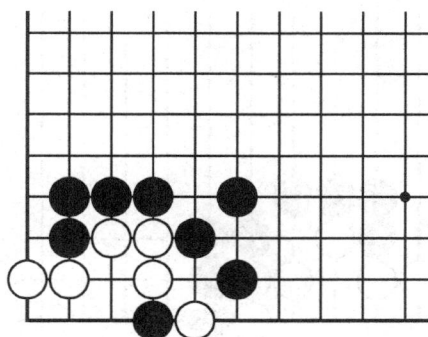

第 514 题

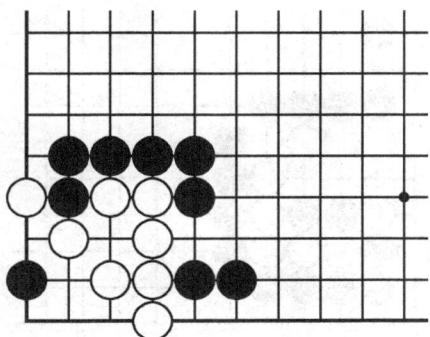

第 515 题

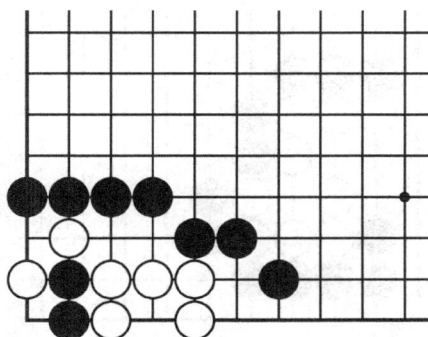

第 516 题

破眼杀棋（四）

黑先，请用破眼杀棋的方法杀死白棋，并写出必要的过程。

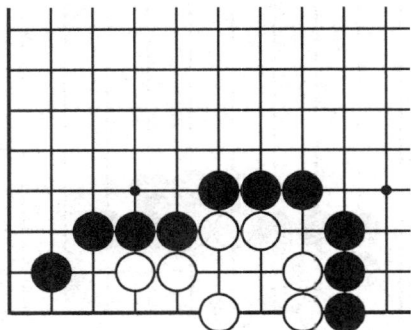

第 517 题

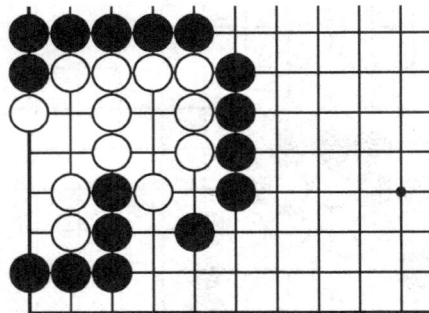

第 518 题

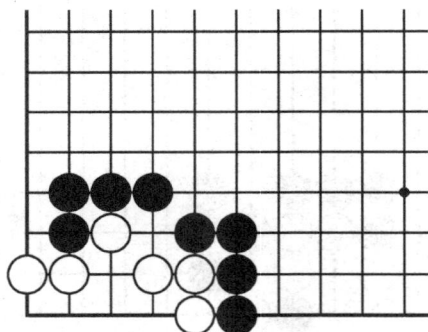

第 519 题

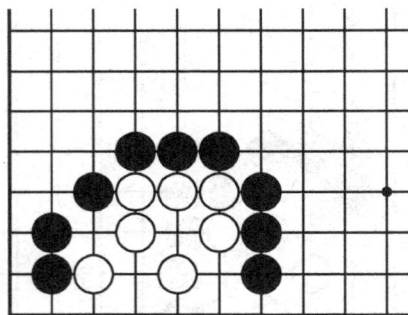

第 520 题

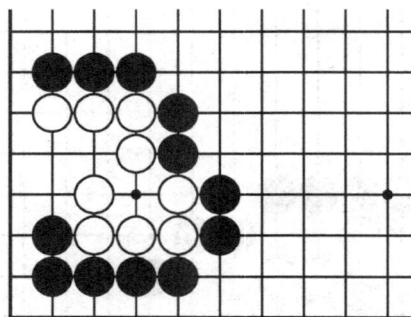

第 521 题

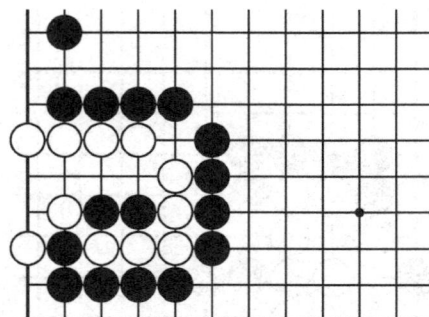

第 522 题

破眼杀棋（五）

黑先，请用破眼杀棋的方法杀死白棋，并写出必要的过程。

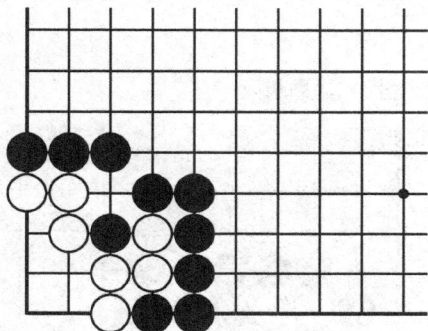

第 523 题

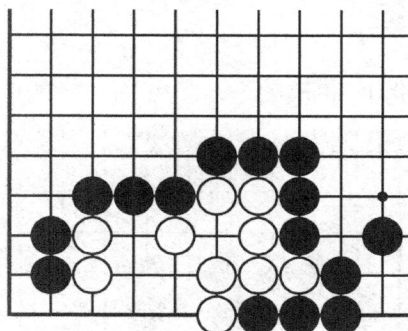

第 524 题

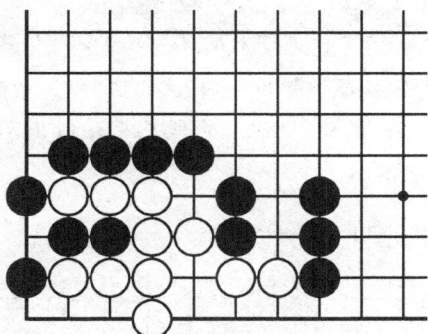

第 525 题

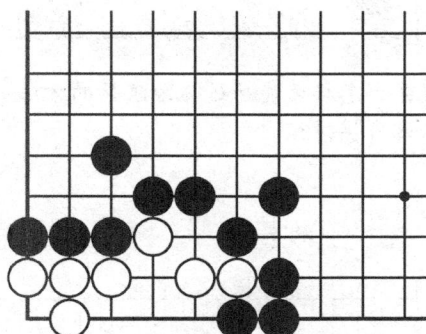

第 526 题

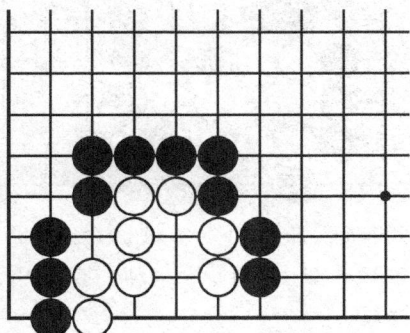

第 527 题

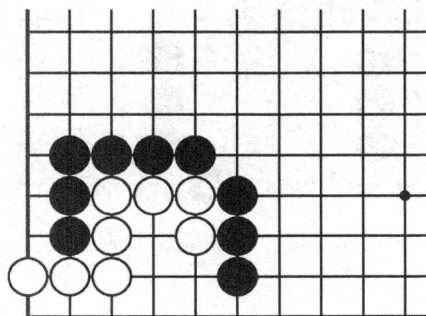

第 528 题

4.2 缩小眼位

关于缩小眼位的应用方法的介绍参见第55页。

例

图1 问题图

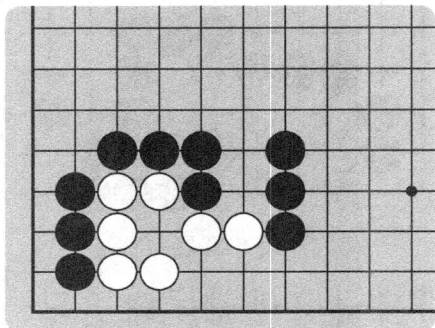

黑先，怎样才能通过压缩眼位的方法杀死白棋呢？

图2 正解图

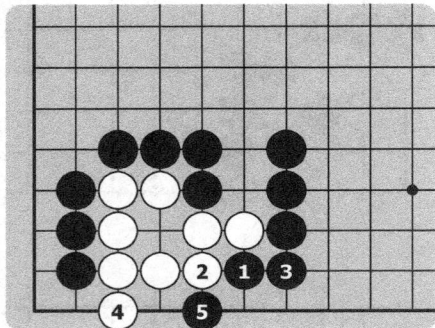

黑1扳压缩眼位，白2团，黑3粘，白4立，黑5扳破眼，白棋已无法做出两只真眼。

图3 失败图1

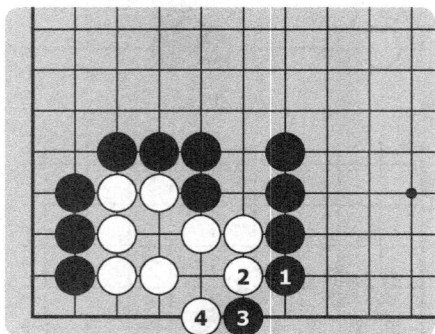

黑1立，白2挡，黑棋已经无法杀白。

图4 失败图2

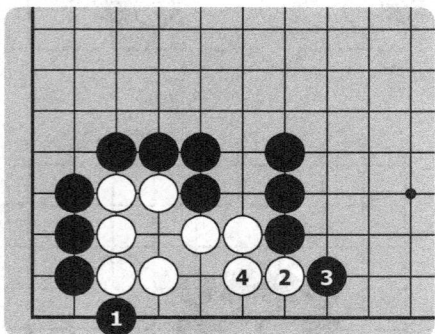

黑1扳，压缩力度不够，白2扳扩大眼位，黑3挡住，白4粘，白棋已经活棋。

缩小眼位（一）

黑先，请用缩小眼位的方法杀死白棋，并写出必要的过程。

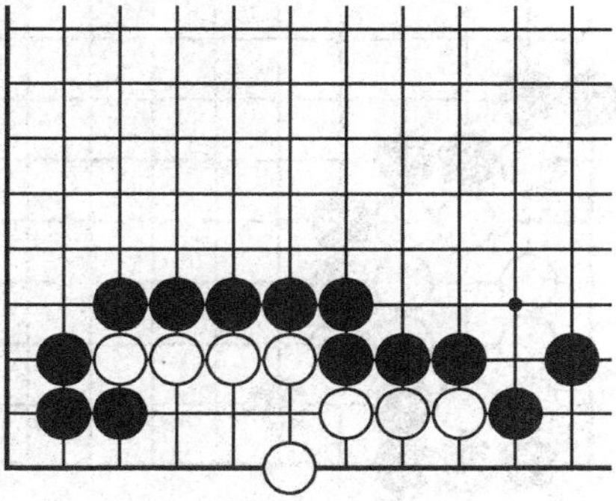

第 529 题

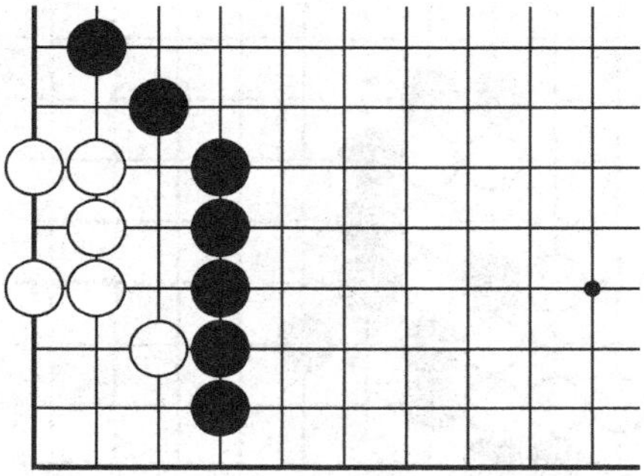

第 530 题

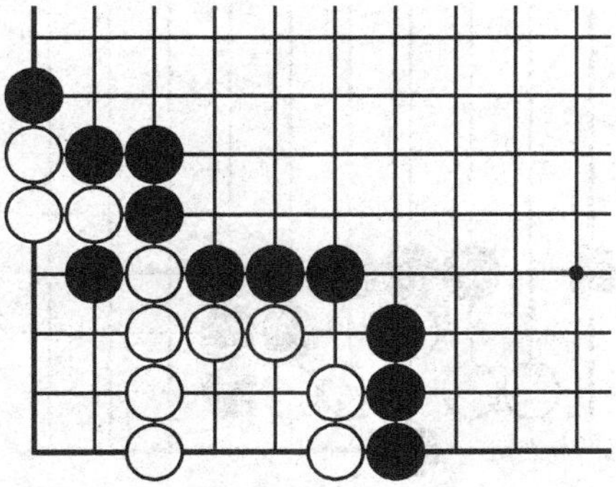

第 531 题

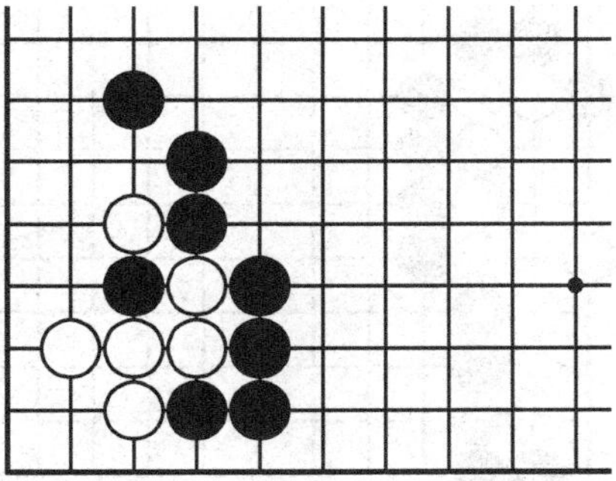

第 532 题

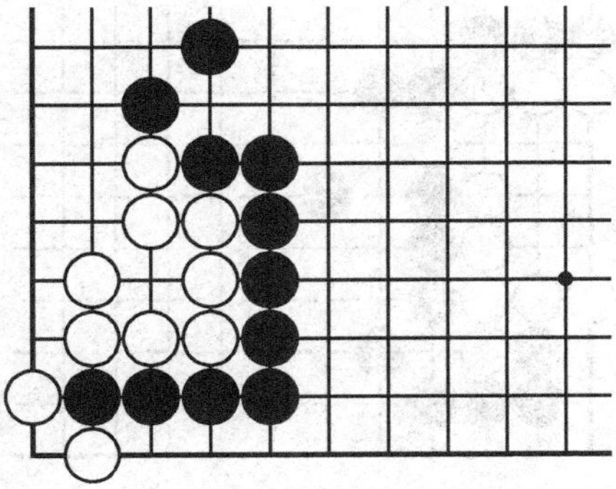

第 533 题

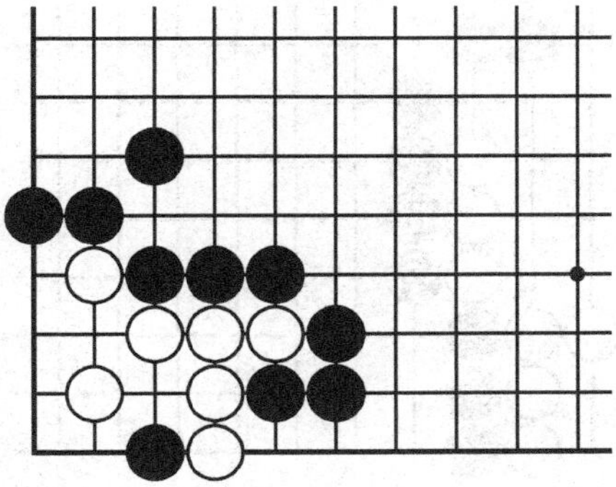

第 534 题

缩小眼位（二）

黑先，请用缩小眼位的方法杀死白棋，并写出必要的过程。

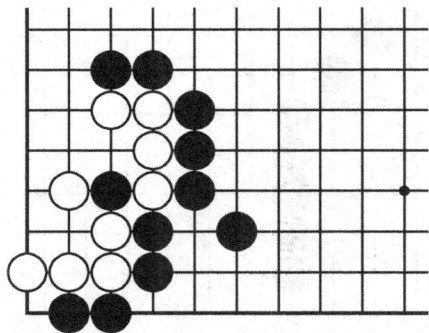

第 535 题

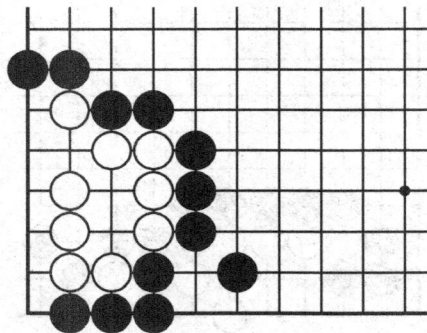

第 536 题

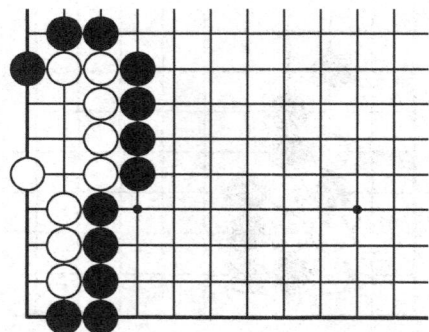

第 537 题

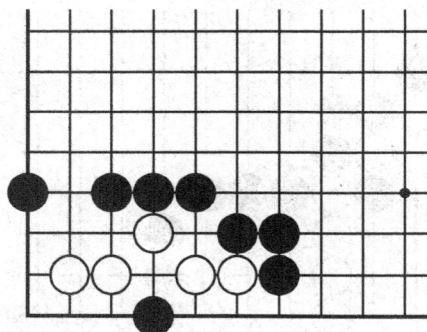

第 538 题

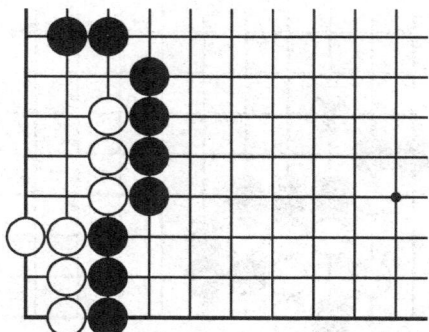

第 539 题

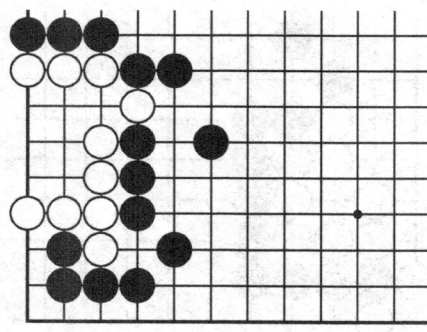

第 540 题

缩小眼位（三）

黑先，请用缩小眼位的方法杀死白棋，并写出必要的过程。

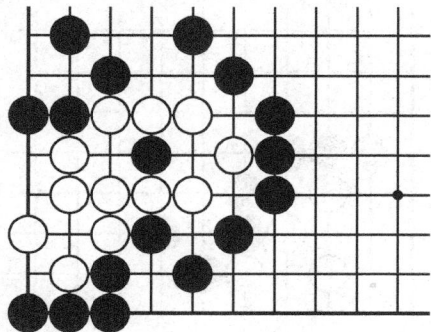

第 541 题

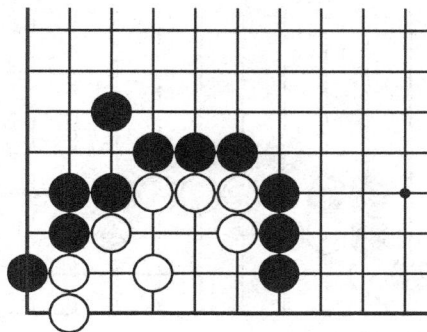

第 542 题

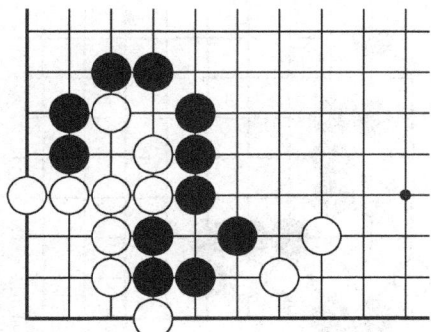

第 543 题

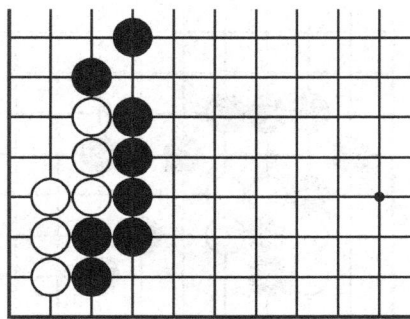

第 544 题

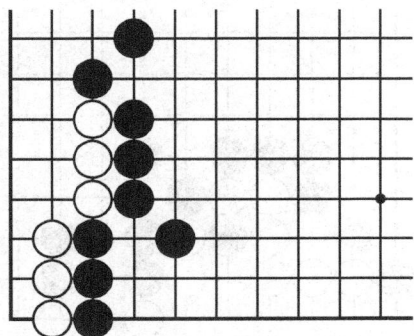

第 545 题

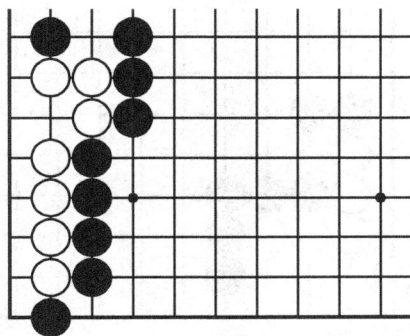

第 546 题

缩小眼位（四）

黑先，请用缩小眼位的方法杀死白棋，并写出必要的过程。

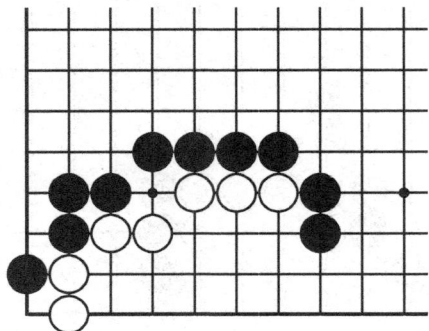

第 547 题

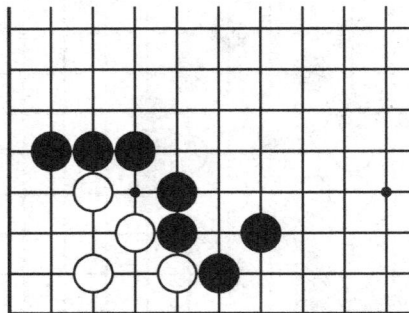

第 548 题

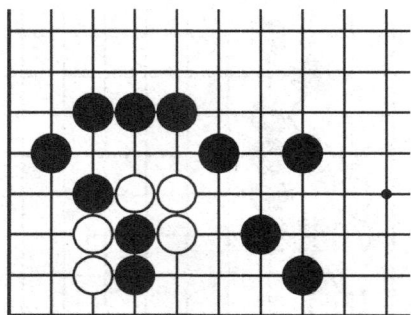

第 549 题

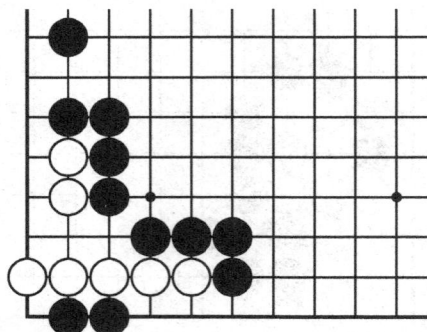

第 550 题

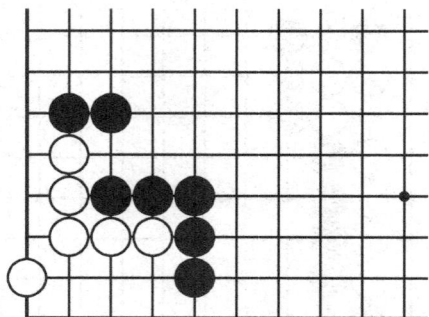

第 551 题

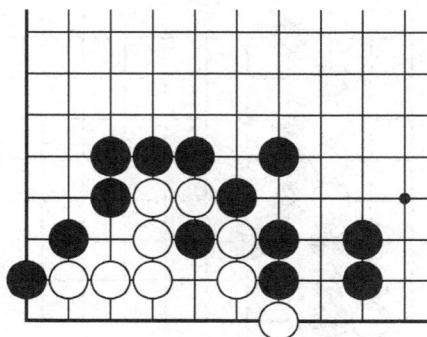

第 552 题

缩小眼位（五）

黑先，请用缩小眼位的方法杀死白棋，并写出必要的过程。

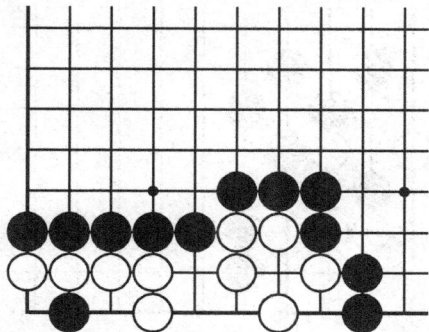

第 553 题

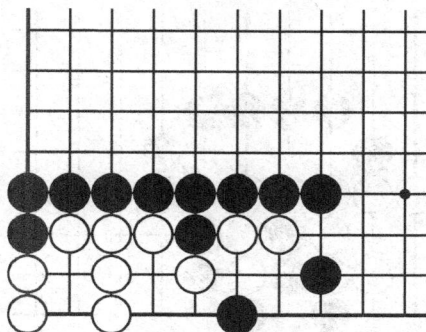

第 554 题

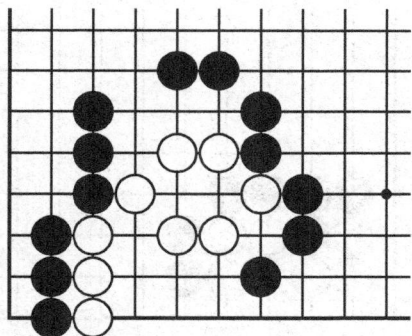

第 555 题

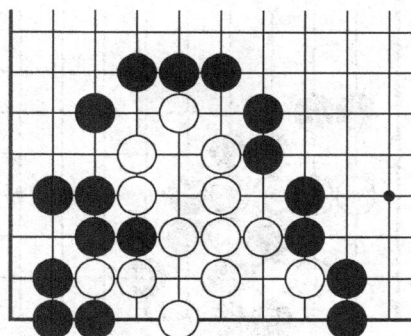

第 556 题

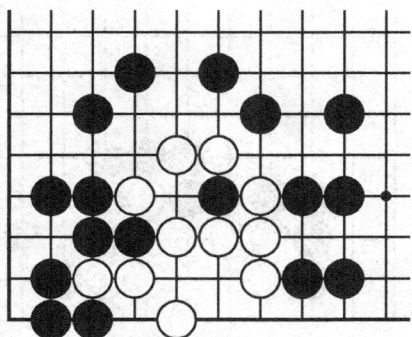

第 557 题

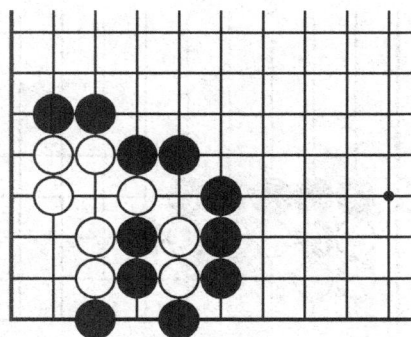

第 558 题

缩小眼位（六）

黑先，请用缩小眼位的方法杀死白棋，并写出必要的过程。

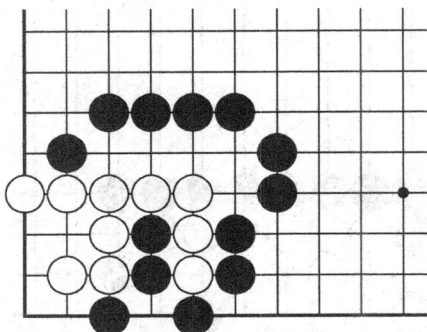

第 559 题

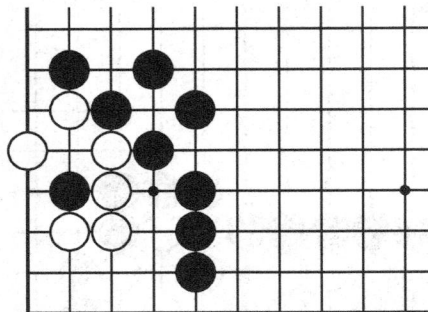

第 560 题

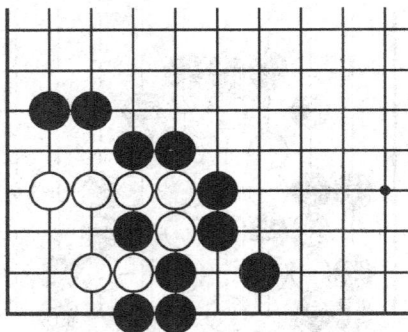

第 561 题

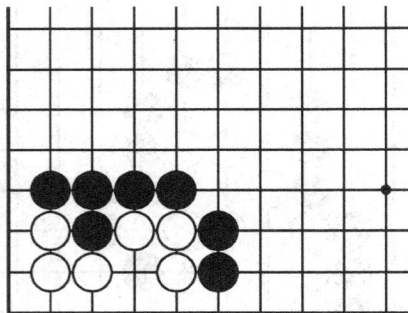

第 562 题

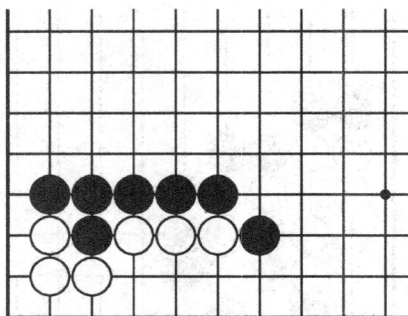

第 563 题

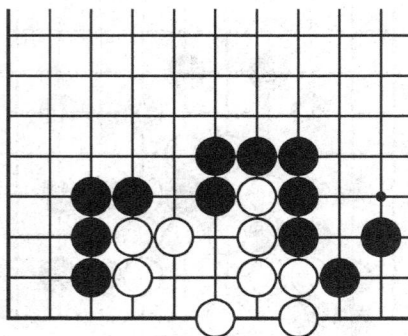

第 564 题

缩小眼位（七）

黑先，请用缩小眼位的方法杀死白棋，并写出必要的过程。

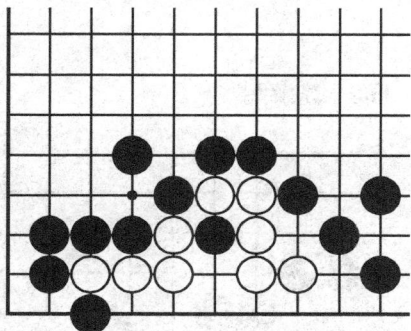

第 565 题

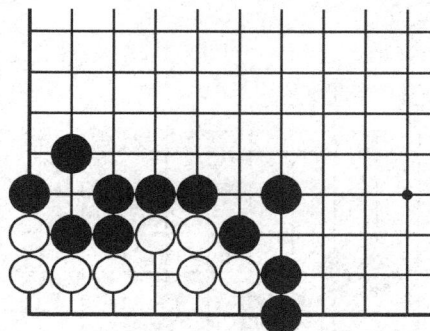

第 566 题

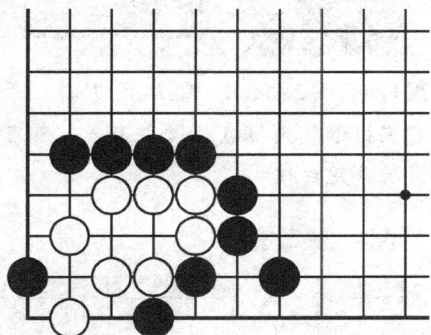

第 567 题

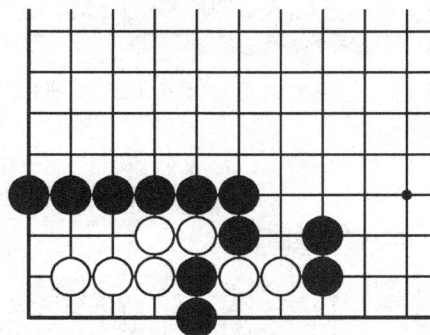

第 568 题

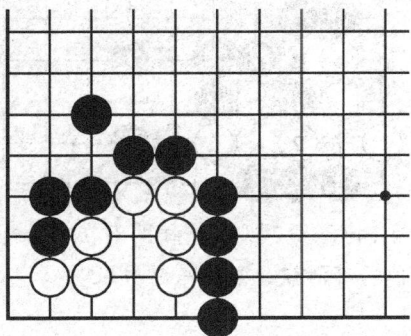

第 569 题

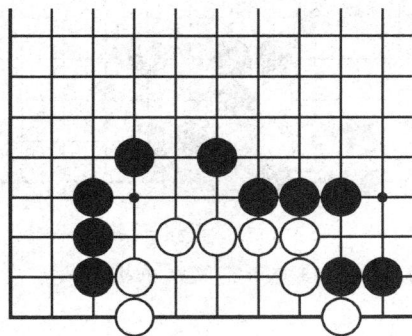

第 570 题

4.3 聚杀

关于聚杀的应用方法的介绍参见第61页。

例

图1　问题图

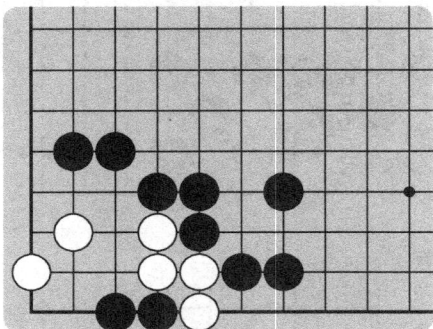

黑先，怎样才能通过聚杀的方法杀死白棋呢？

图2　正解图

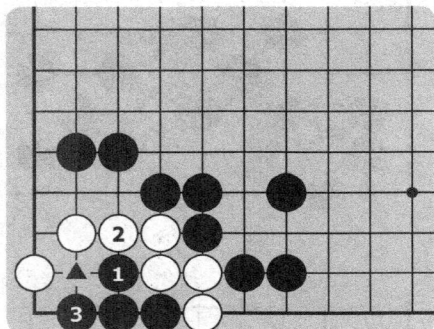

黑1冲，白2挡住，黑3做成丁四，或者黑棋继续占据▲位做成刀五，都可成功杀死白棋。

图3　失败图1

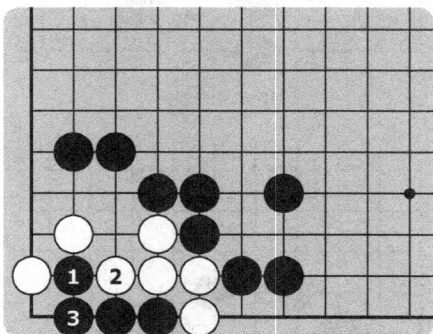

黑1挤，白2打吃，黑棋形成了弯四，弯四是活棋棋形，黑棋杀棋失败。

图4　失败图2

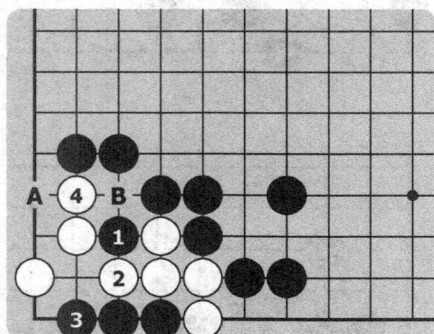

黑1挖，白2挡住，白棋下在A位或B位均可活棋，黑棋杀棋失败。

聚杀（一）

黑先，请用聚杀的方法杀死白棋，并写出必要的过程。

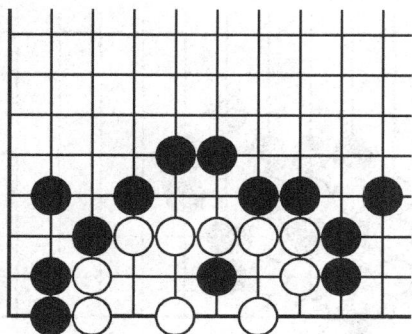

第 571 题

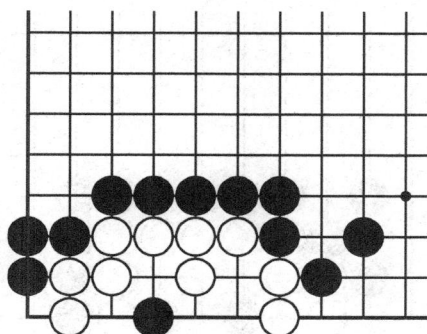

第 572 题

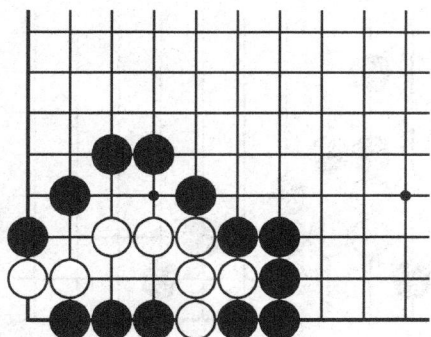

第 573 题

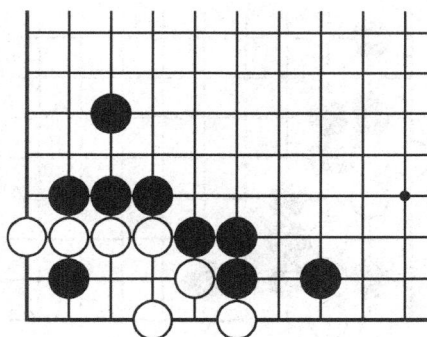

第 574 题

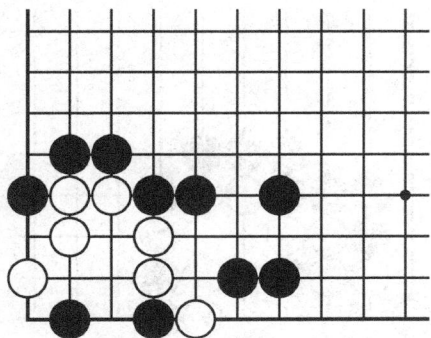

第 575 题

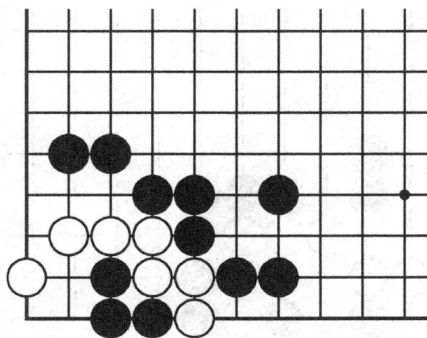

第 576 题

聚杀（二）

黑先，请用聚杀的方法杀死白棋，并写出必要的过程。

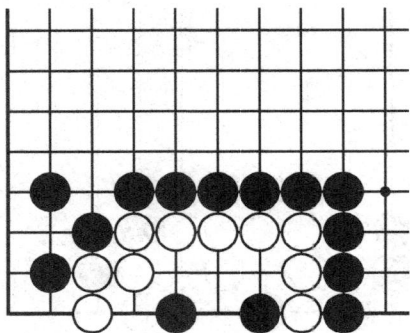

第 577 题

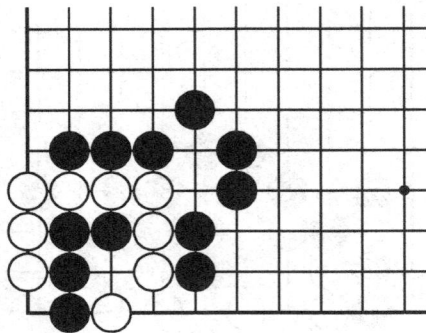

第 578 题

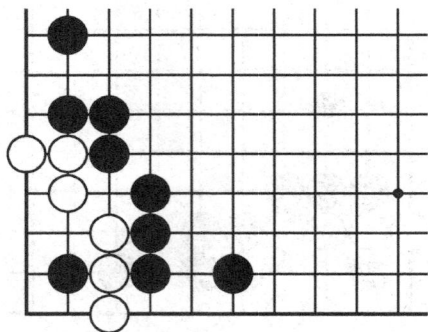

第 579 题

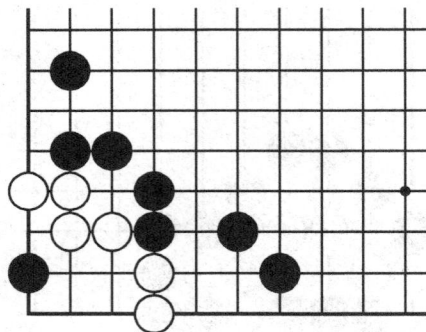

第 580 题

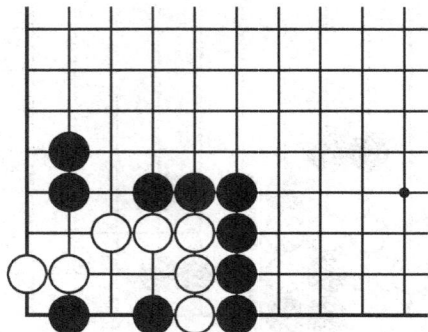

第 581 题

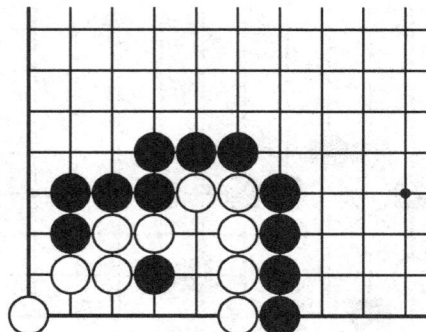

第 582 题

聚杀（三）

黑先，请用聚杀的方法杀死白棋，并写出必要的过程。

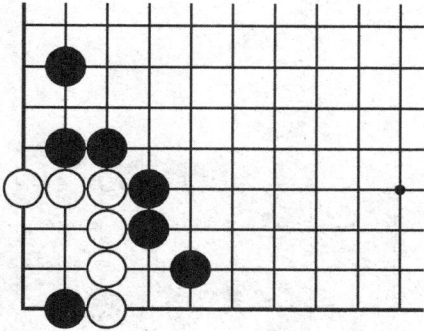

第 583 题

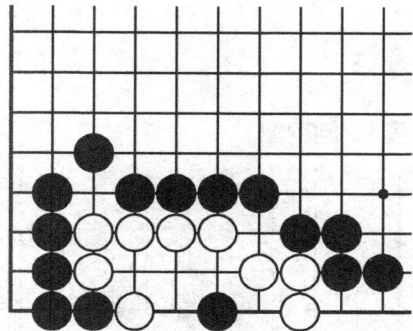

第 584 题

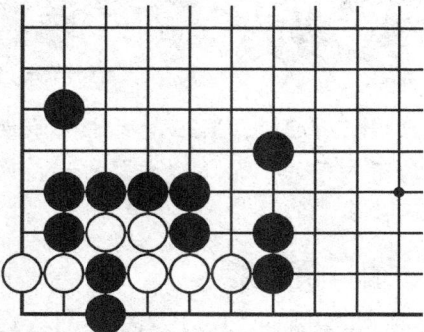

第 585 题

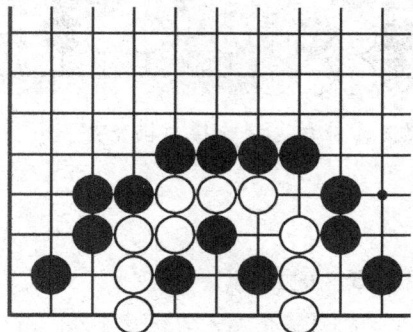

第 586 题

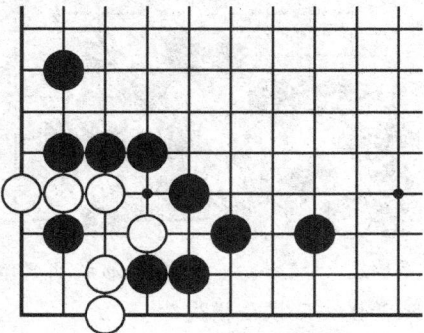

第 587 题

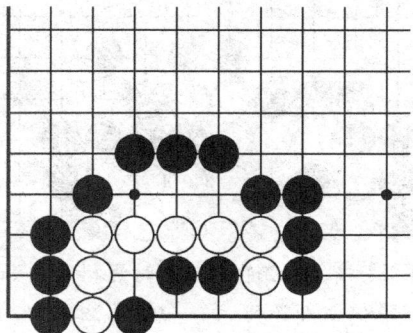

第 588 题

4.4　利用缺陷杀棋

　　在围棋的死活形状中，经常会出现有缺陷的棋形，如"金鸡独立""老鼠偷油"等。棋友们一定要观察全面，及时捕捉对方的弱点，给予对方致命一击。

例1

图1　问题图

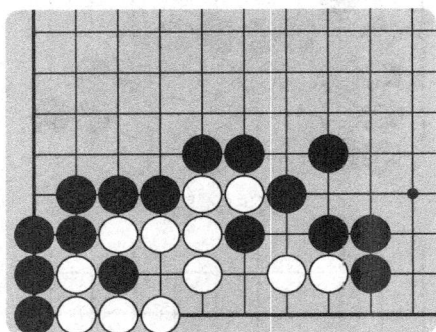

黑先，应该怎样吃掉白棋呢？

图2　正解图

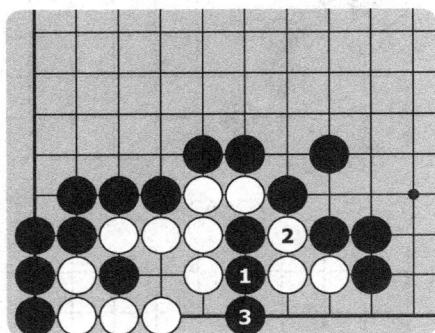

黑1冲，白2断，黑3立。白棋形成两边不入气的"金鸡独立"棋形，因而被杀。

图3　失败图1

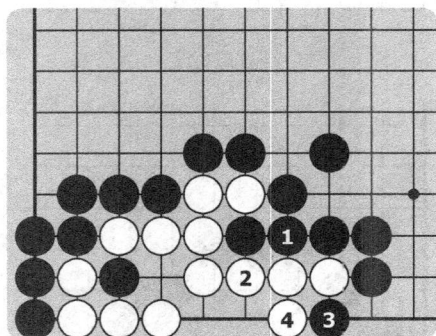

黑1连接，白2连接。这时黑棋再去压缩眼位显然不可行，白棋已经做出两只真眼，黑棋杀棋失败。

图4　失败图2

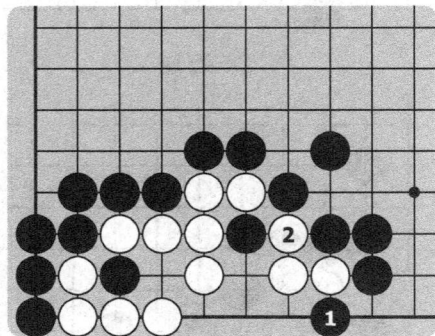

黑1扳，白2断打，白棋已形成两只真眼活棋，黑棋杀棋失败。

例2

图1 问题图

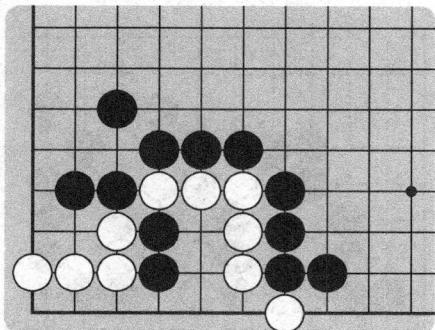

黑先，应该怎样吃掉白棋呢?

图2 正解图

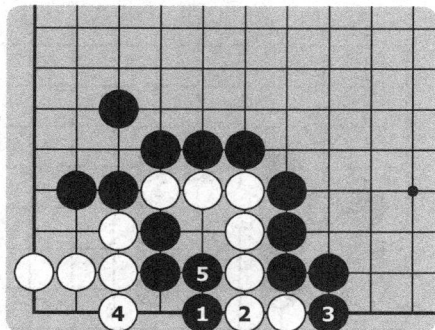

黑1小尖做虎口，欲在一路线分断白棋。白2连，黑3挡，白4立，黑5紧白棋的气，黑棋杀棋成功。

图3 失败图1

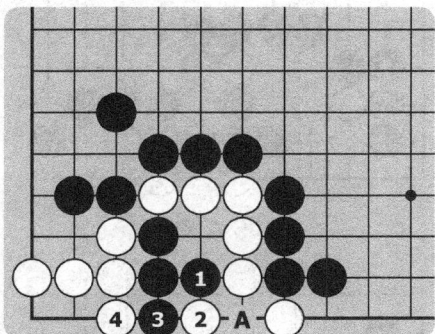

黑1紧气，白2扳，黑3挡，白4挡，黑棋只能A位开劫，形成劫杀，黑棋失败。

图4 失败图2

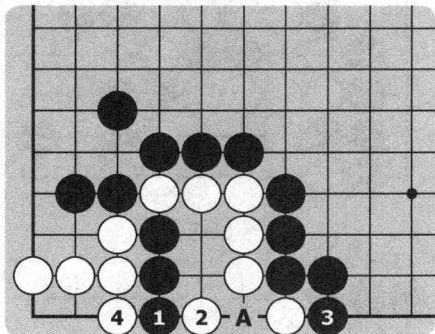

黑1立，白2尖，黑3挡，白4挡，黑棋在A位提劫，形成劫杀，黑棋杀棋失败。

利用缺陷杀棋（一）

黑先，请用正确的方法杀死白棋，并写出必要的过程。

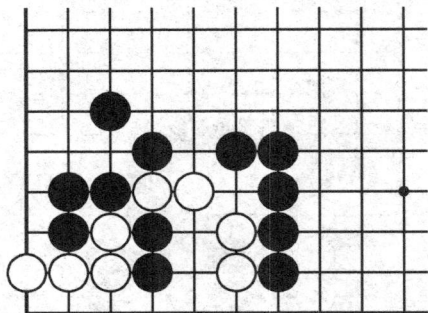

第 589 题

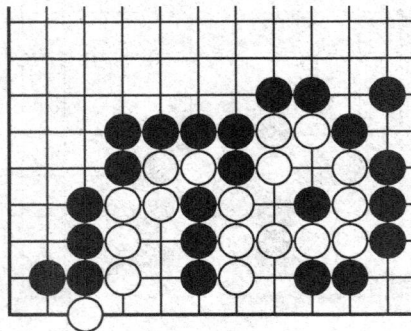

第 590 题

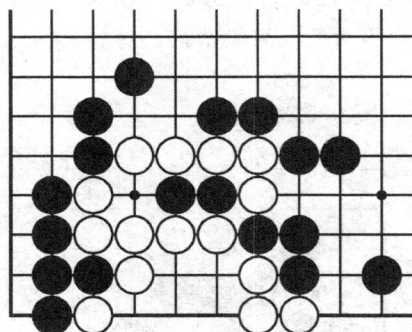

第 591 题

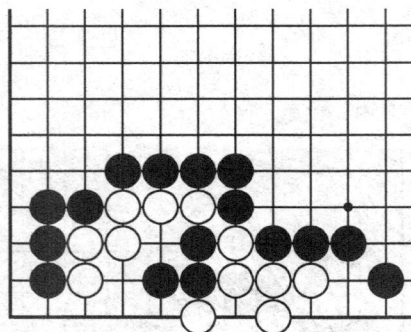

第 592 题

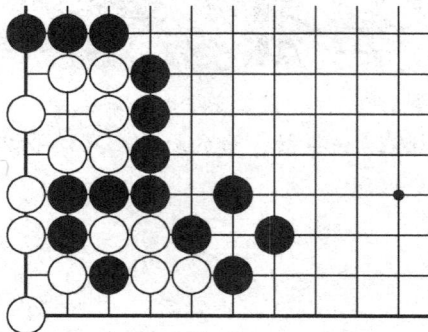

第 593 题

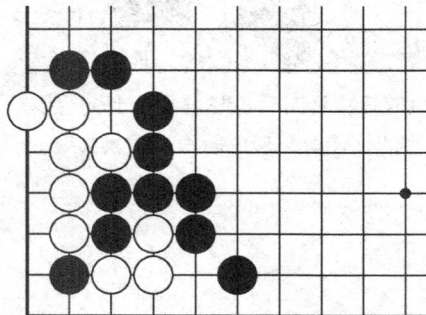

第 594 题

利用缺陷杀棋（二）

黑先，请用正确的方法杀死白棋，并写出必要的过程。

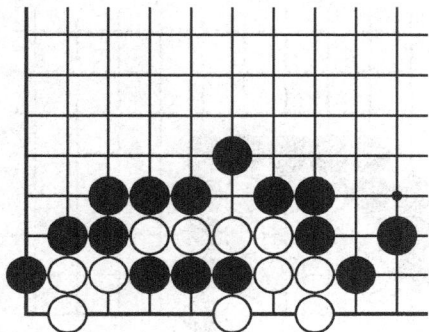

第 595 题

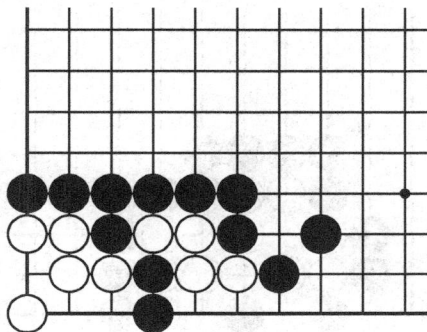

第 596 题

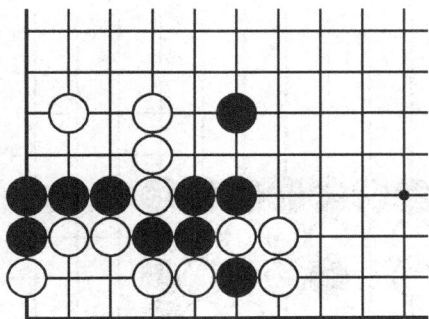

第 597 题

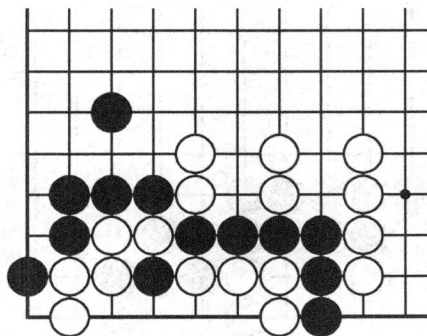

第 598 题

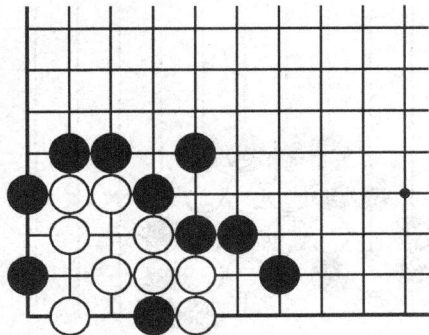

第 599 题

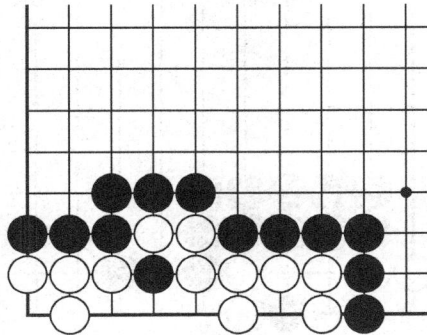

第 600 题

利用缺陷杀棋（三）

黑先，请用正确的方法杀死白棋，并写出必要的过程。

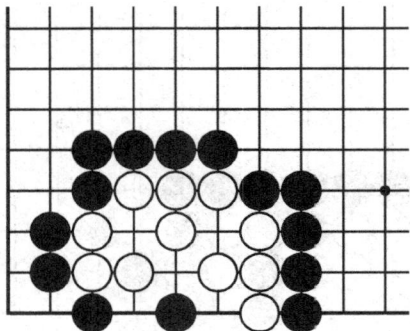

第 601 题

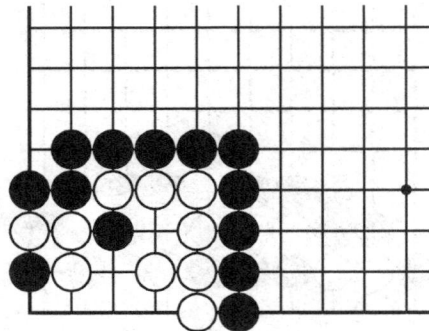

第 602 题

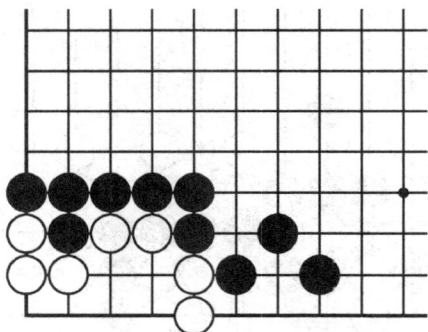

第 603 题

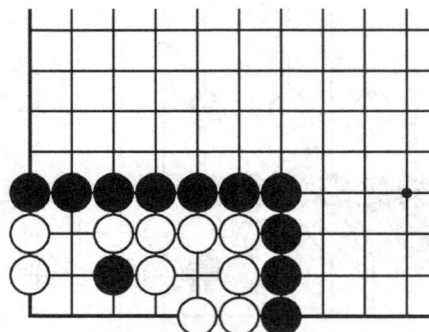

第 604 题

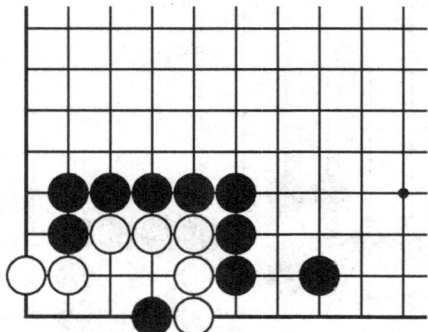

第 605 题

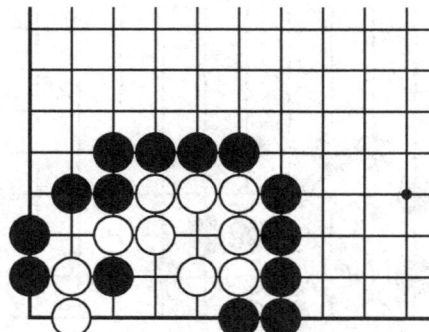

第 606 题

4.5 利用扑破眼

利用扑破眼是指通过虎口弃子使对方形成假眼，陷入危险。

例

图1 问题图

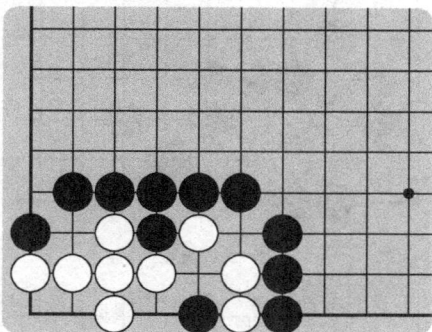

黑先，应该怎样吃掉白棋呢？

图2 正解图

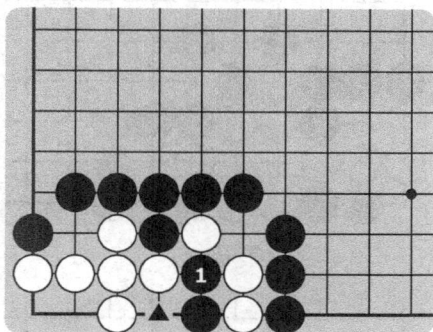

黑1扑，白2在▲位把黑棋两子吃掉，黑3再扑向1位。此时白棋只有一只真眼，黑棋杀棋成功。

图3 失败图1

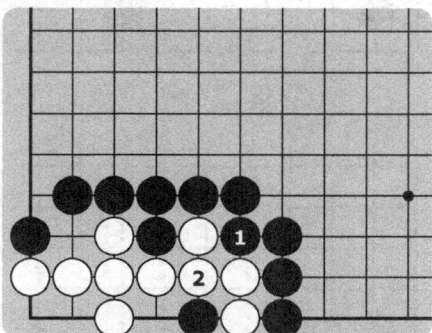

黑1直接打吃，白2接上，白棋角部有两只真眼，黑棋杀棋失败。

图4 失败图2

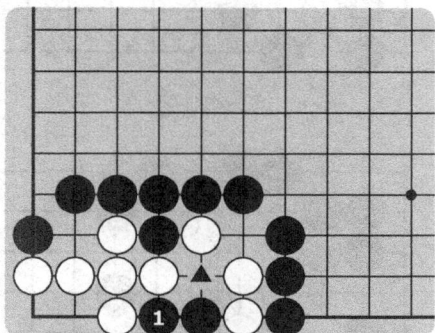

黑1长，白2在▲位提。此时白棋已做成两只真眼，黑棋杀棋失败。

利用扑破眼（一）

黑先，请利用扑的技巧破眼并杀死白棋，并写出必要的过程。

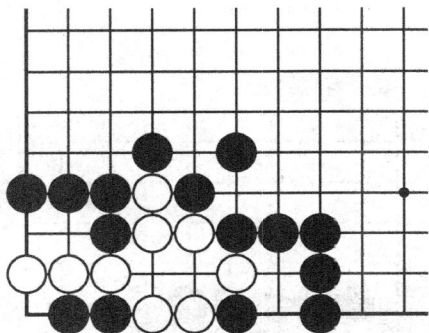

第607题

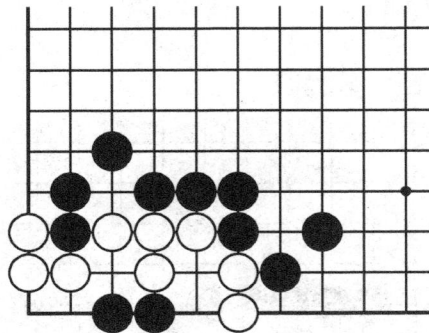

第608题

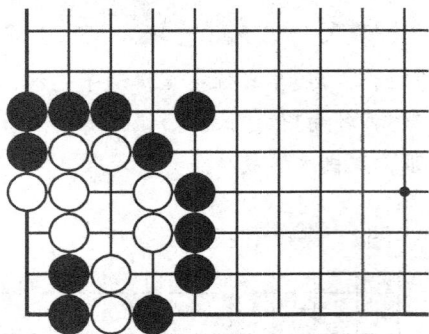

第609题

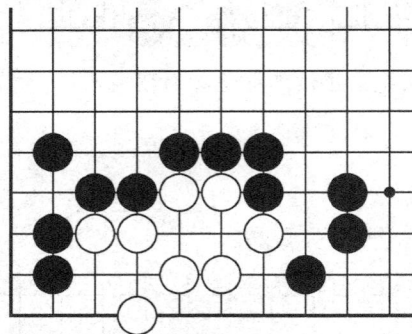

第610题

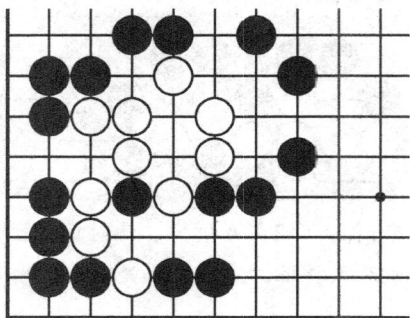

第611题

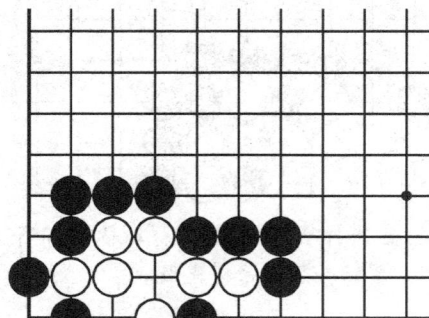

第612题

利用扑破眼（二）

黑先，请利用扑的技巧破眼并杀死白棋，并写出必要的过程。

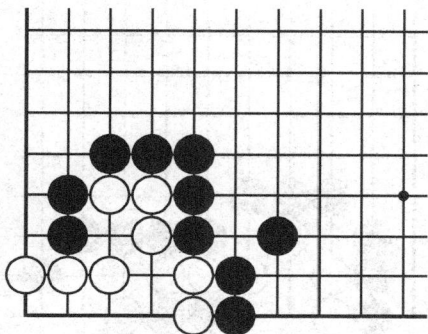

第 613 题

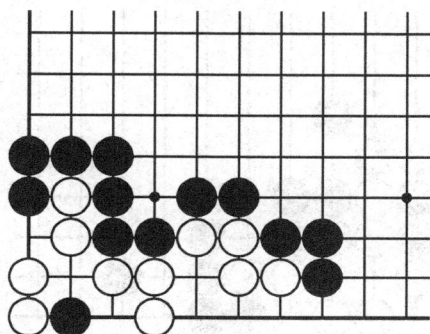

第 614 题

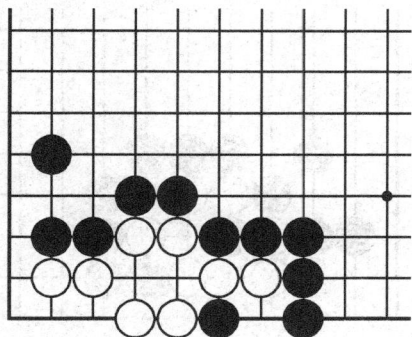

第 615 题

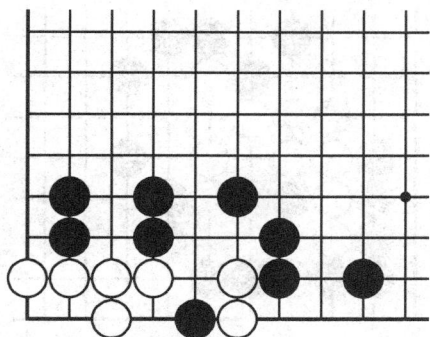

第 616 题

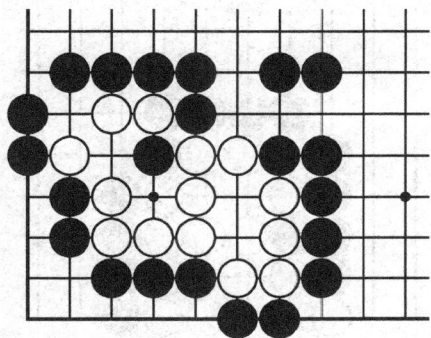

第 617 题

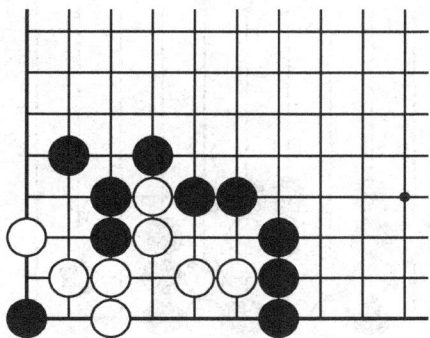

第 618 题

利用扑破眼（三）

黑先，请利用扑的技巧破眼并杀死白棋，并写出必要的过程。

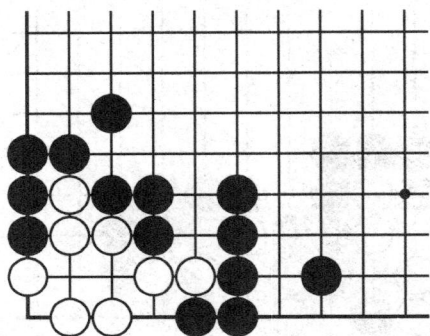

第 619 题

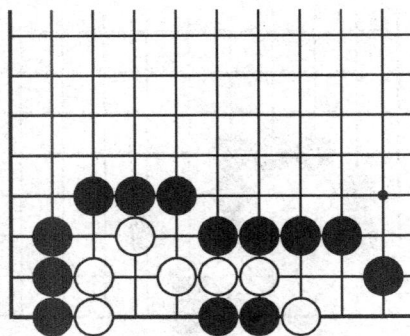

第 620 题

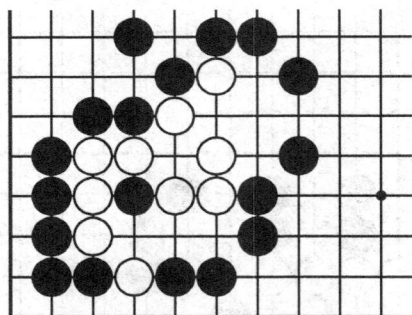

第 621 题

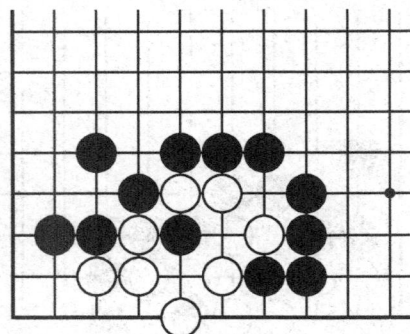

第 622 题

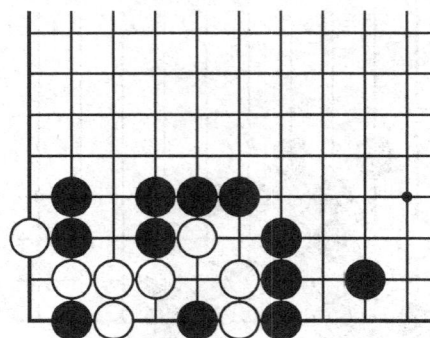

第 623 题

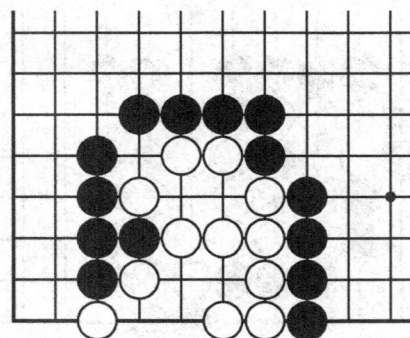

第 624 题

4.6 劫杀

关于劫杀的应用方法的介绍参见第76页。

例

图1 问题图

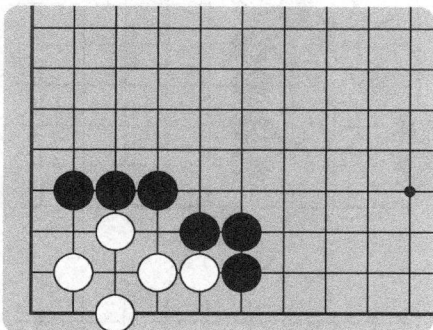

黑先，应该如何吃掉白棋呢？

图2 正解图1

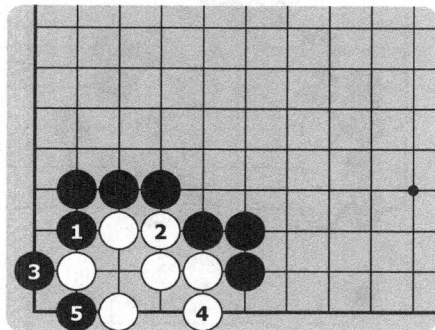

黑1挤，白2做眼，黑3扳，白4做眼，黑5开劫，最终黑棋劫杀白棋。

图3 正确图2

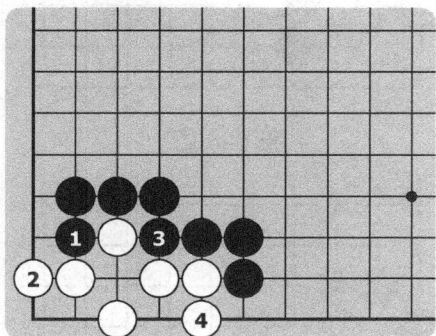

黑1挤，白2立下做眼，黑3打吃，白4立下，围棋劫杀白棋。

图4 失败图

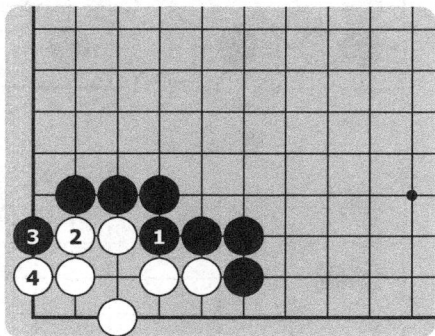

黑1挤错位置，白2做眼，黑3扳，白4挡。白棋已确保有两只真眼，黑棋杀棋失败。

劫杀（一）

黑先，请利用打劫杀死白棋，并写出必要的过程。

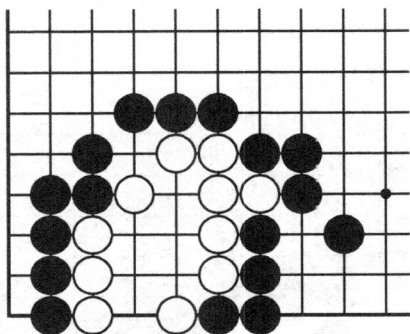

第 625 题

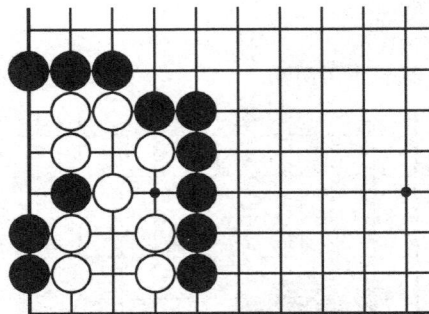

第 626 题

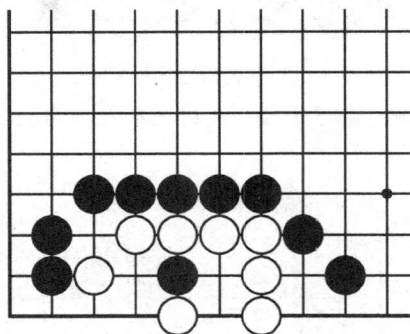

第 627 题

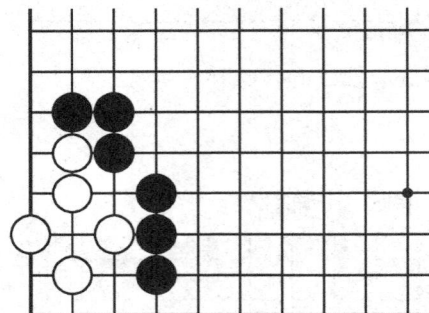

第 628 题

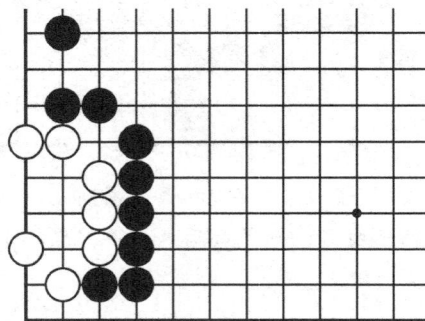

第 629 题

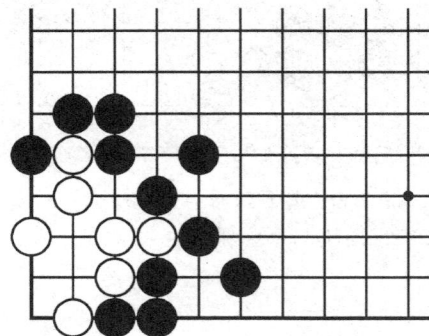

第 630 题

劫杀（二）

黑先，请利用打劫杀死白棋，并写出必要的过程。

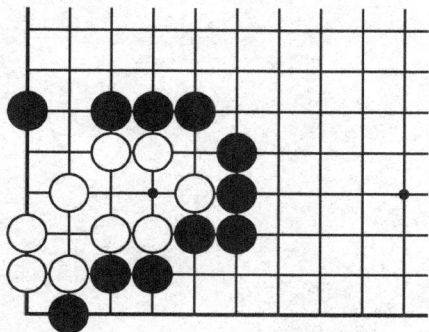

第 631 题

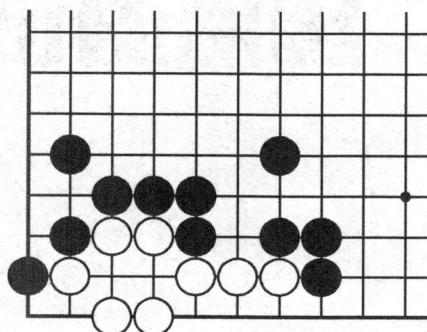

第 632 题

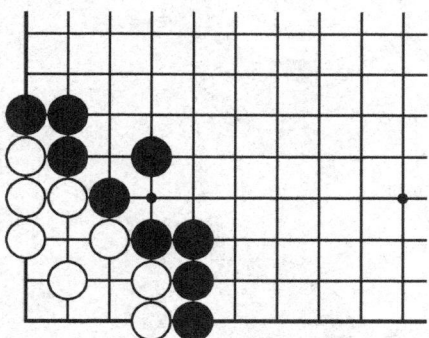

第 633 题

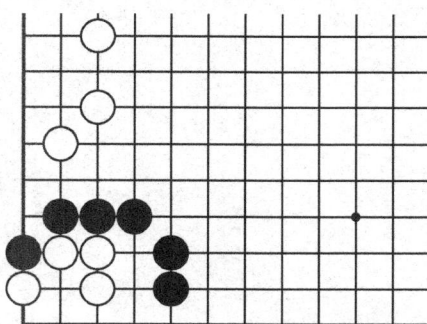

第 634 题

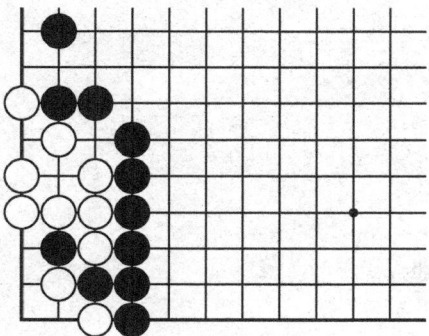

第 635 题

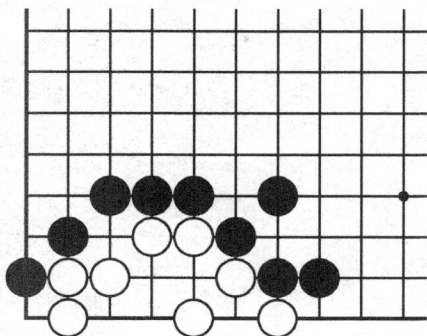

第 636 题

综合测试

综合测试（一）

黑先，请利用正确的方法杀死白棋，并写出必要的过程。

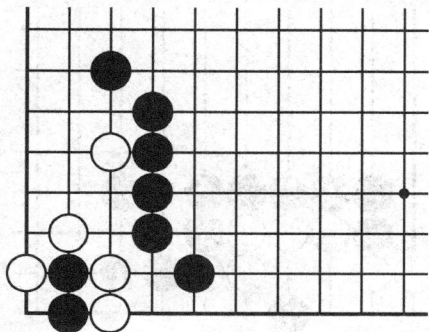

第 637 题

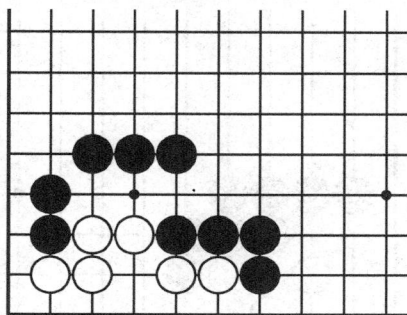

第 638 题

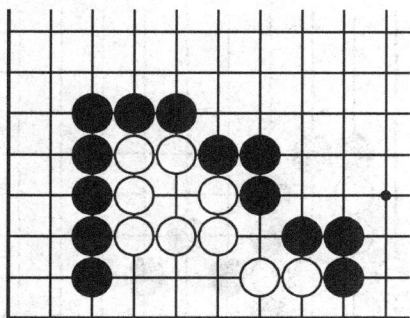

第 639 题

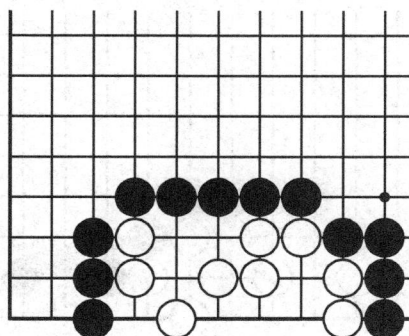

第 640 题

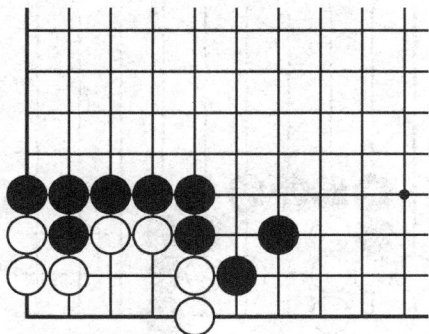

第 641 题

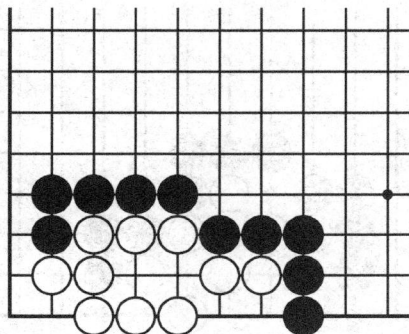

第 642 题

综合测试（二）

黑先，请利用正确的方法杀死白棋，并写出必要的过程。

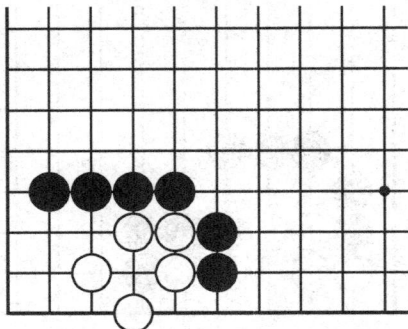

第 643 题

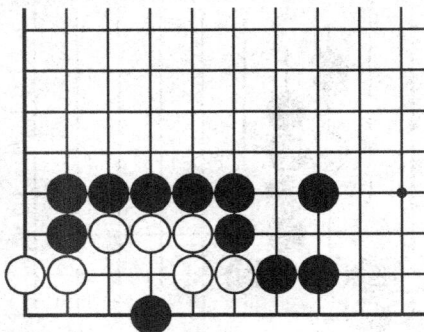

第 644 题

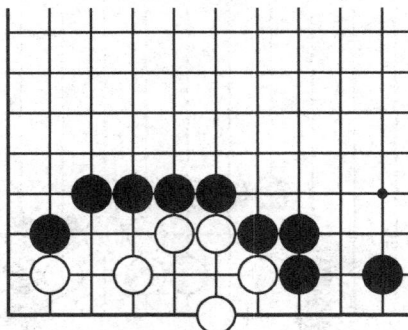

第 645 题

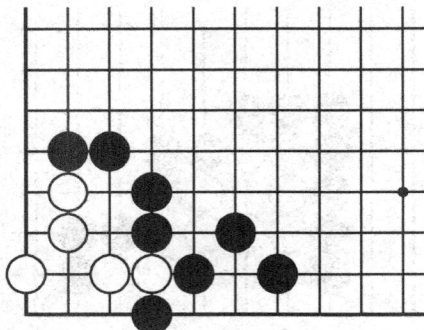

第 646 题

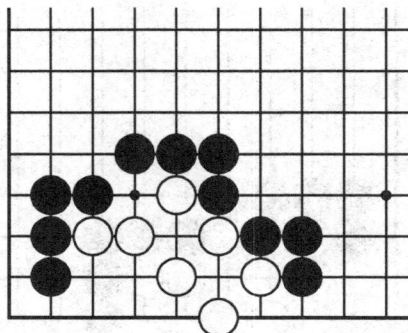

第 647 题

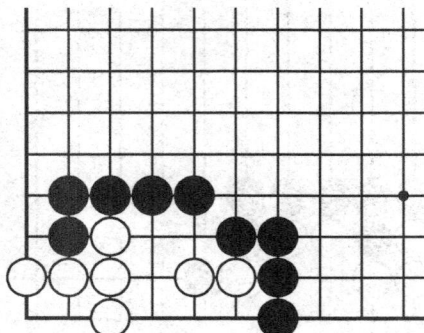

第 648 题

综合测试（三）

黑先，请利用正确的方法杀死白棋，并写出必要的过程。

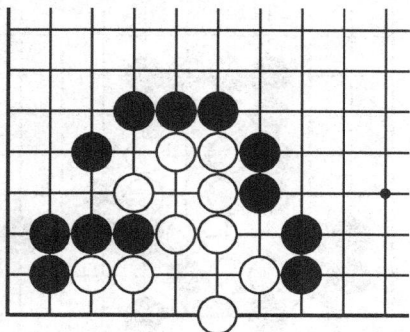

第 649 题

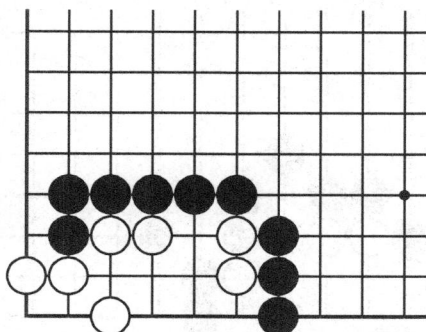

第 650 题

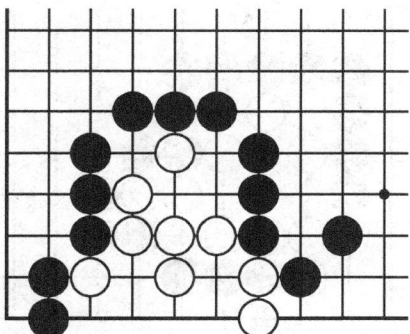

第 651 题

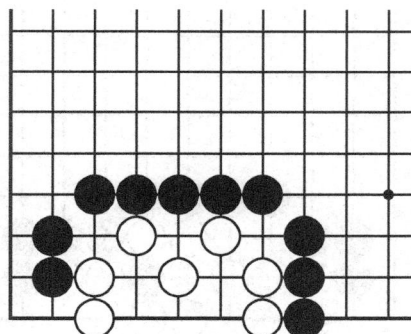

第 652 题

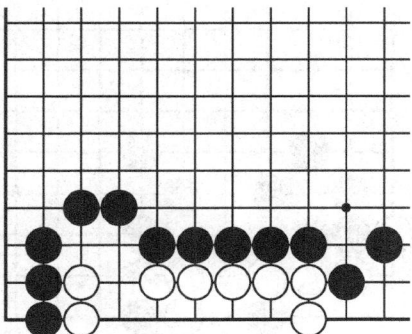

第 653 题

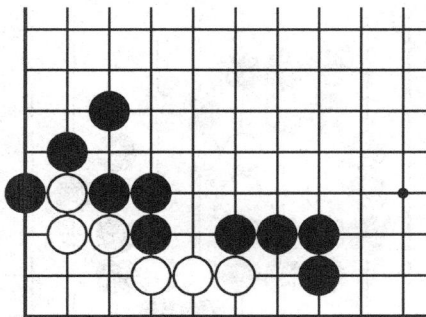

第 654 题

综合测试（四）

黑先，请利用正确的方法杀死白棋，并写出必要的过程。

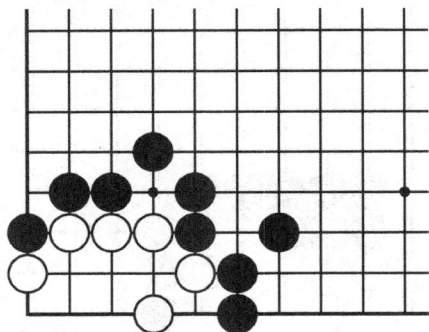

第 655 题

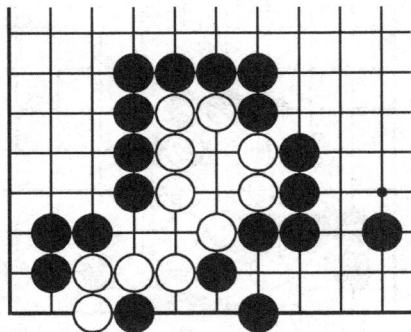

第 656 题

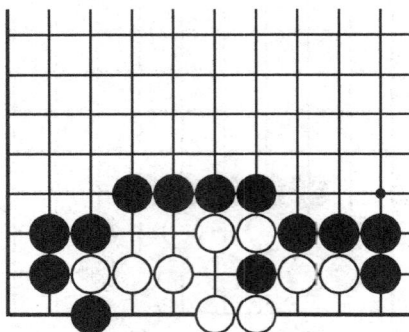

第 657 题

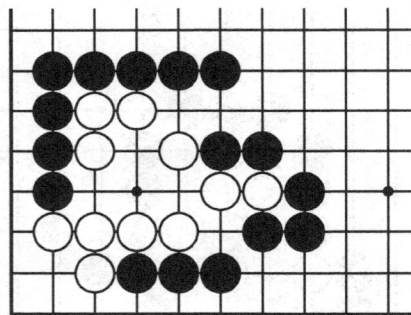

第 658 题

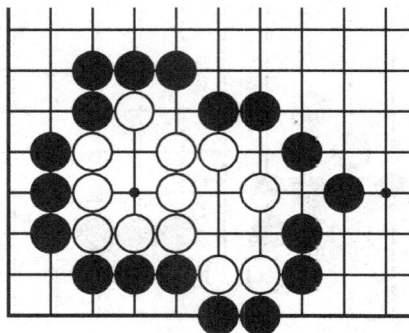

第 659 题

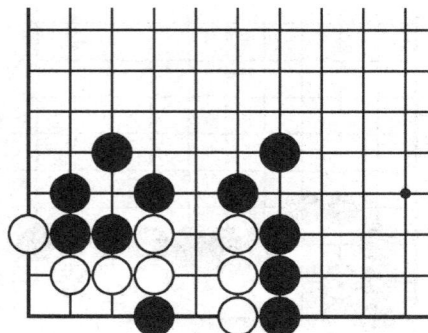

第 660 题

作者简介

聂卫平

中国著名围棋职业运动员，中国围棋协会副主席。1952年出生于北京，河北深州人，北京弈友围棋文化传播有限责任公司董事长。1982年被定为最高段位——九段棋手，是中国围棋史上唯一正式获得"棋圣"殊荣的人。中国围棋界将1975～1979年称为"聂卫平时代"。1979年，聂卫平获得国家体委颁发的"十佳"运动员称号。1987年，获北京市特等劳动模范称号，同年获得中国总工会颁发的"五一"劳动奖章，同年当选为中国二十名最佳教练员之一。1988年，被授予围棋"棋圣"称号。1999年，被评为"新中国棋坛十大杰出人物"。他在前四届中日围棋擂台赛中取得11连胜，对围棋在中国的普及产生了深远影响。在举行过的六届中日围棋擂台赛中，聂卫平一直担任中方主帅，为中国队战胜日本队立下头功。日本围棋界称他为"聂旋风"。聂卫平成为那个时代中国的"英雄人物"，使中国掀起了学围棋的热潮。2011年，聂卫平获得陈毅杯中国围棋年度大奖终生成就奖。此外，他还被评为优秀教练员、最具影响力的新中国体育人物等。聂卫平曾任国家围棋队总教练、中国围棋协会副主席兼技术委员会主任和中国棋院技术顾问。2015年，聂卫平被中国围棋协会授予特别贡献奖。

截至2009年，聂卫平共获6次中国个人赛冠军，8次"新体育杯"冠军，6次中国"十强赛"冠军，两届"天元"以及首届"国手战"冠军，3次世界职业大赛亚军和《新民围棋》特别棋战——聂马七番棋优胜等荣誉。聂卫平著有《围棋人生》《聂卫平自战百局》等著作。

聂卫平围棋道场简介

　　聂卫平围棋道场成立于1999年，隶属于北京弈友围棋文化传播有限责任公司.是"棋圣"聂卫平九段一手创立的围棋专业培训机构，公司现有2支男子围甲队伍、1支女子围甲队伍，以及遍布全国的30家分校区。截至2017年，聂卫平围棋道场共培养了102名职业棋手，其中世界冠军8位，全国冠军12位。从聂卫平围棋道场走出的知名棋士包括柯洁、周睿羊、檀啸、孙腾宇、王晨星等。

　　聂卫平围棋道场坚持"以棋育人"的理念，先教做人，再教下棋。聂卫平常说："只要对围棋有利的事情，我们就愿意去做。"围棋是中国的现宝，拥有几千年的历史。聂卫平围模道场自成立以来，一直致力于发扬围棋文化，普及少儿围棋，让更多的人了解围棋之法。聂卫平围棋道场现已具备完整的教学体系，拥有从启蒙班、入门班、级位班、业余段位班，到全日制冲段班等多个课程。教练和教研团队由"棋圣"聂卫平领衔，包括著名职业棋手赵哲伦四段、赵兴华三段、腾程二段、娄洛宁五段、谢少博二段、朱仁坤二段、李嘉麒二段、唐嘉隆二段和其他具有丰富教学经验的业余教师，如刘藏5段、邵佳5段、段树勇5段、李响5段、王帅智6段、王守伟5段、魏思悦5段、王建华5段等。

聂卫平围棋习题精解
死活专项训练
（从5级到1级）

答案

人民邮电出版社
北京

目 录

扫描下方二维码添加企业微信。

1. 首次添加企业微信，即刻领取免费电子资源。

2. 加入体育爱好者交流群。

3. 不定期获取更多图书、课程、讲座等知识服务产品信息，以及参与直播互动、在线答疑和与专业导师直接对话的机会。

上篇

第一章
基础篇：活棋技巧

1.1 做眼活棋

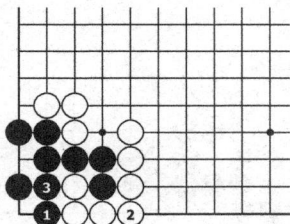

第 1 题

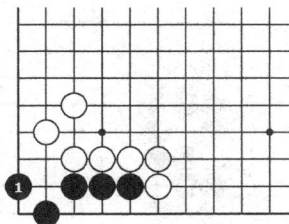

第 2 题

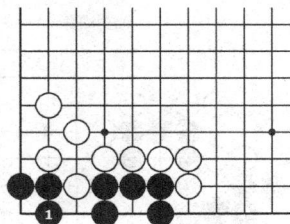

第 3 题

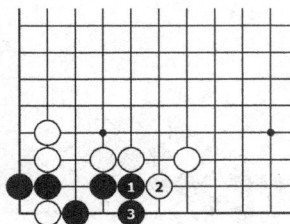

第 4 题

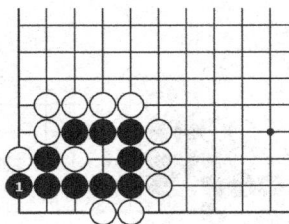

第 5 题

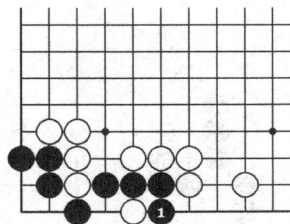

第 6 题

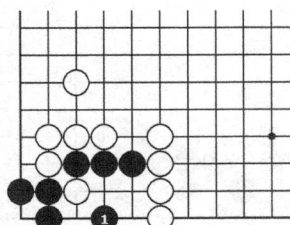

第 7 题

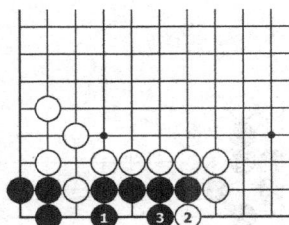

第 8 题

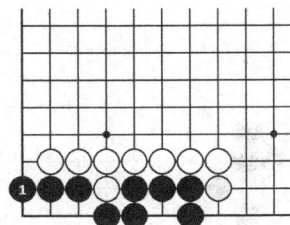

第 9 题

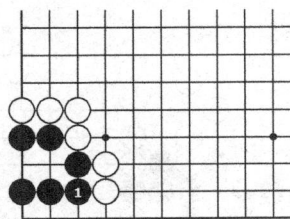

第 10 题

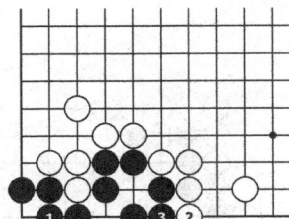

第 11 题

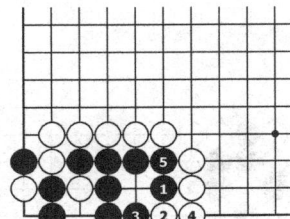

第 12 题

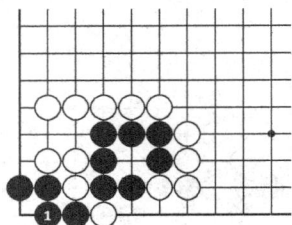

第 13 题

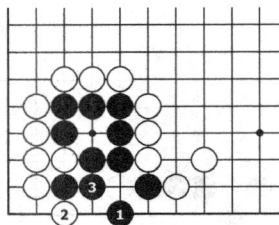

第 14 题

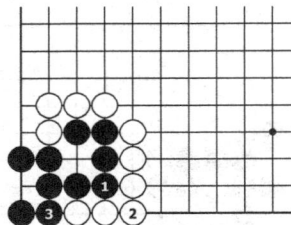

第 15 题

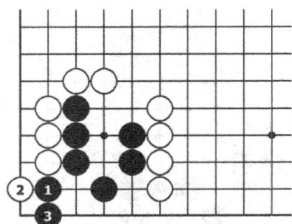

第 16 题

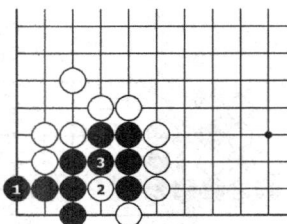

第 17 题

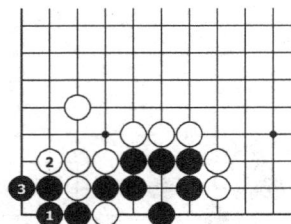

第 18 题

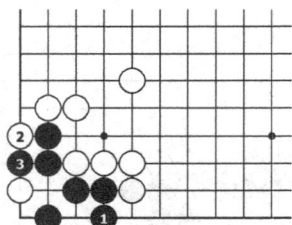

第 19 题

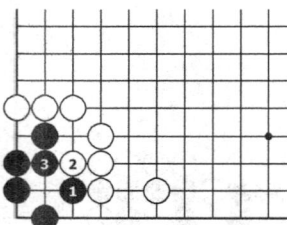

第 20 题

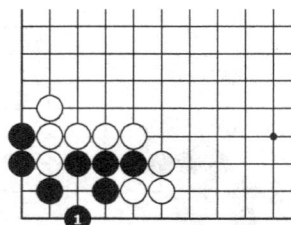

第 21 题

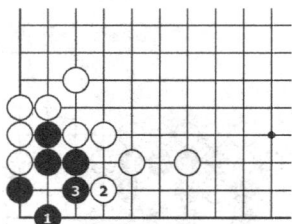

第 22 题

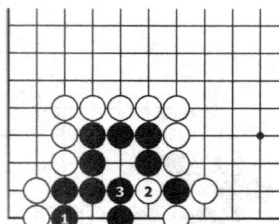

第 23 题

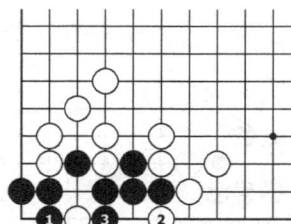

第 24 题

1.2 吃子做活

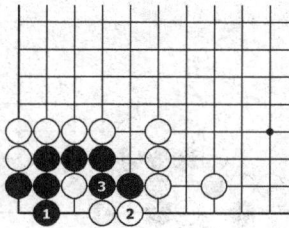

第 25 题

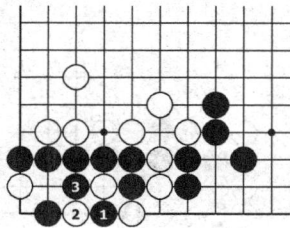

第 26 题

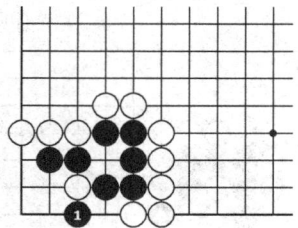

第 27 题

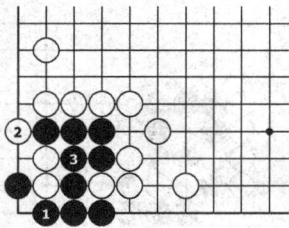

第 28 题

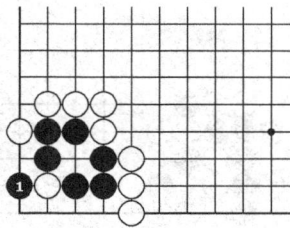

第 29 题

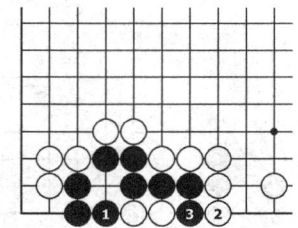

第 30 题

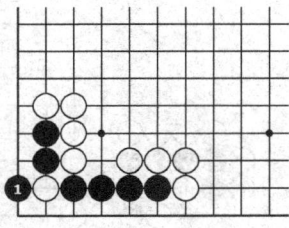

第 31 题

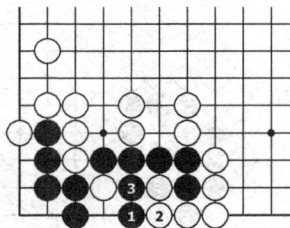

第 32 题

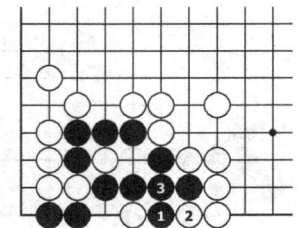

第 33 题

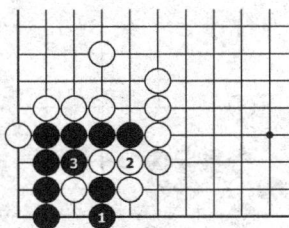

第 34 题

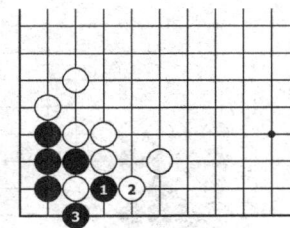

第 35 题

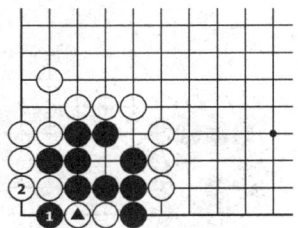

❸ = ▲ 第 36 题

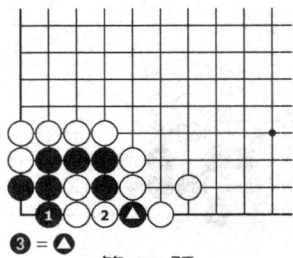

❸ = ▲

第 37 题

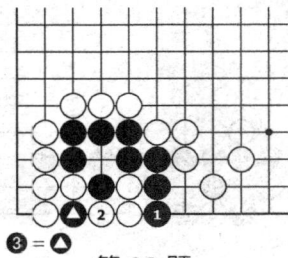

❸ = ▲

第 38 题

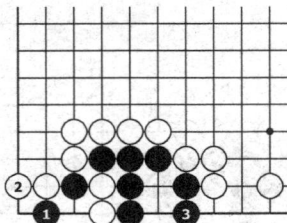

第 39 题

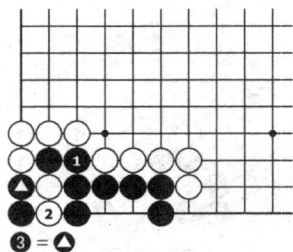

❸ = ▲

第 40 题

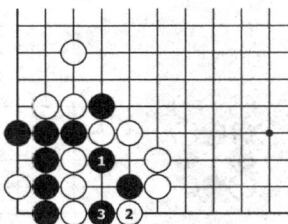

第 41 题

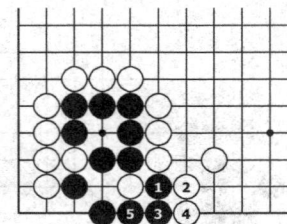

第 42 题

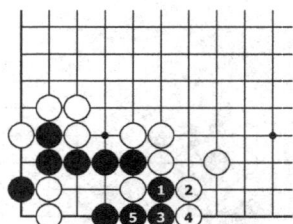

第 43 题

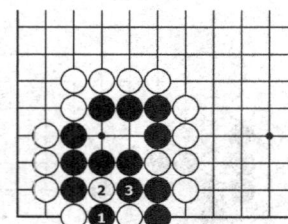

第 44 题

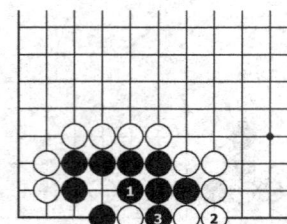

第 45 题

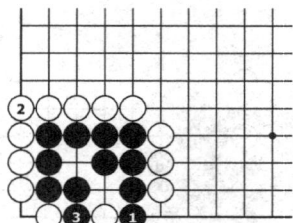

第 46 题

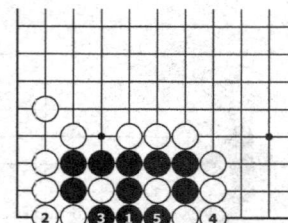

第 47 题

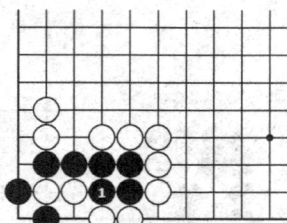

第 48 题

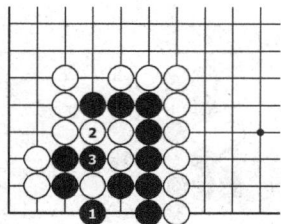

第 49 题

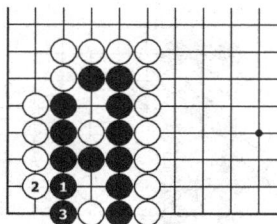

第 50 题

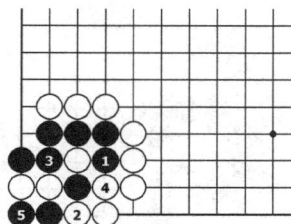

第 51 题

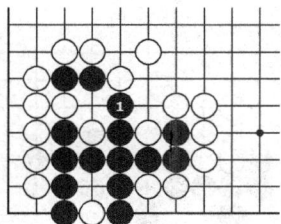

第 52 题

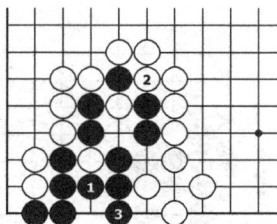

第 53 题

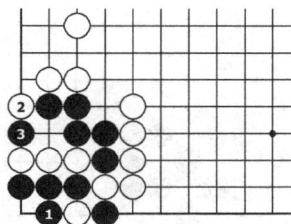

第 54 题

1.3 利用先手

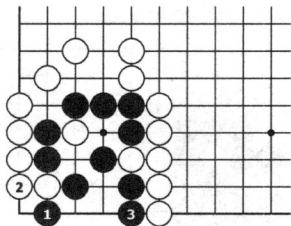

第 55 题

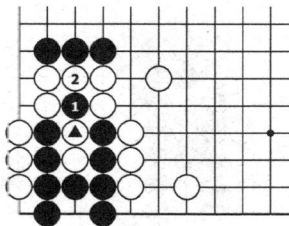

❸ = ▲

第 56 题

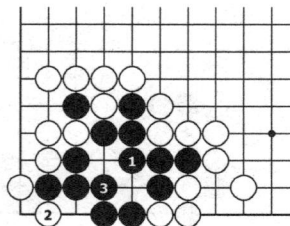

第 57 题

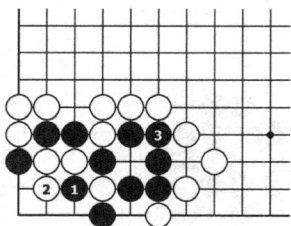

第 58 题

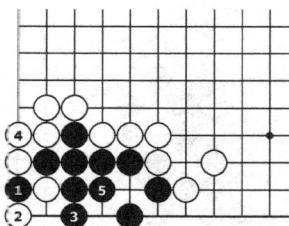

第 59 题

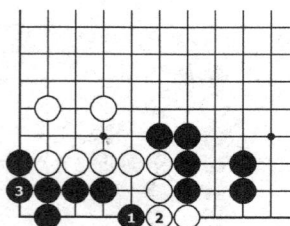

第 60 题

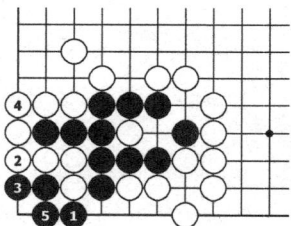

第 61 题

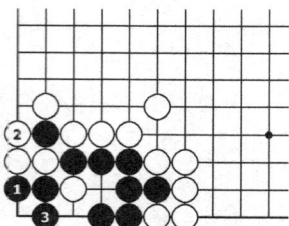

第 62 题

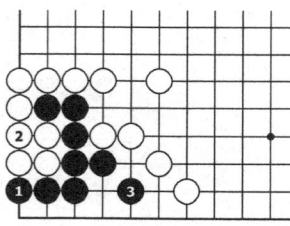

第 63 题

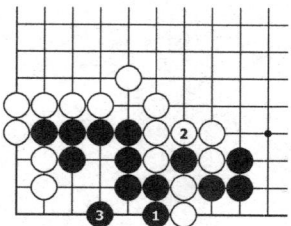

第 64 题

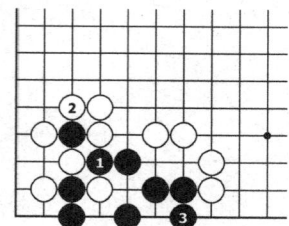

第 65 题

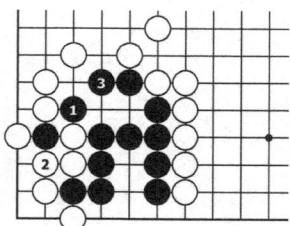

第 66 题

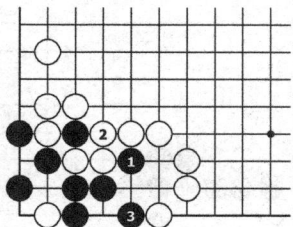

第 67 题

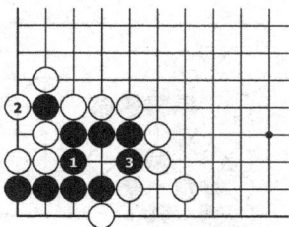

第 68 题

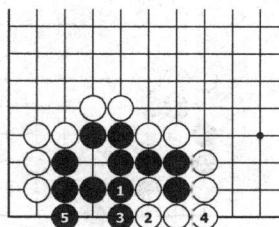

第 69 题

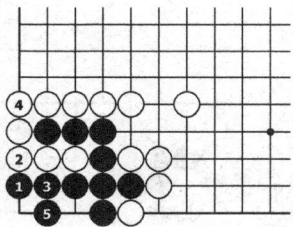

第 70 题

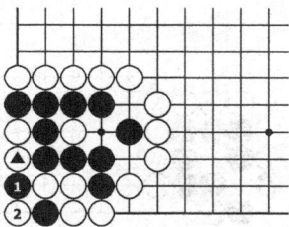

❸ = ▲　第 71 题

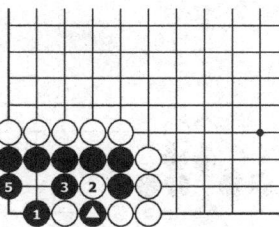

④ = ▲　第 72 题

1.4 扩大眼位

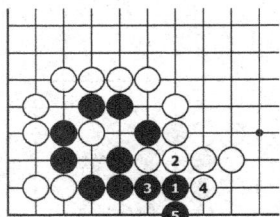

第 73 题

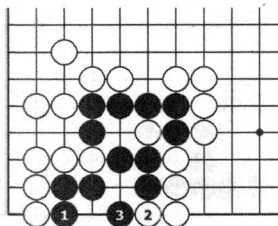

第 74 题

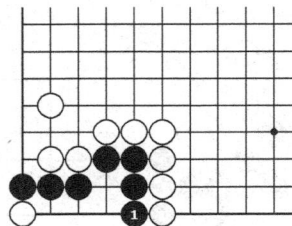

第 75 题

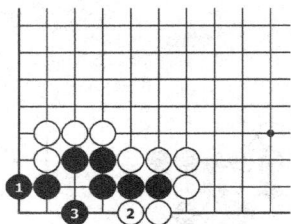

第 76 题

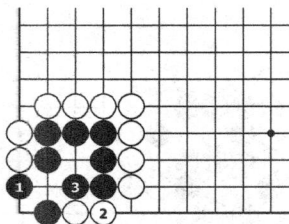

第 77 题

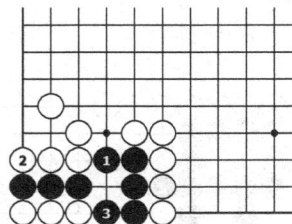

第 78 题

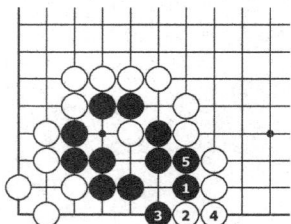

第 79 题

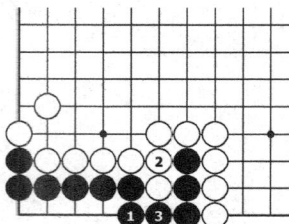

第 80 题

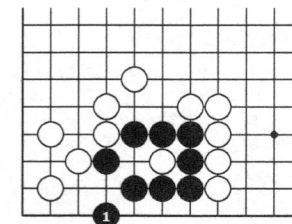

第 81 题

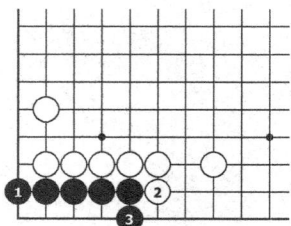

第 82 题

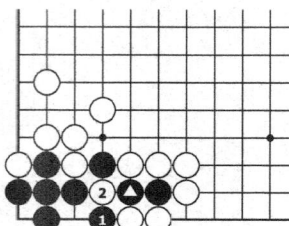

❸ = ⬣

第 83 题

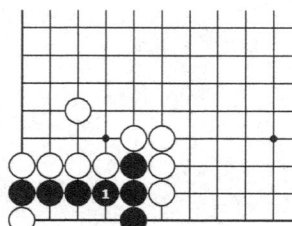

第 84 题

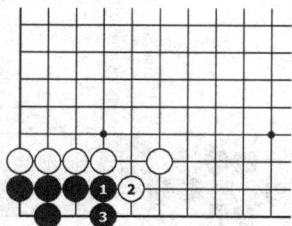

第 85 题

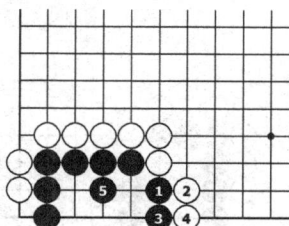

第 86 题

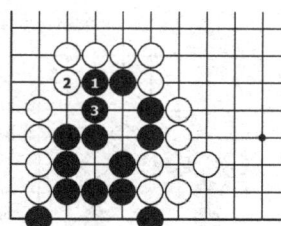

第 87 题

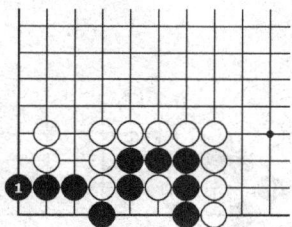

第 88 题

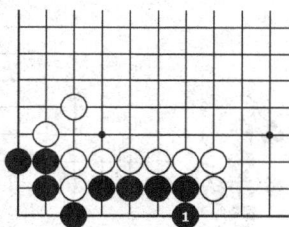

第 89 题

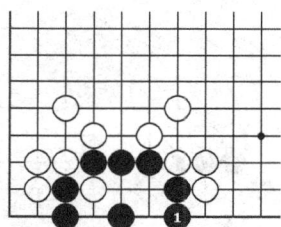

第 90 题

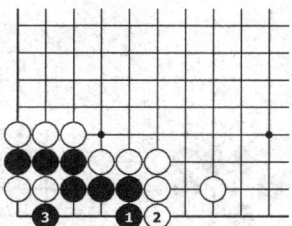

第 91 题

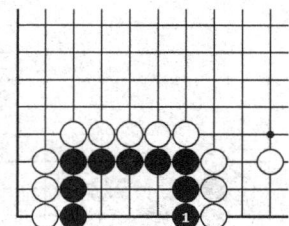

第 92 题

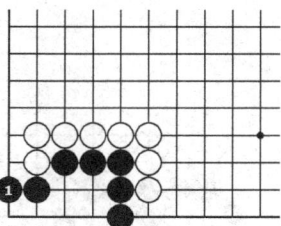

第 93 题

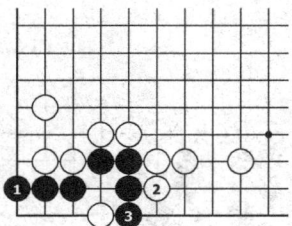

第 94 题

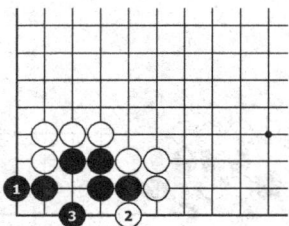

第 95 题

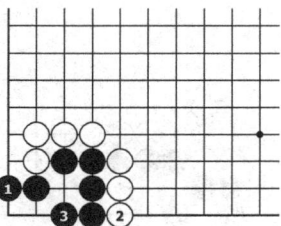

第 96 题

1.5 占据要点

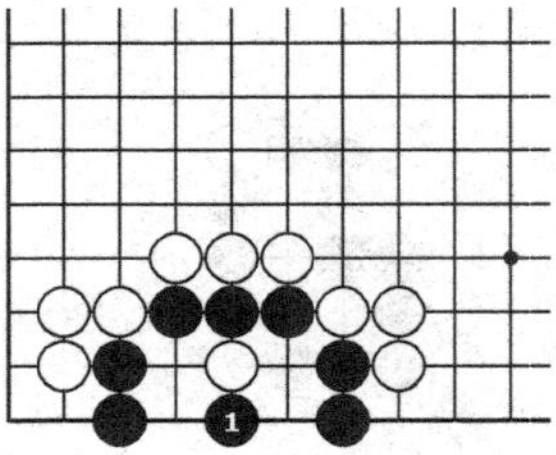

第 97 题

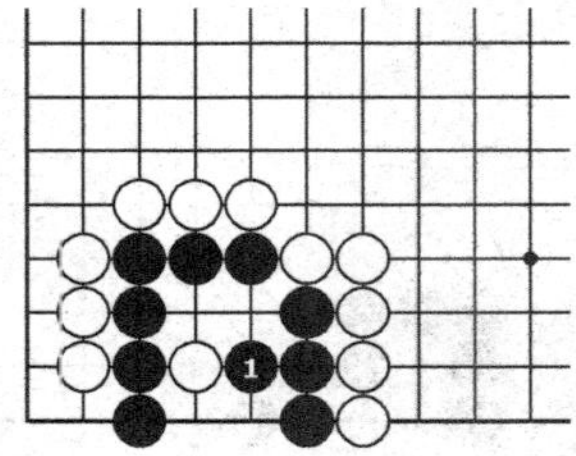

第 98 题

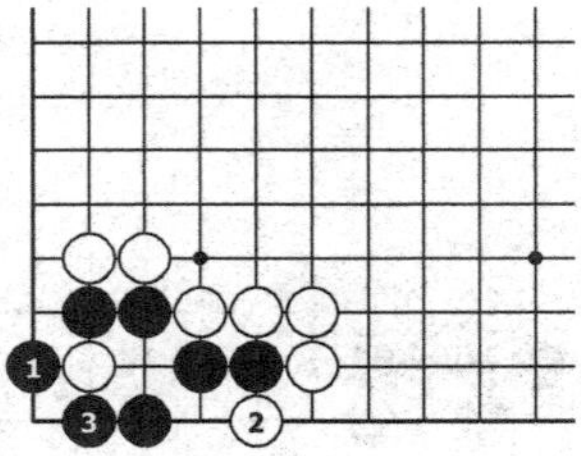

第 99 题

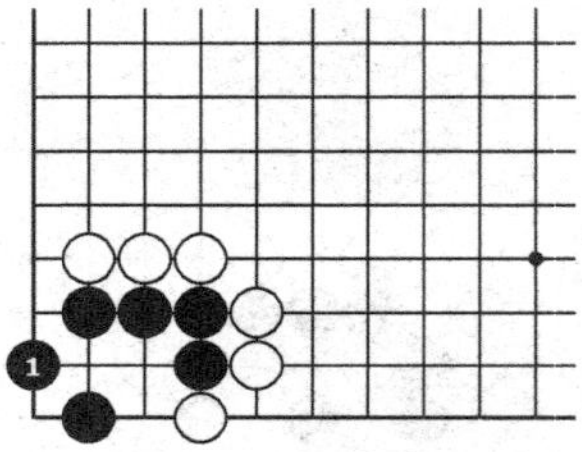

第 100 题

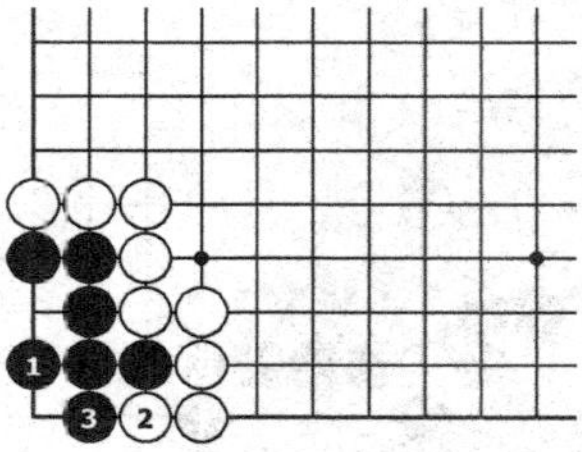

第 101 题

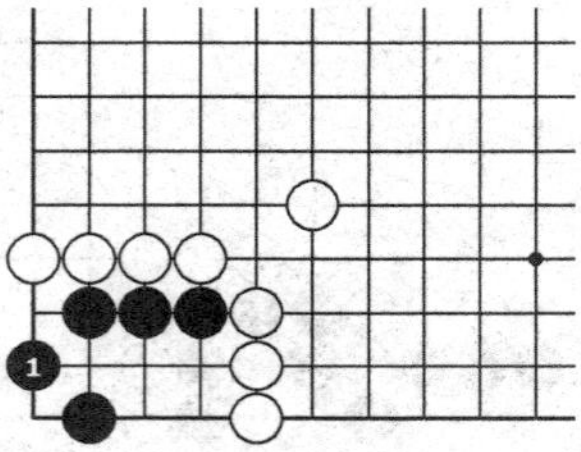

第 102 题

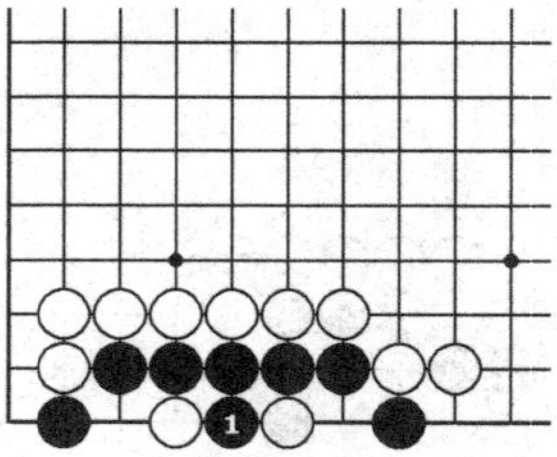

第 103 题

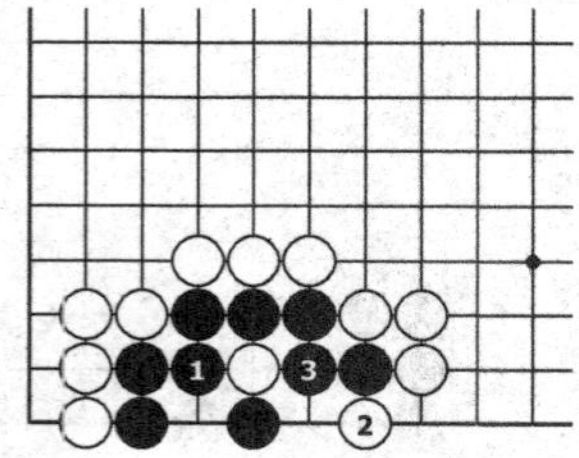

第 104 题

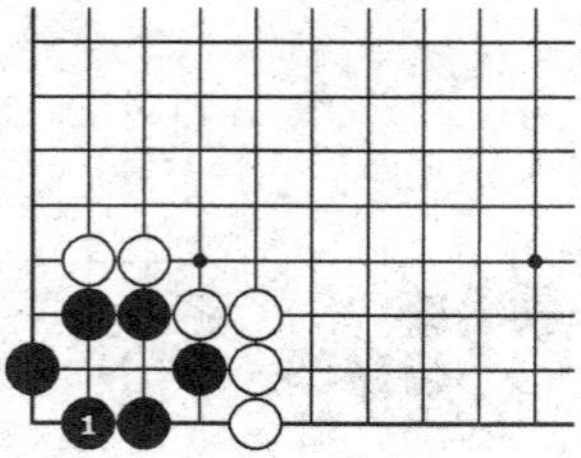

第 105 题

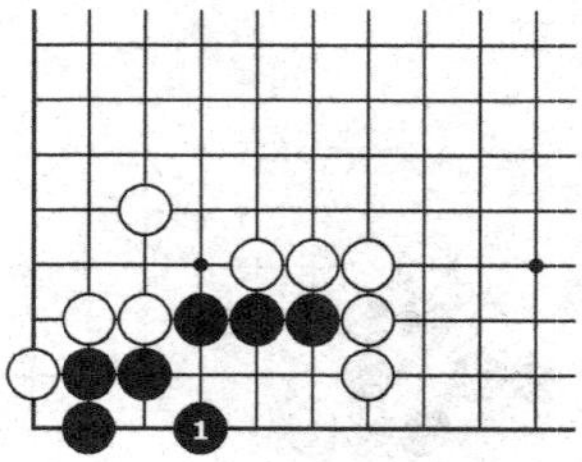

第 106 题

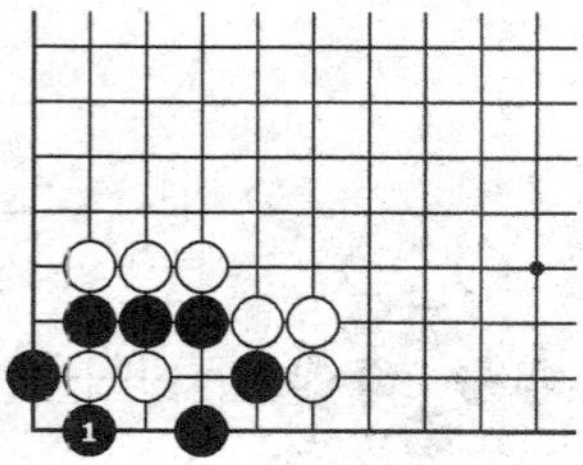

第 107 题

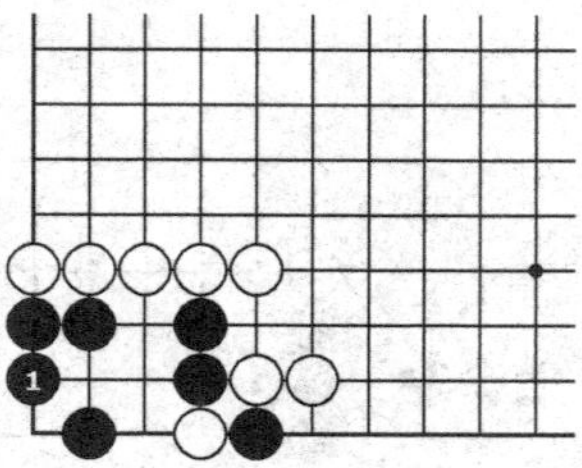

第 108 题

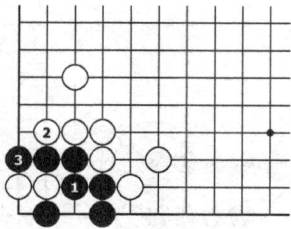

第 109 题

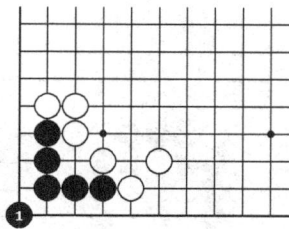

第 110 题

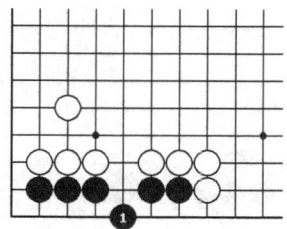

第 111 题

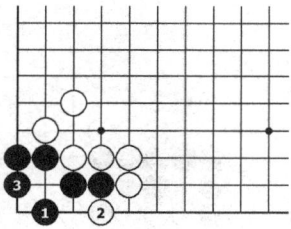

第 112 题

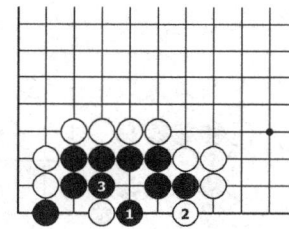

第 113 题

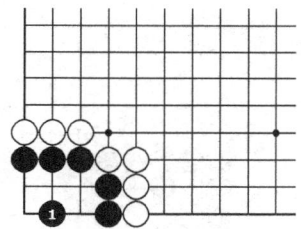

第 114 题

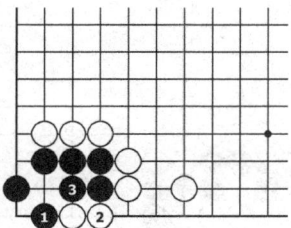

第 115 题

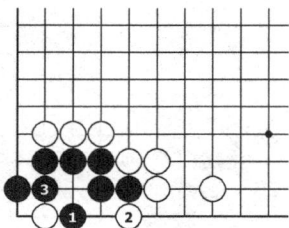

第 116 题

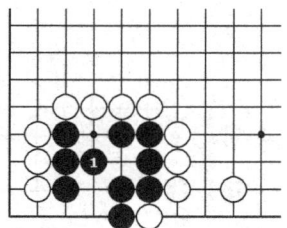

第 117 题

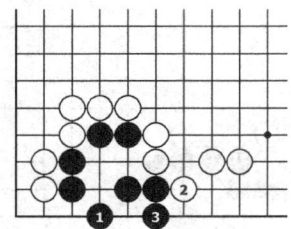

第 118 题

第 119 题

第 120 题

1.6 双活

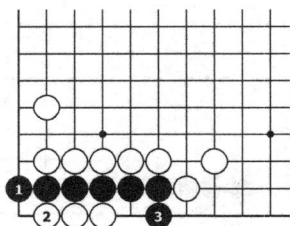

第 121 题

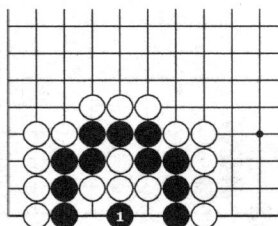

第 122 题

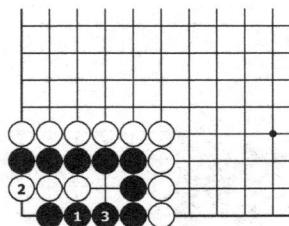

第 123 题

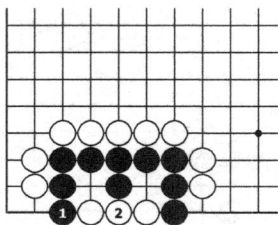

第 124 题

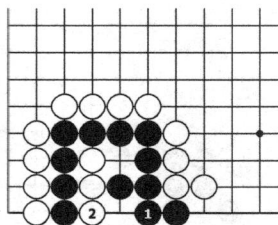

第 125 题

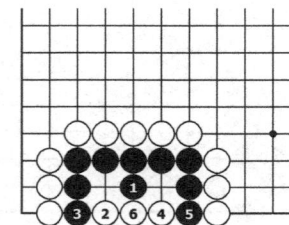

第 126 题

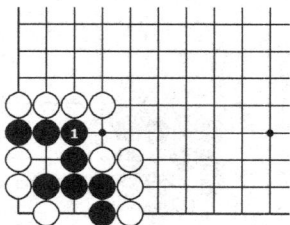

第 127 题

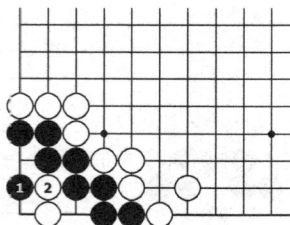

第 128 题

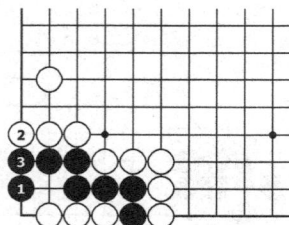

第 129 题

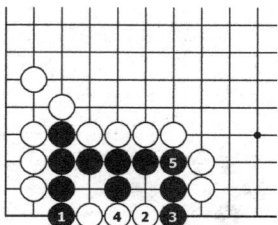

第 130 题

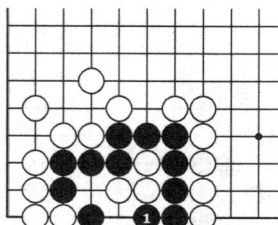

第 131 题

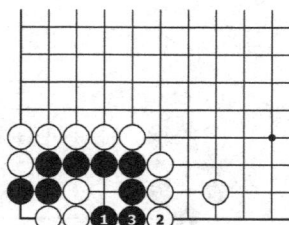

第 132 题

1.7　劫活

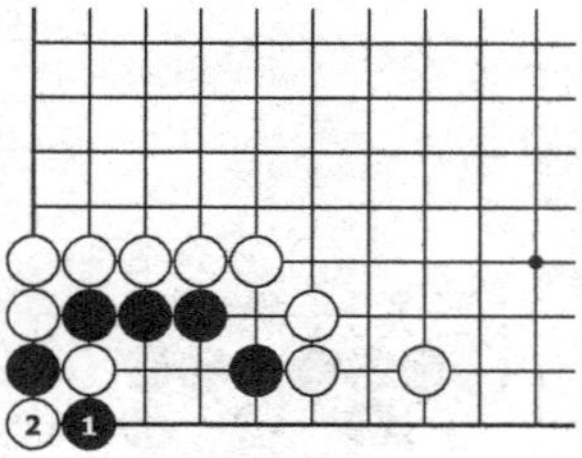

第 133 题

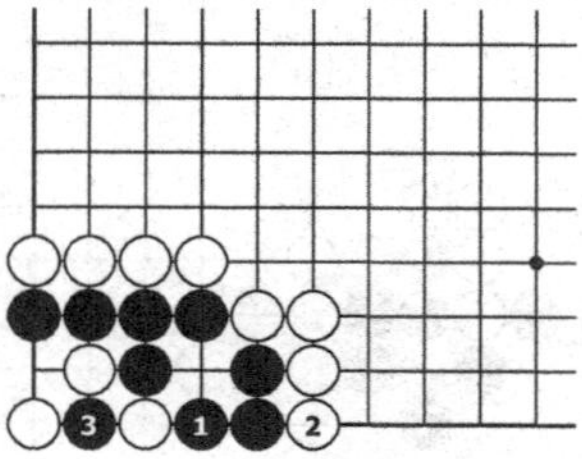

第 134 题

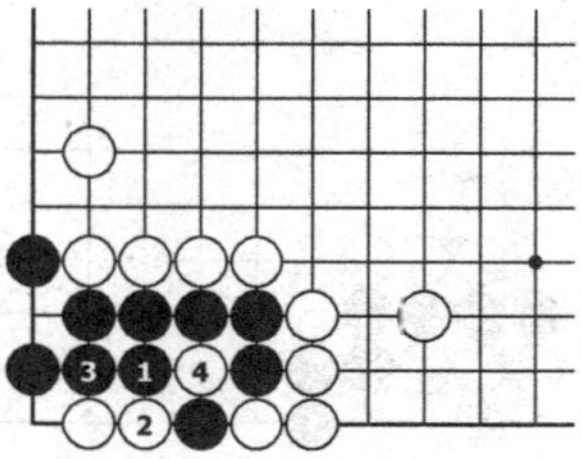

第 135 题

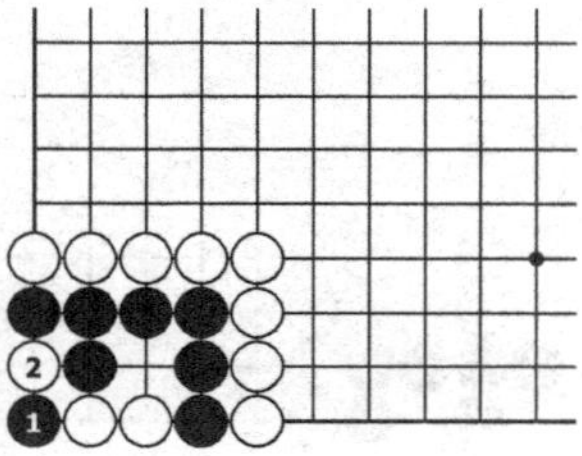

第 136 题

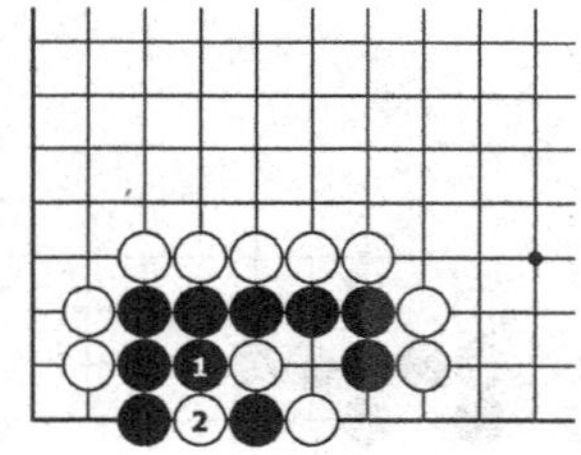

第 137 题

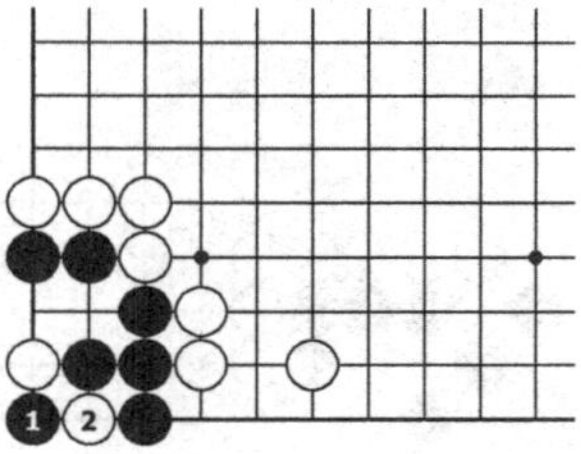

第 138 题

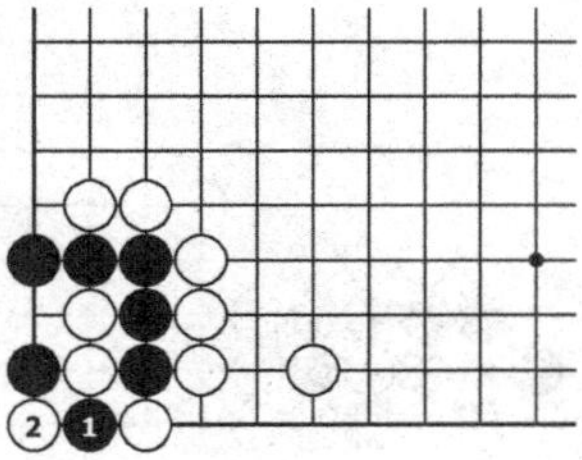

第 139 题

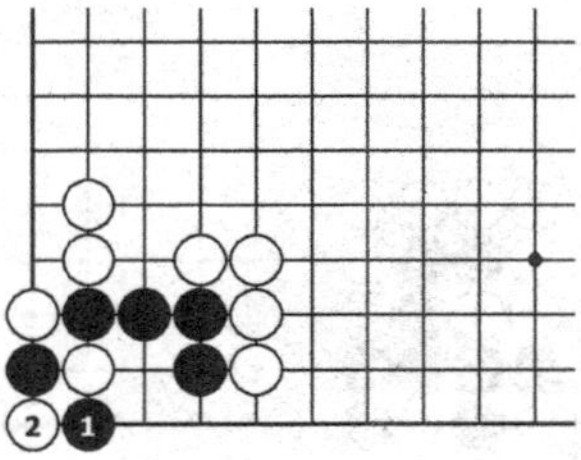

第 140 题

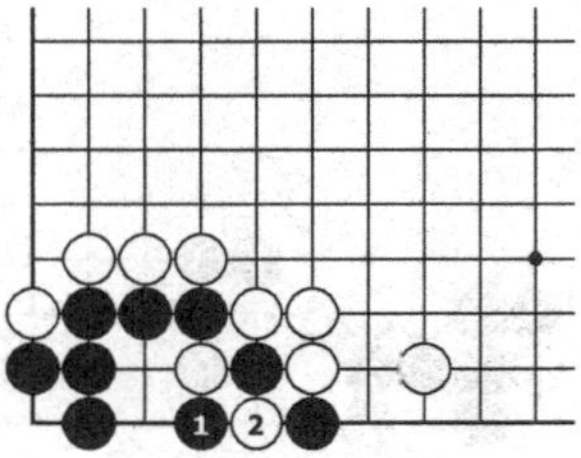

第 141 题

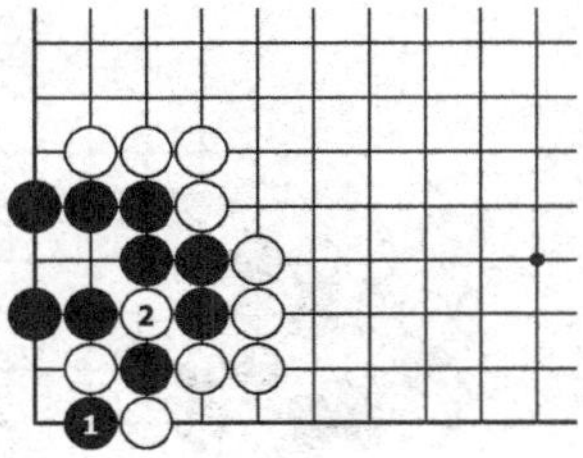

第 142 题

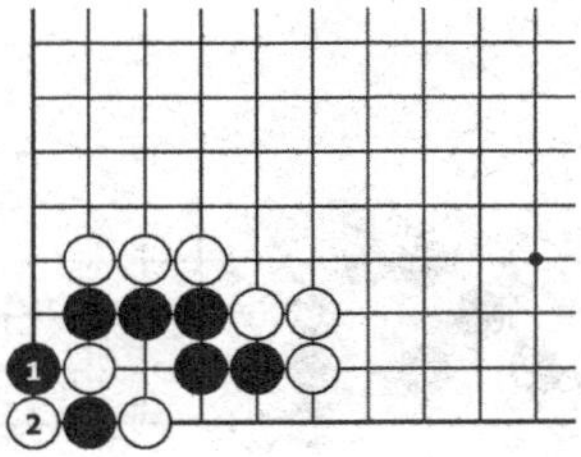

第 143 题

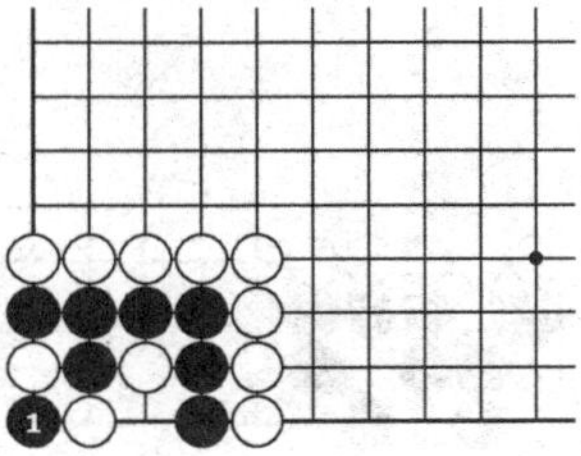

第 144 题

综合测试

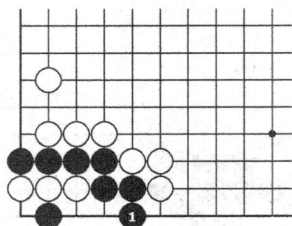

第 145 题

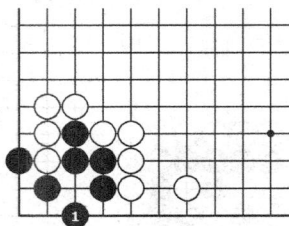

第 146 题

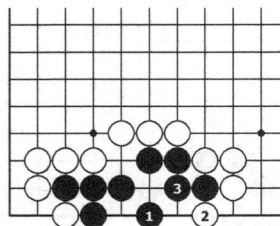

第 147 题

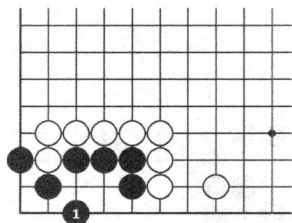

第 148 题

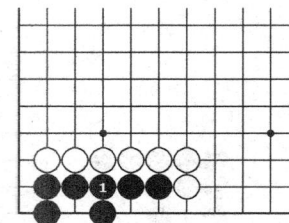

第 149 题

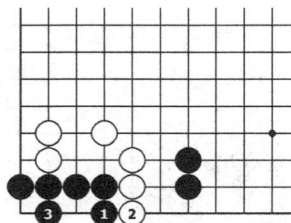

第 150 题

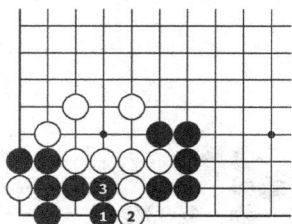

第 151 题

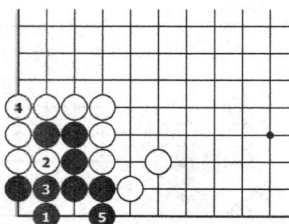

第 152 题

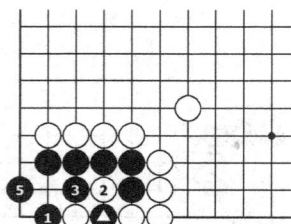

④ = ▲ 第 153 题

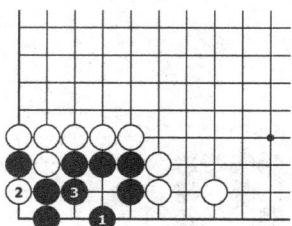

第 154 题

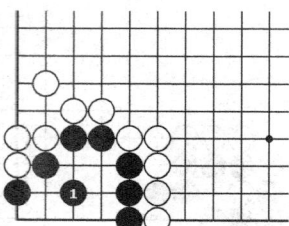

第 155 题

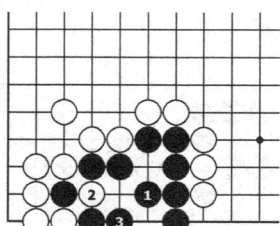

第 156 题

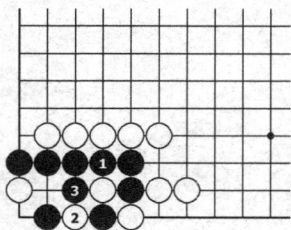

第 157 题

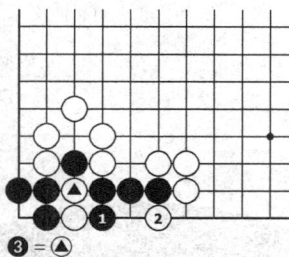

3 = ▲

第 158 题

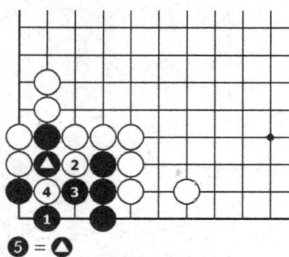

5 = ▲

第 159 题

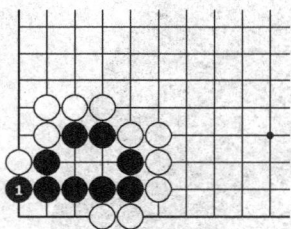

第 160 题

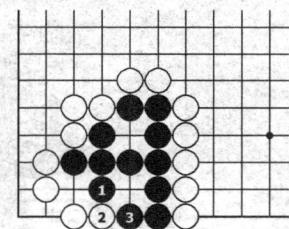

第 161 题

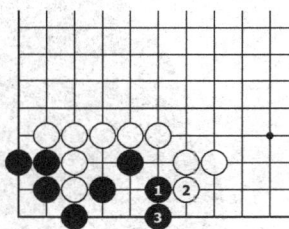

第 162 题

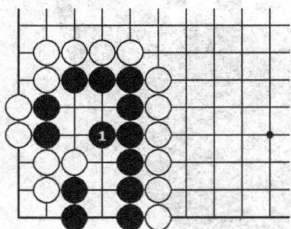

第 163 题

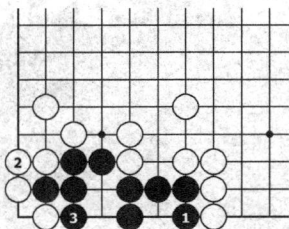

第 164 题

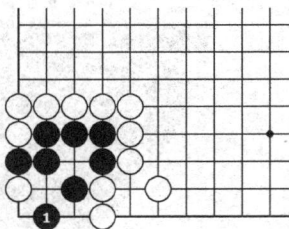

第 165 题

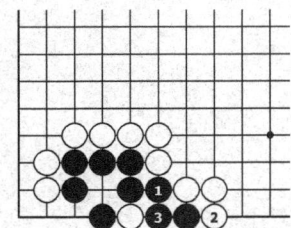

第 166 题

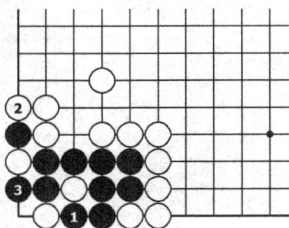

第 167 题

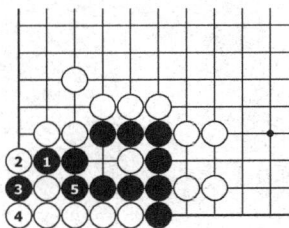

第 168 题

第二章
基础篇：杀棋技巧

2.1 破眼杀棋

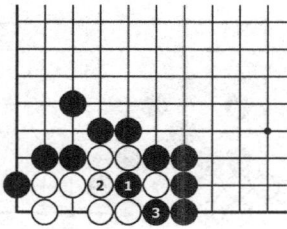

第 169 题

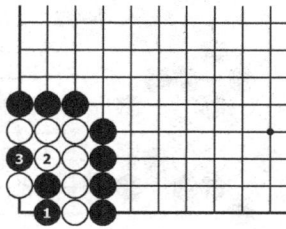

第 170 题

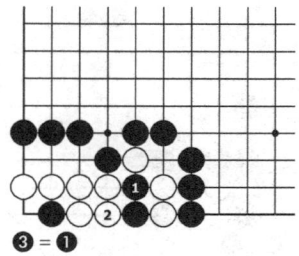

❸ = ❶

第 171 题

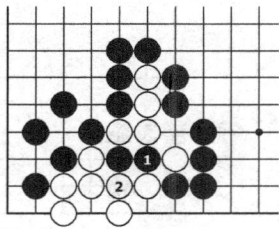

❸ = ❶

第 172 题

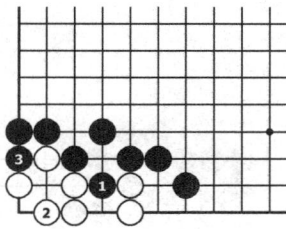

第 173 题

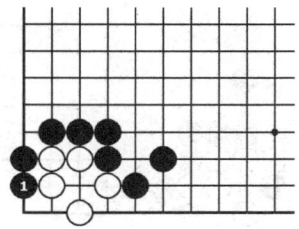

第 174 题

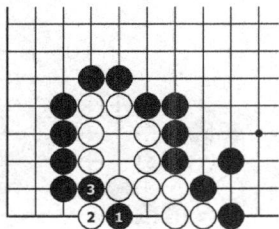

第 175 题

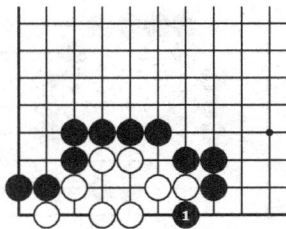

第 176 题

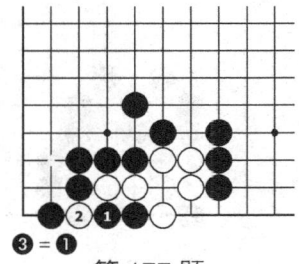

❸ = ❶

第 177 题

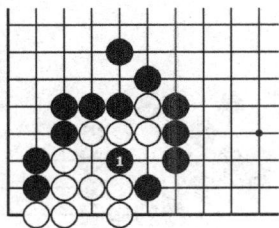

第 178 题

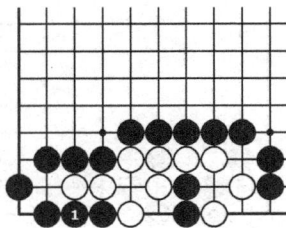

第 179 题

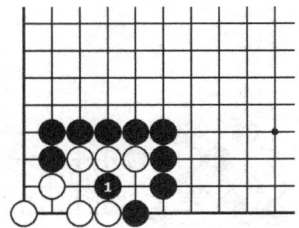

第 180 题

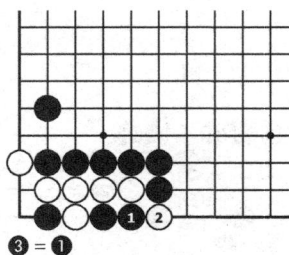

第 181 题

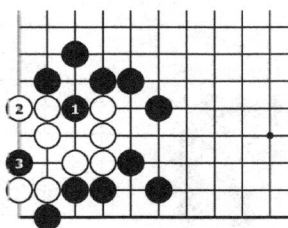

第 182 题

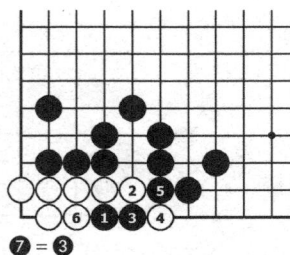

第 183 题

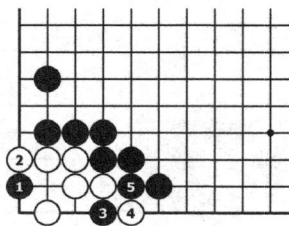

第 184 题

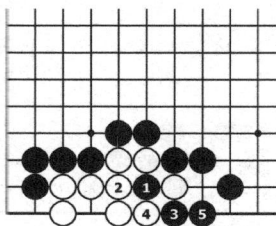

第 185 题

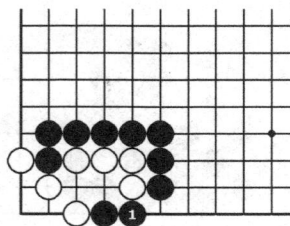

第 186 题

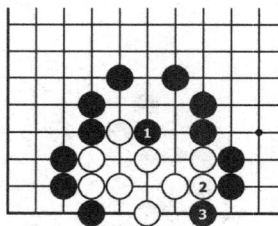

第 187 题

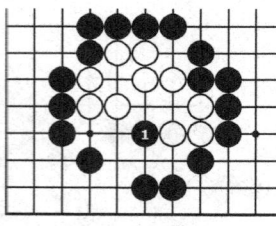

第 188 题

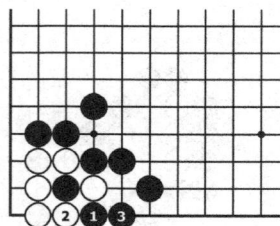

第 189 题

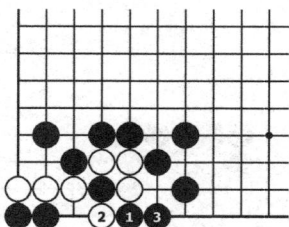

第 190 题

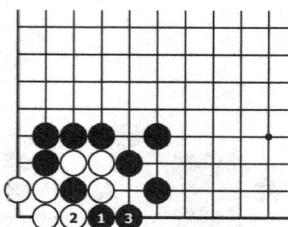

第 191 题

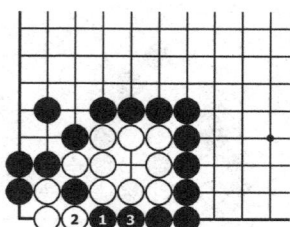

第 192 题

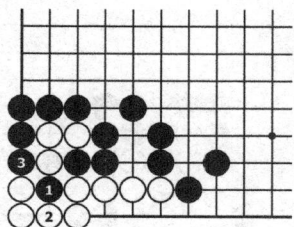

第 193 题

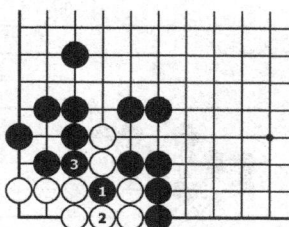

第 194 题

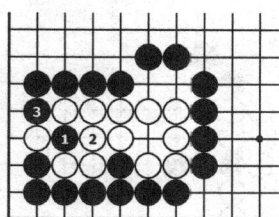

第 195 题

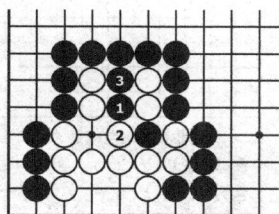

第 196 题

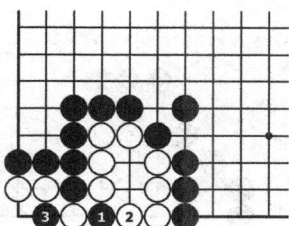

第 197 题

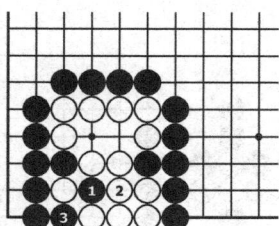

第 198 题

2.2 缩小眼位

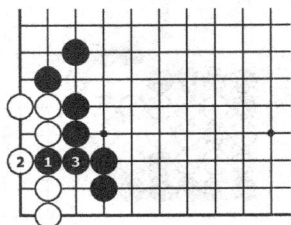

第 199 题

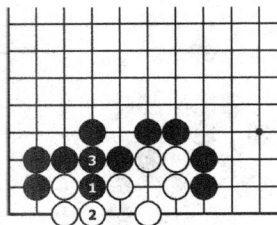

第 200 题

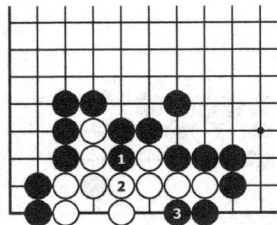

第 201 题

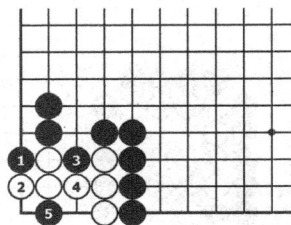

第 202 题

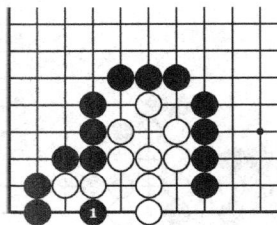

第 203 题

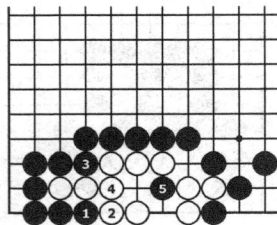

第 204 题

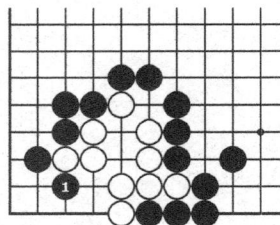

第 205 题

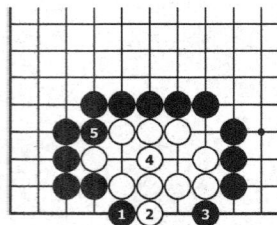

第 206 题

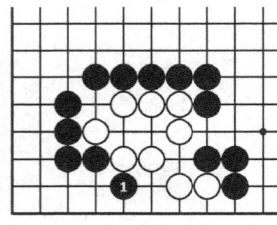

第 207 题

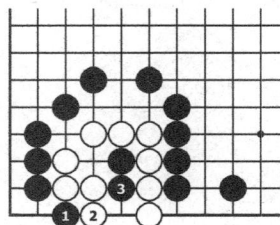

第 208 题

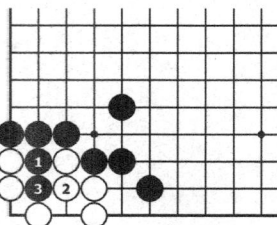

第 209 题

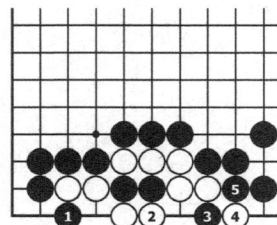

第 210 题

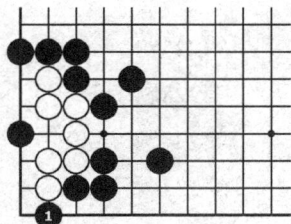

第 211 题

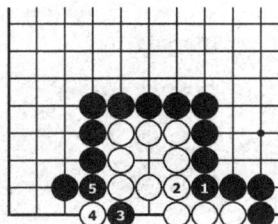

第 212 题

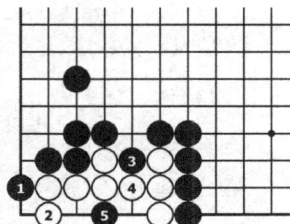

第 213 题

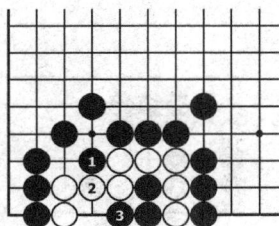

第 214 题

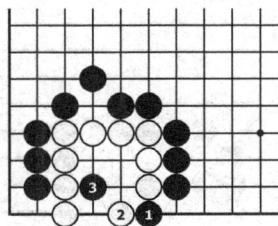

第 215 题

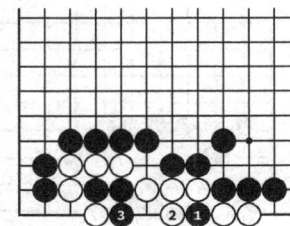

第 216 题

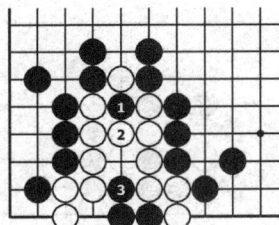

第 217 题

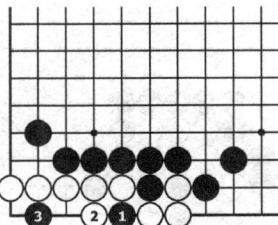

第 218 题

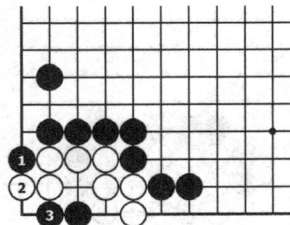

第 219 题

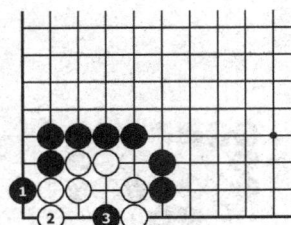

第 220 题

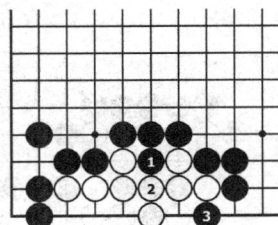

第 221 题

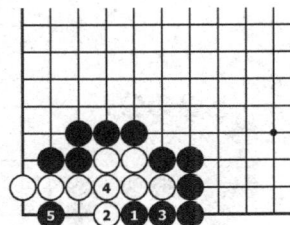

第 222 题

2.3 聚杀

第223题（×）	第224题（√）	第225题（×）
第226题（√）	第227题（√）	第228题（√）
第229题（√）	第230题（√）	第231题（√）
第232题（√）	第233题（√）	第234题（√）

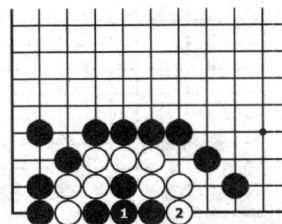

❸ = ❶

第 235 题

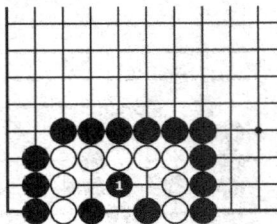

第 236 题

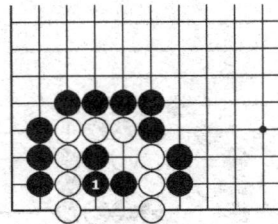

第 237 题

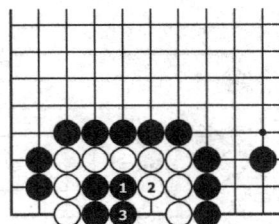

第 238 题

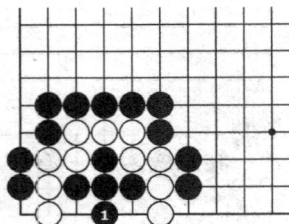

第 239 题

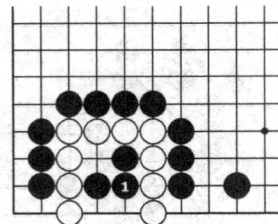

第 240 题

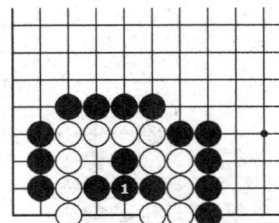

第 241 题

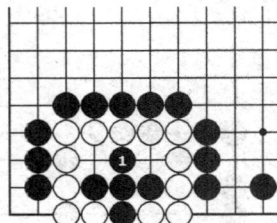

第 242 题

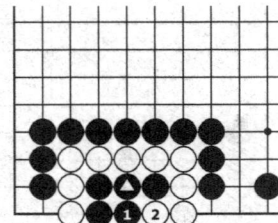

❸ = ⬤ 第 243 题

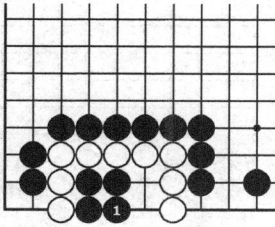

第 244 题

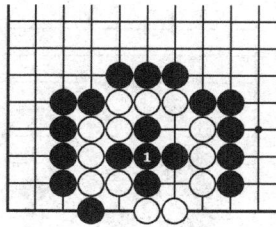

第 245 题

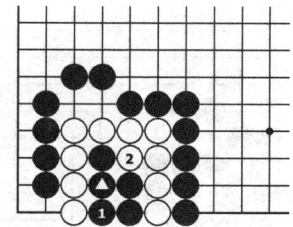

❸ = ▲

第 246 题

2.4 利用先手杀棋

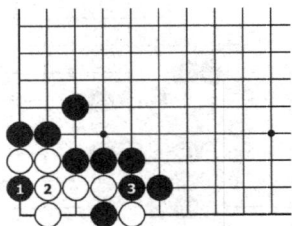

第 247 题

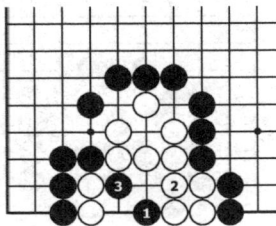

第 248 题

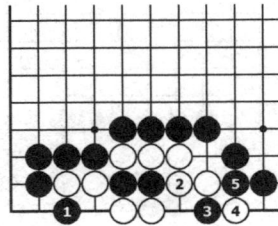

第 249 题

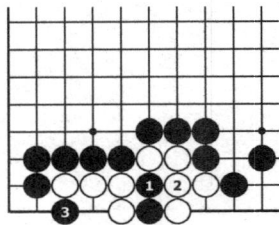

第 250 题

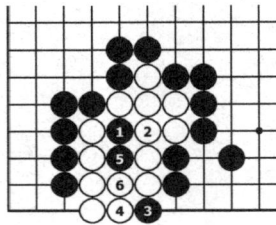

第 251 题

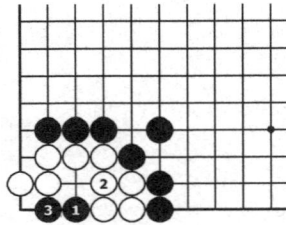

第 252 题

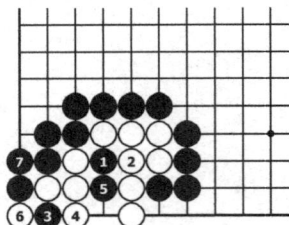

第 253 题

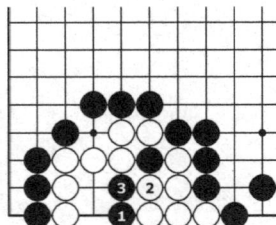

第 254 题

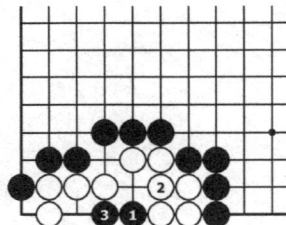

第 255 题

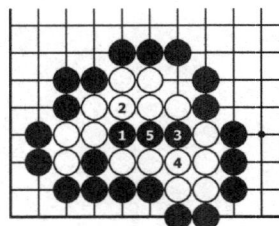

第 256 题

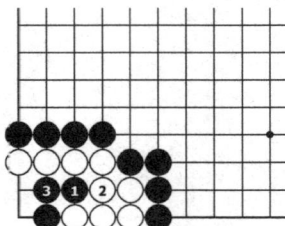

第 257 题

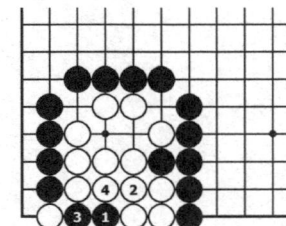

⑤ = ③

第 258 题

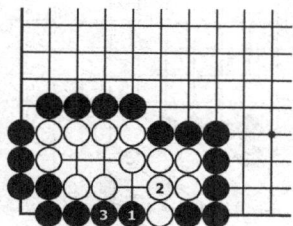

第 259 题

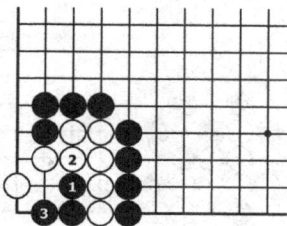

第 260 题

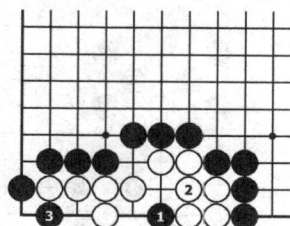

第 261 题

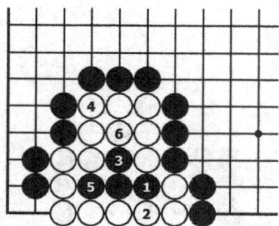

第 262 题

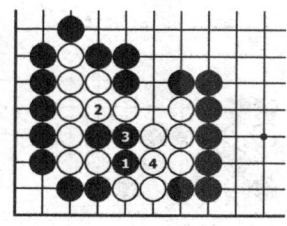

❺ = ❸

第 263 题

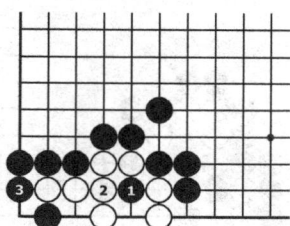

第 264 题

2.5 利用倒扑破眼

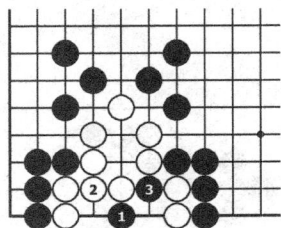

第 265 题

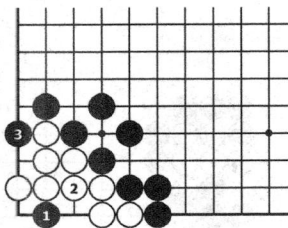

第 266 题

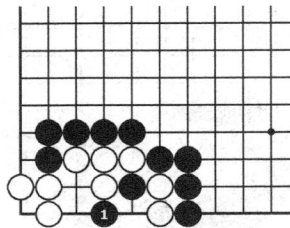

第 267 题

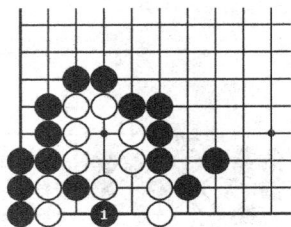

第 268 题

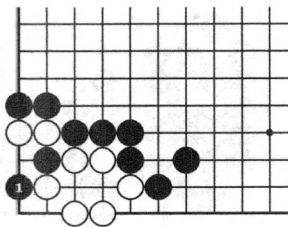

第 269 题

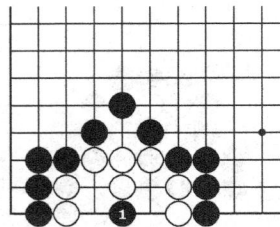

第 270 题

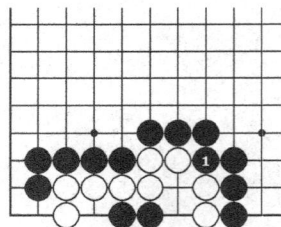

第 271 题

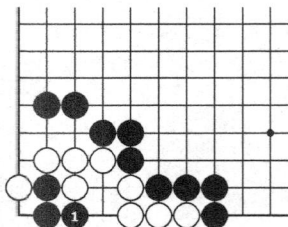

第 272 题

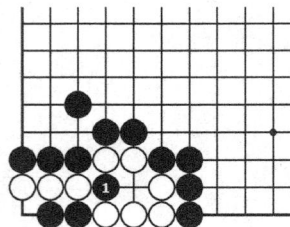

第 273 题

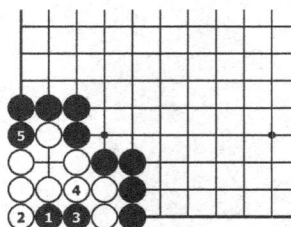

第 274 题

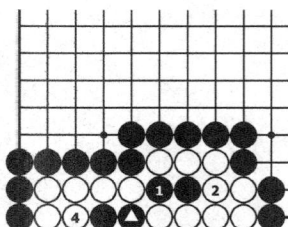

❸ = ❶ , ❺ = ⬤

第 275 题

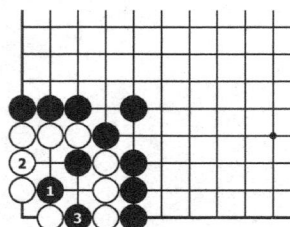

第 276 题

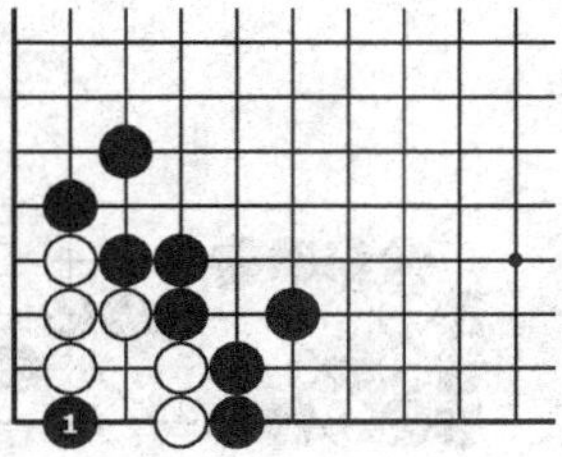

第 277 题

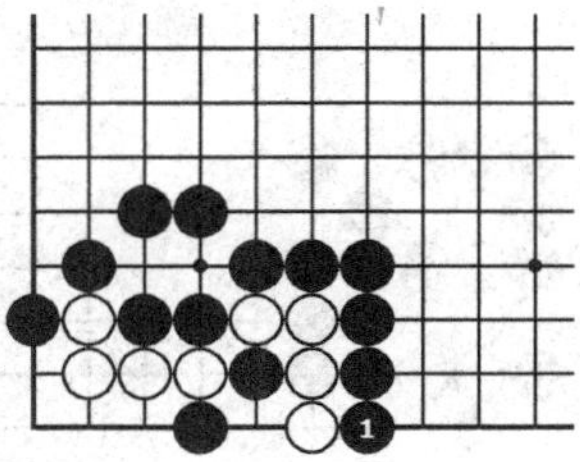

第 278 题

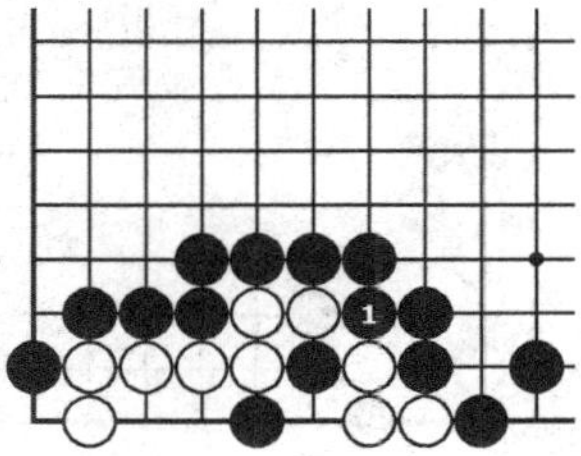

第 279 题

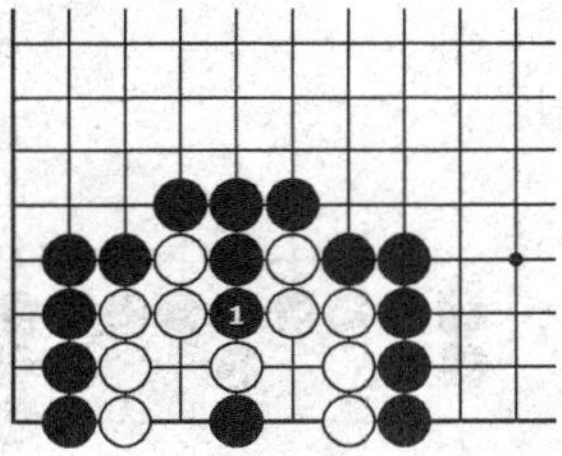

第 280 题

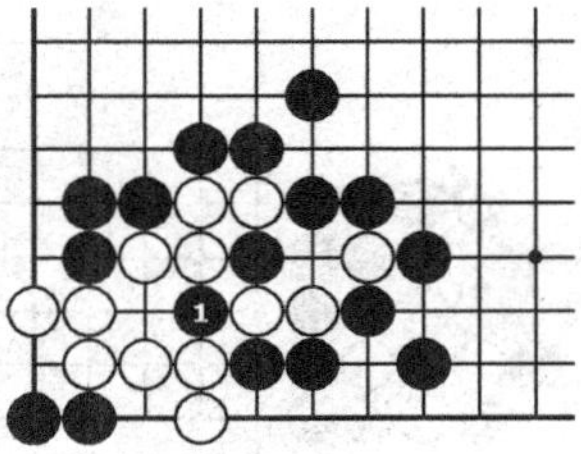

第 281 题

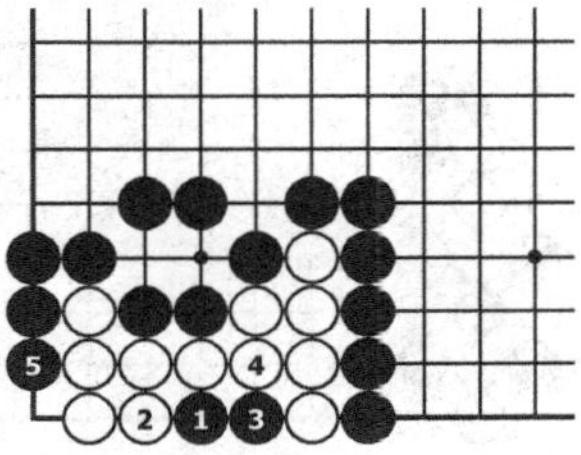

第 282 题

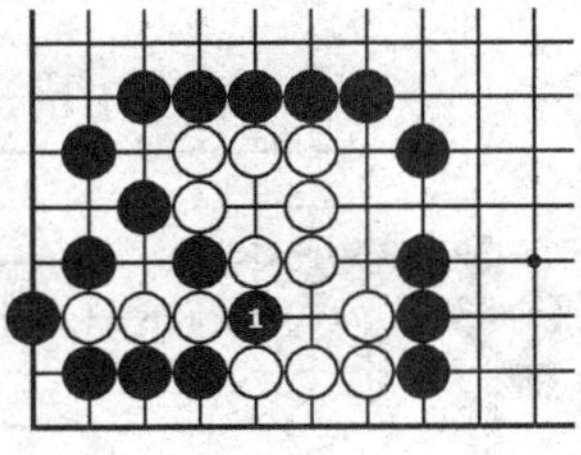

第 283 题

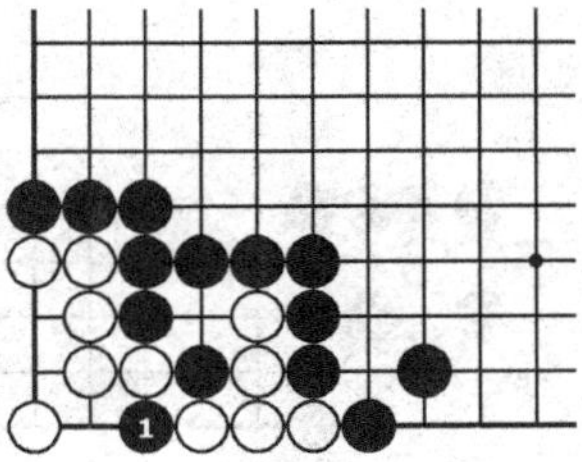

第 284 题

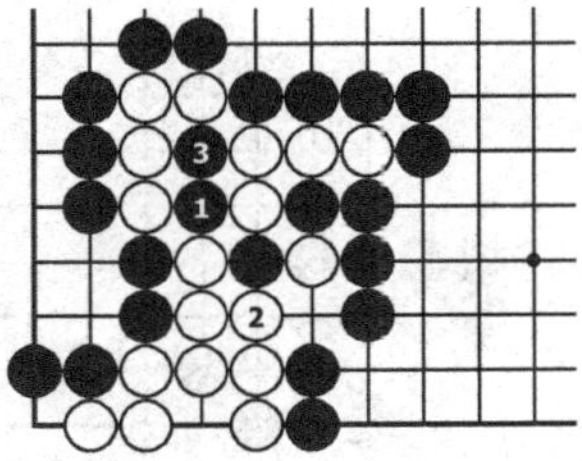

第 285 题

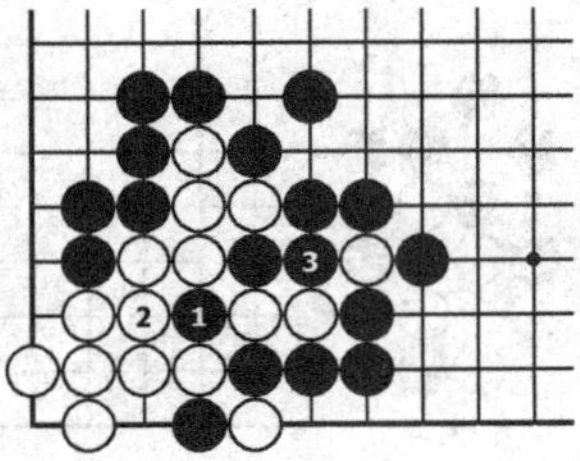

第 286 题

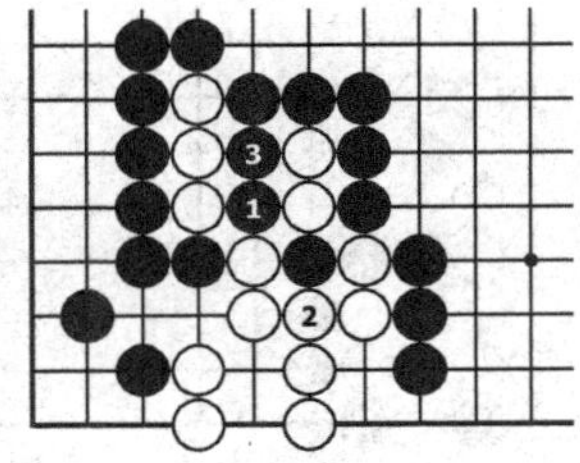

第 287 题

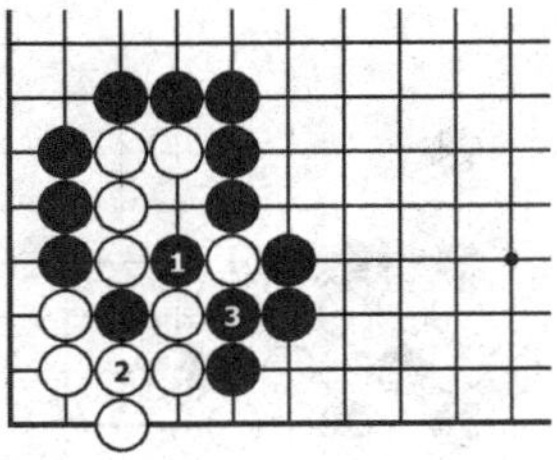

第 288 题

2.6 劫杀

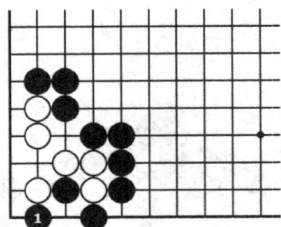

第 289 题

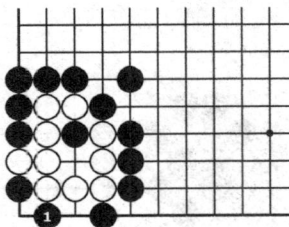

第 290 题

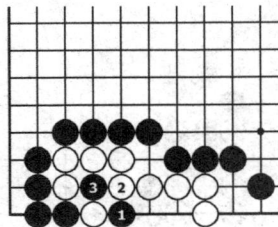

第 291 题

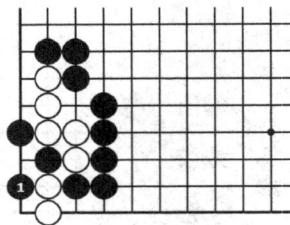

第 292 题

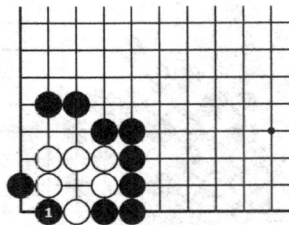

第 293 题

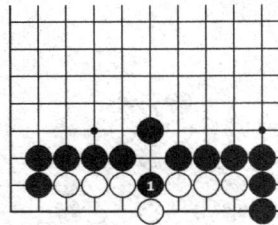

第 294 题

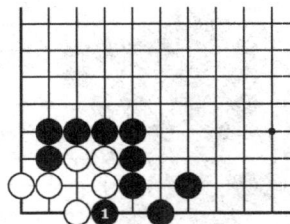

第 295 题

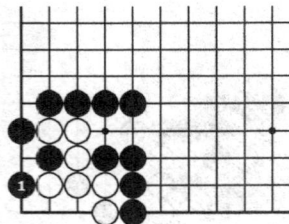

第 296 题

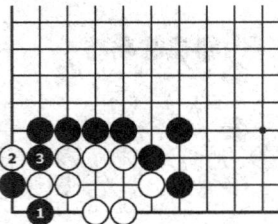

第 297 题

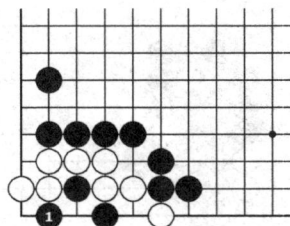

第 298 题

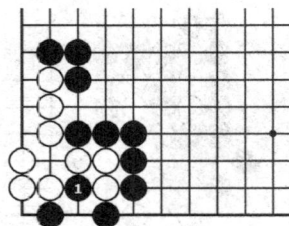

第 299 题

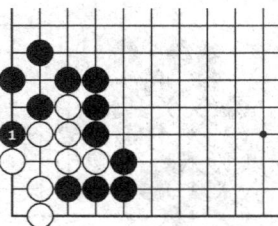

第 300 题

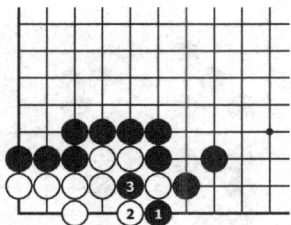

第 301 题

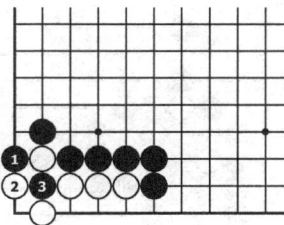

第 302 题

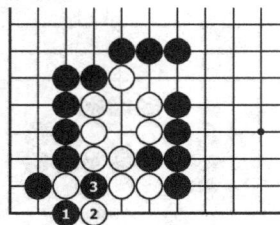

第 303 题

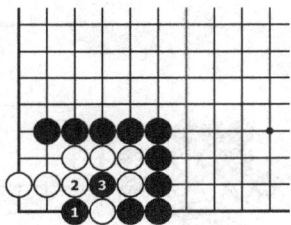

第 304 题

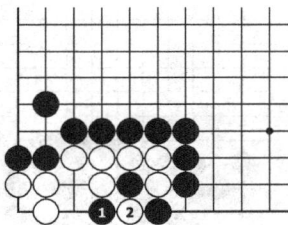

第 305 题

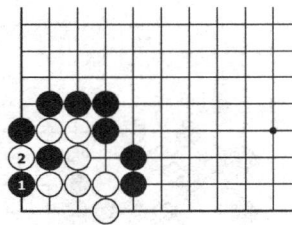

第 306 题

综合测试

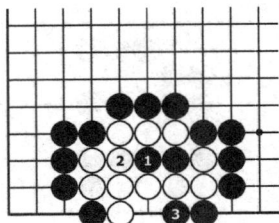

第 307 题

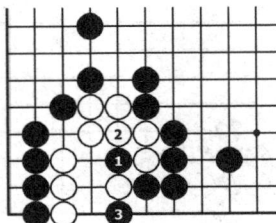

第 308 题

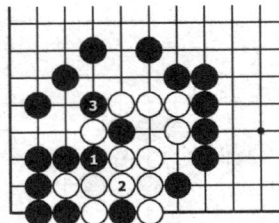

第 309 题

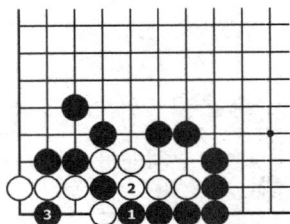

第 310 题

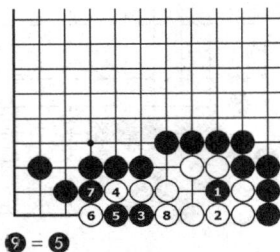

第 311 题

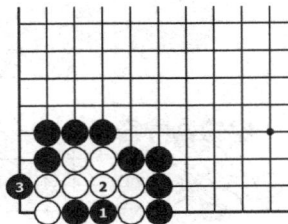

第 312 题

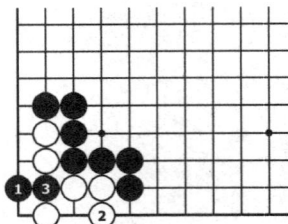

第 313 题

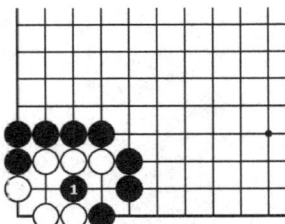

第 314 题

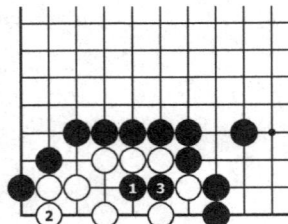

第 315 题

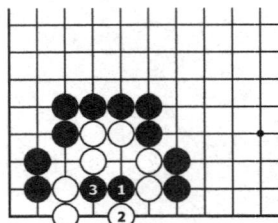

第 316 题

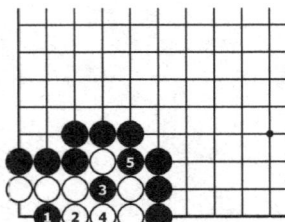

第 317 题

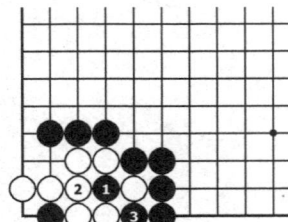

第 318 题

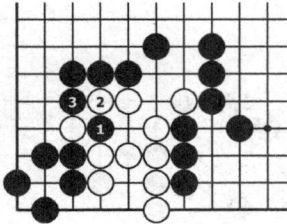

第 319 题

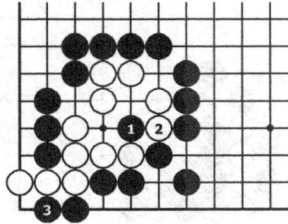

第 320 题

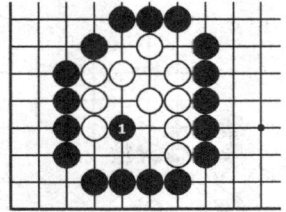

第 321 题

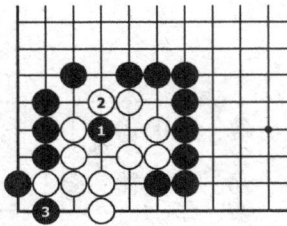

第 322 题

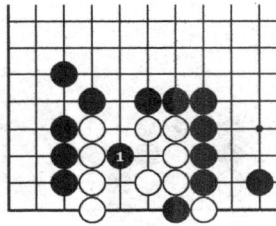

第 323 题

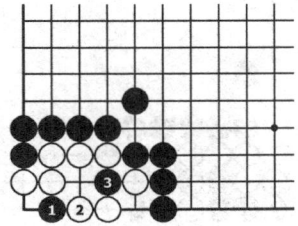

第 324 题

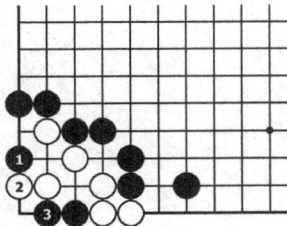

第 325 题

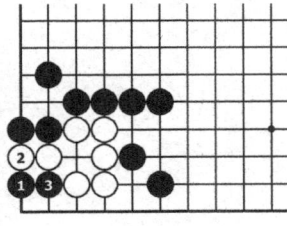

第 326 题

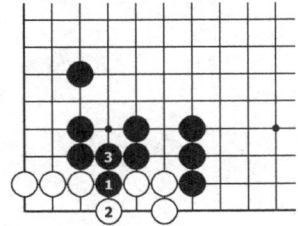

第 327 题

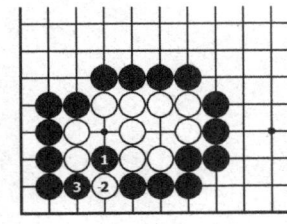

第 328 题

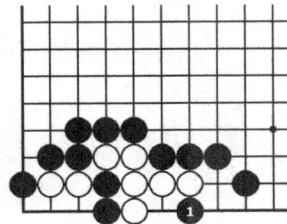

第 329 题

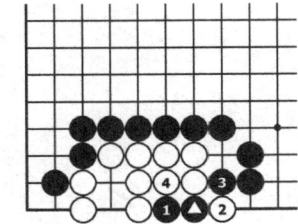

第 330 题

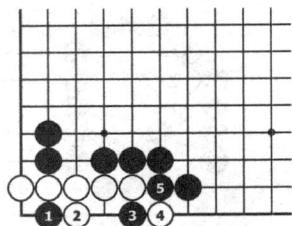

第 331 题

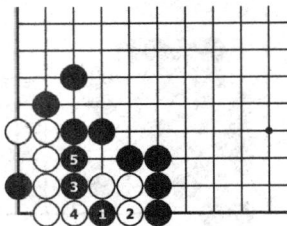

第 332 题

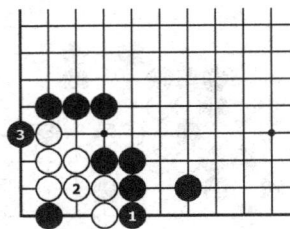

第 333 题

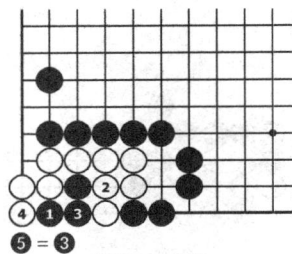

第 334 题

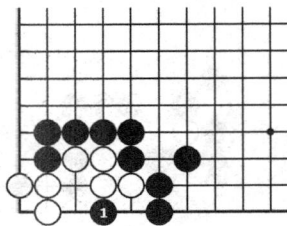

第 335 题

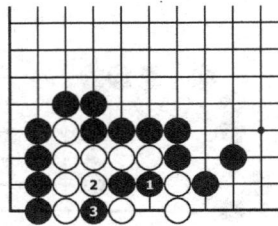

第 336 题

下篇

第三章
进阶篇：活棋技巧

3.1 做眼活棋

第 337 题

第 338 题

第 339 题

第 340 题

第 341 题

第 342 题

第 343 题

第 344 题

③ = ▲   第 345 题

第 346 题

第 347 题

第 348 题

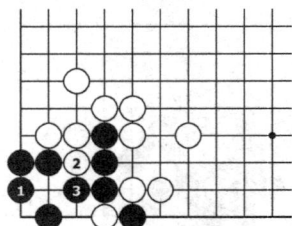

第 349 题

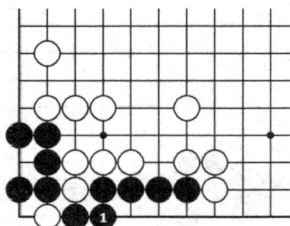

第 350 题

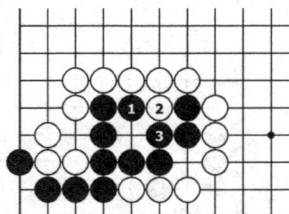

第 351 题

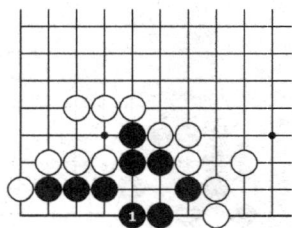

第 352 题

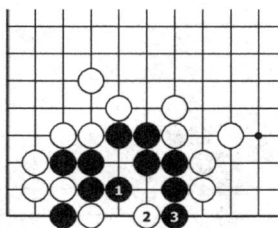

第 353 题

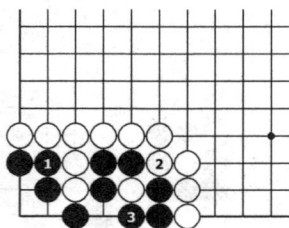

第 354 题

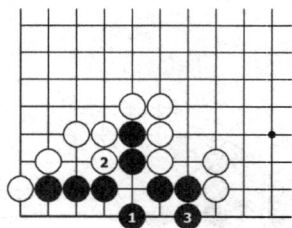

第 355 题

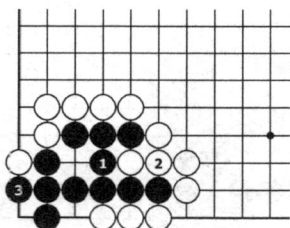

第 356 题

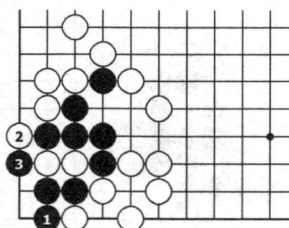

第 357 题

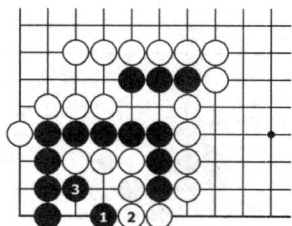

第 358 题

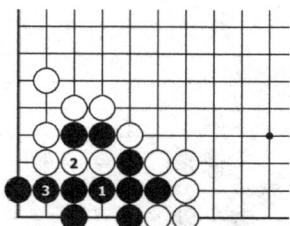

第 359 题

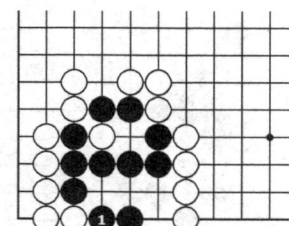

第 360 题

3.2 吃子做活

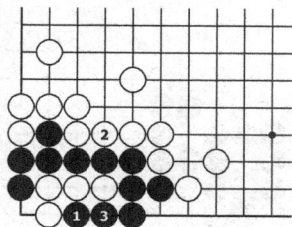

第 361 题

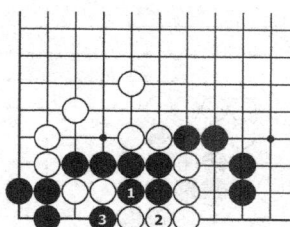

第 362 题

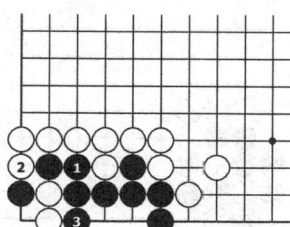

第 363 题

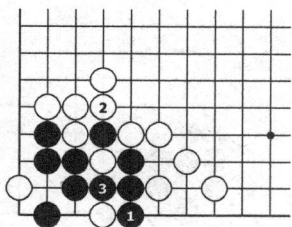

第 364 题

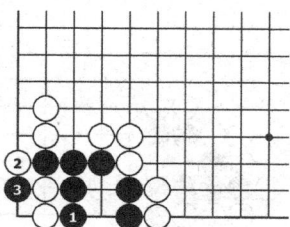

第 365 题

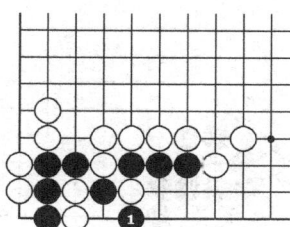

第 366 题

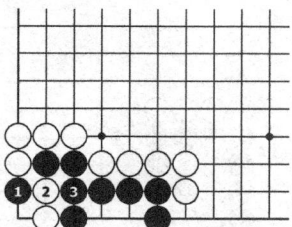

第 367 题

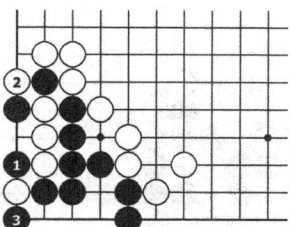

第 368 题

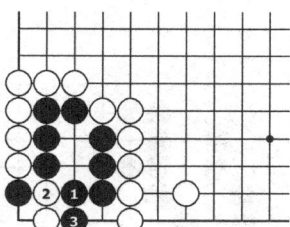

第 369 题

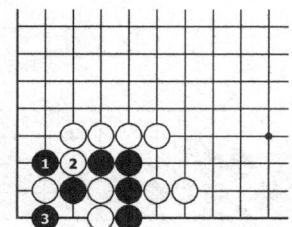

第 370 题

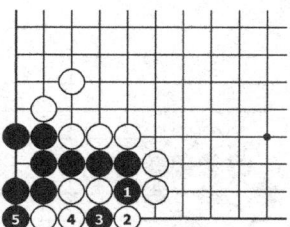

第 371 题

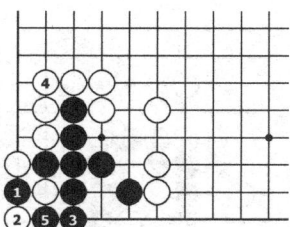

第 372 题

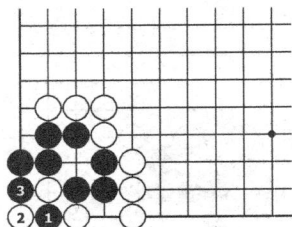

第 373 题

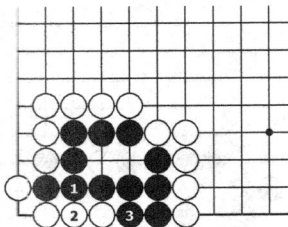

第 374 题

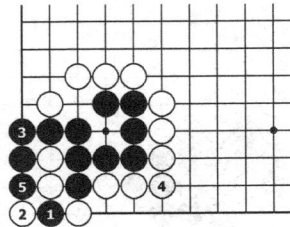

第 375 题

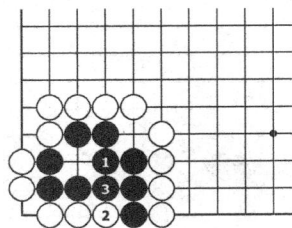

第 376 题

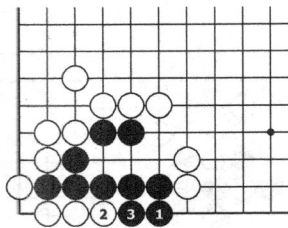

第 377 题

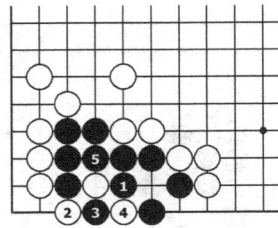

第 378 题

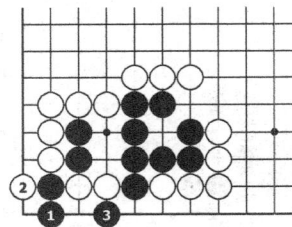

第 379 题

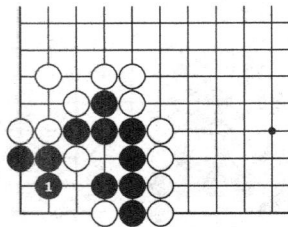

第 380 题

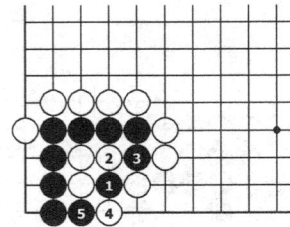

第 381 题

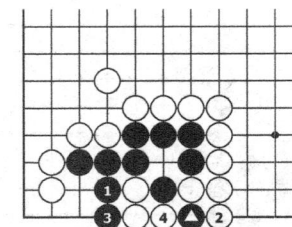

第 382 题

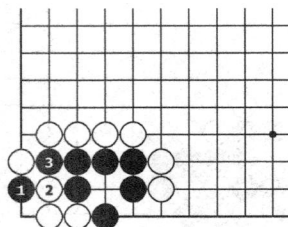

第 383 题

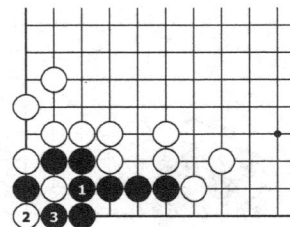

第 384 题

3.3 利用先手

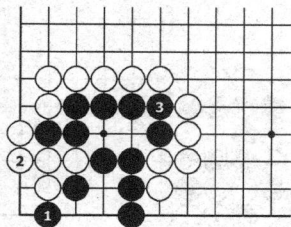

第 385 题

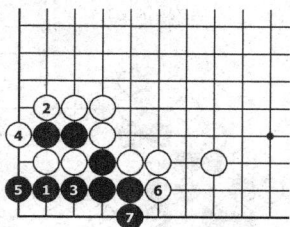

第 386 题

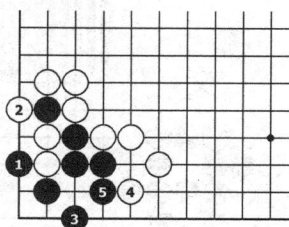

第 387 题

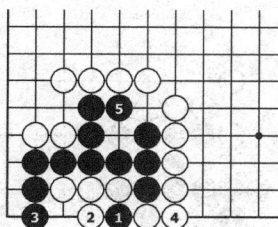

第 388 题

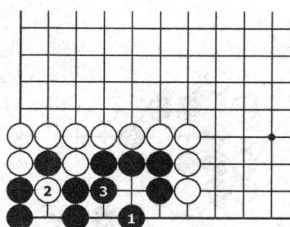

第 389 题

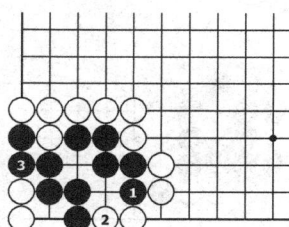

第 390 题

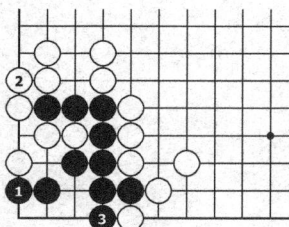

第 391 题

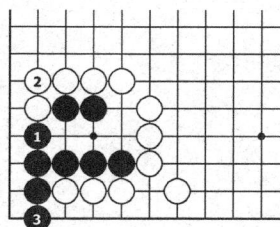

第 392 题

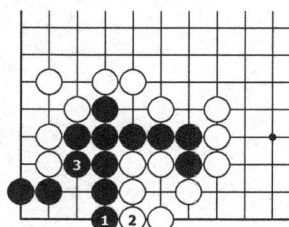

第 393 题

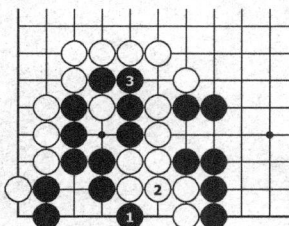

第 394 题

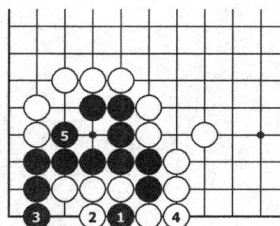

第 395 题

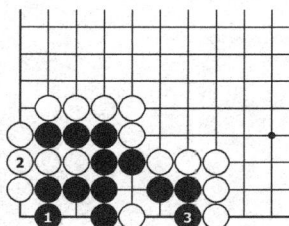

第 396 题

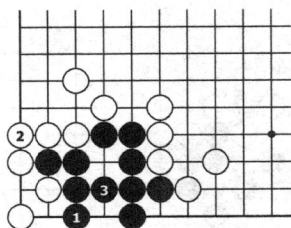

第 397 题

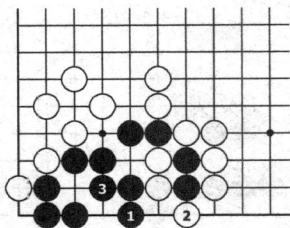

第 398 题

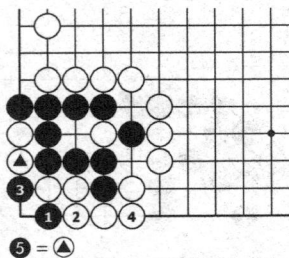

第 399 题

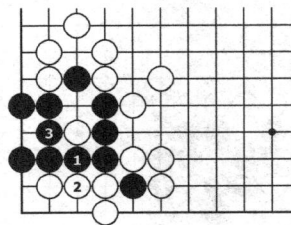

第 400 题

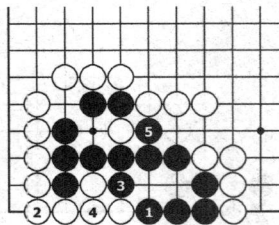

第 401 题

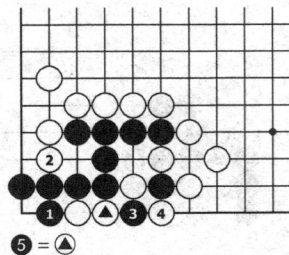

第 402 题

3.4 扩大眼位

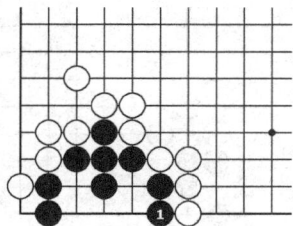

第 403 题

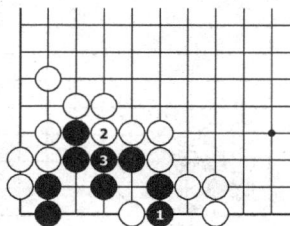

第 404 题

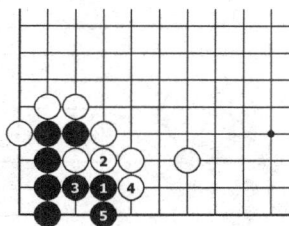

第 405 题

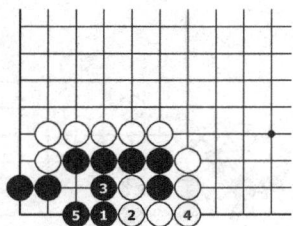

第 406 题

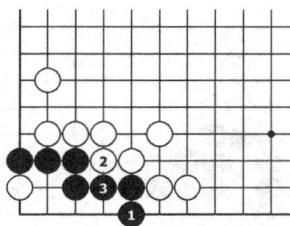

第 407 题

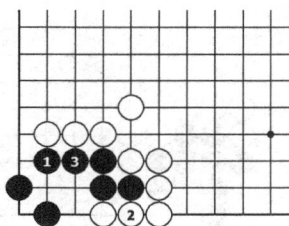

第 408 题

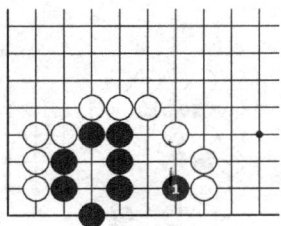

第 409 题

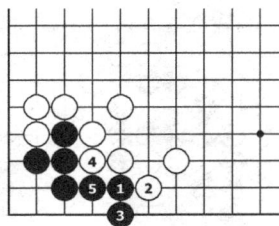

第 410 题

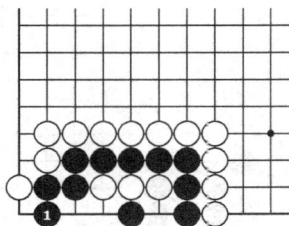

第 411 题

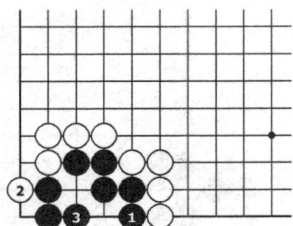

第 412 题

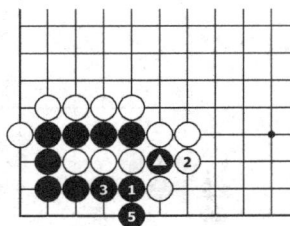

④ = ▲

第 413 题

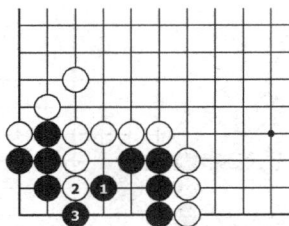

第 414 题

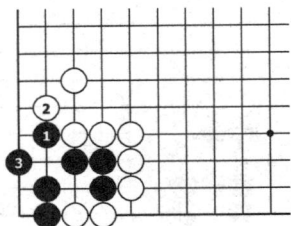

第 415 题

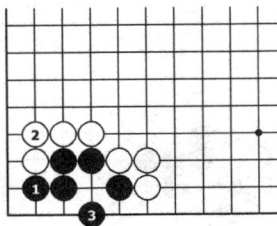

第 416 题

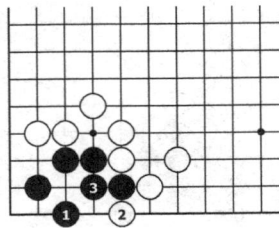

第 417 题

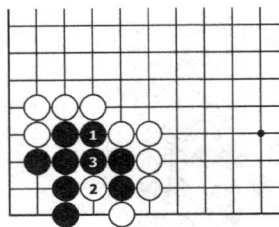

第 418 题

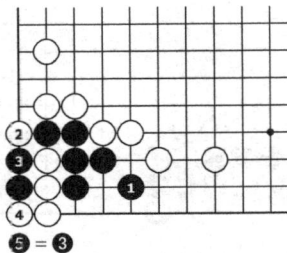

第 419 题
❺ = ❸

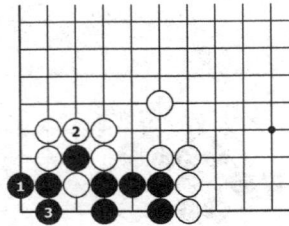

第 420 题

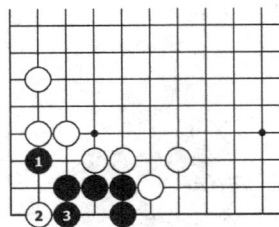

第 421 题

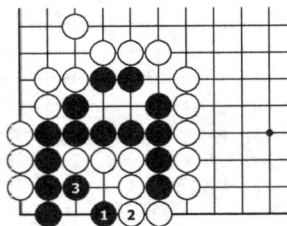

第 422 题

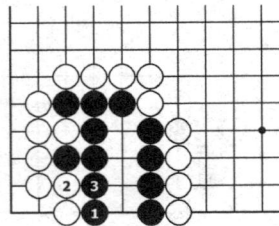

第 423 题

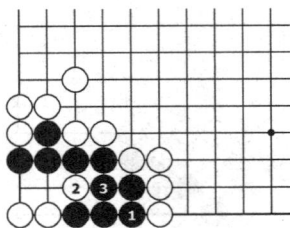

第 424 题

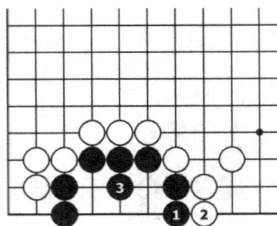

第 425 题

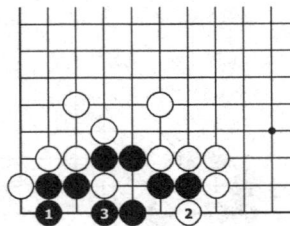

第 426 题

3.5 占据要点

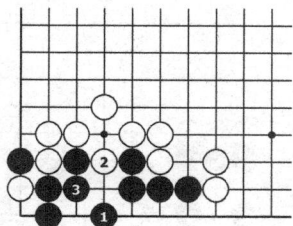

第 427 题

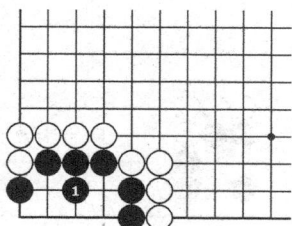

第 428 题

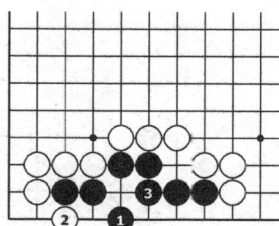

第 429 题

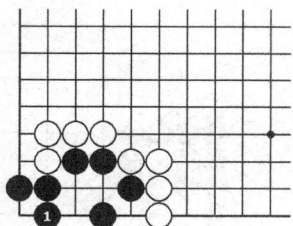

第 430 题

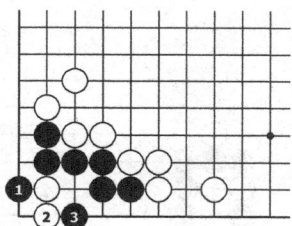

第 431 题

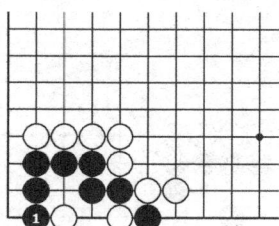

第 432 题

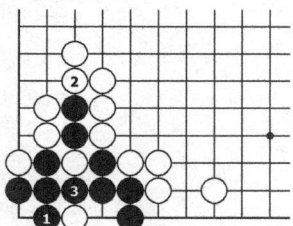

第 433 题

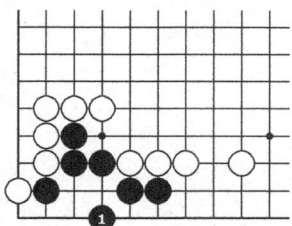

第 434 题

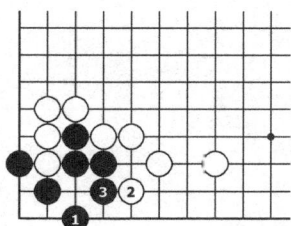

第 435 题

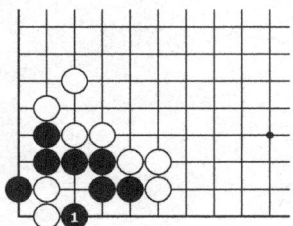

第 436 题

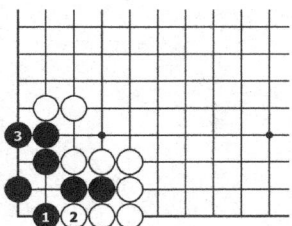

第 437 题

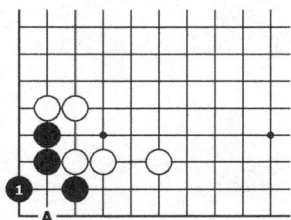

黑1也可下在A位。

第 438 题

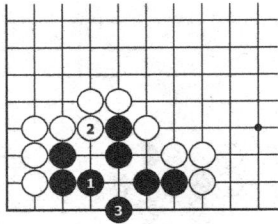

第 439 题

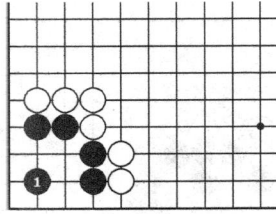

第 440 题

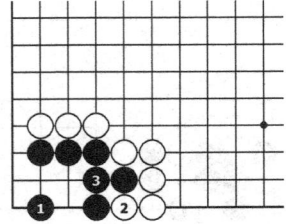

第 441 题

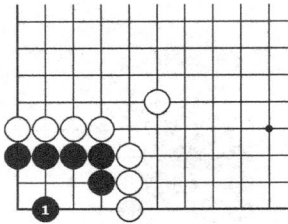

第 442 题

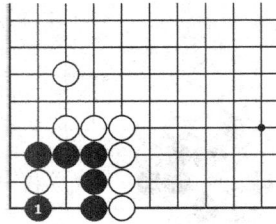

第 443 题

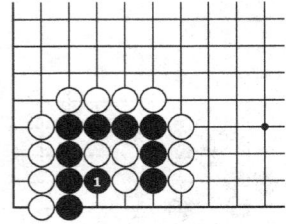

第 444 题

3.6 胀牯牛

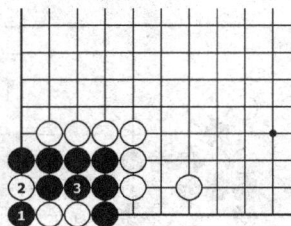

第 445 题

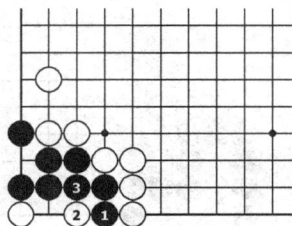

第 446 题

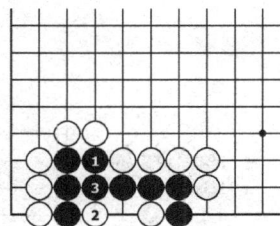

第 447 题

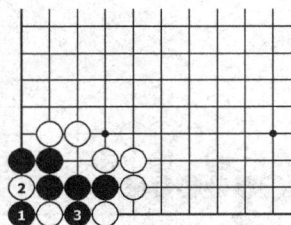

第 448 题

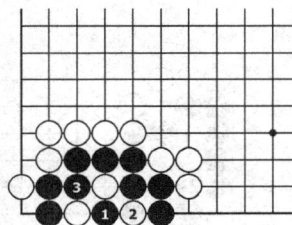

第 449 题

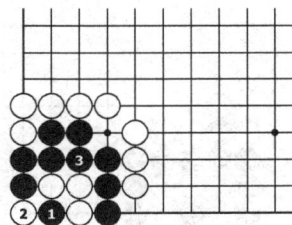

第 450 题

3.7 双活

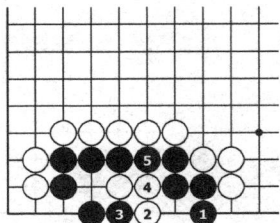

第 451 题

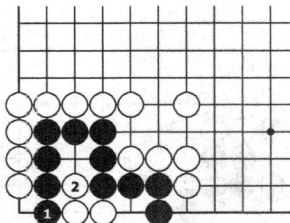

第 452 题

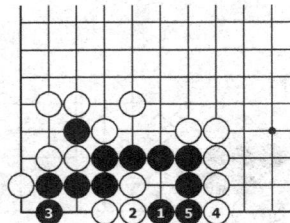

第 453 题

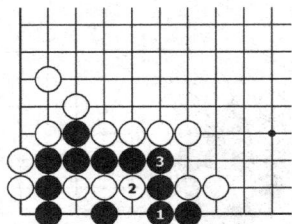

第 454 题

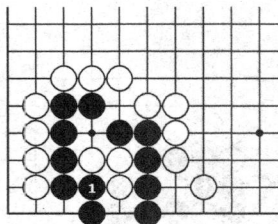

第 455 题

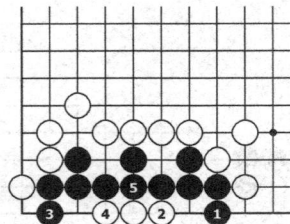

第 456 题

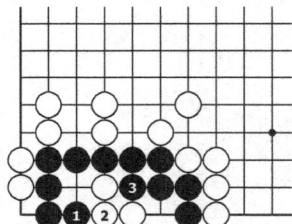

第 457 题

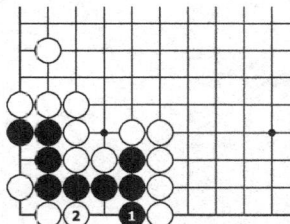

第 458 题

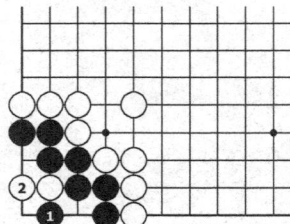

第 459 题

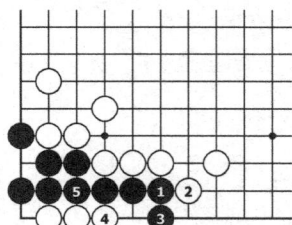

第 460 题

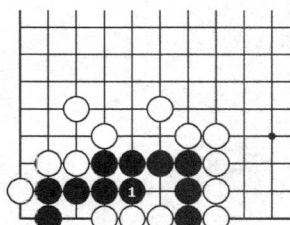

第 461 题

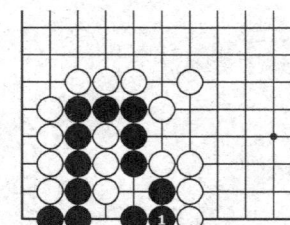

第 462 题

3.8 劫活

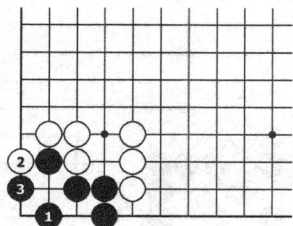

第 463 题

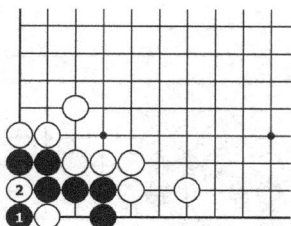

第 464 题

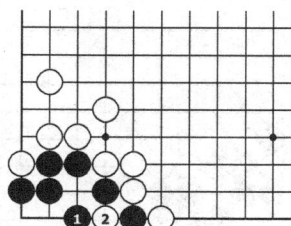

第 465 题

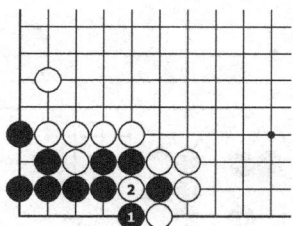

第 466 题

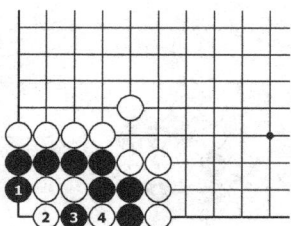

第 467 题

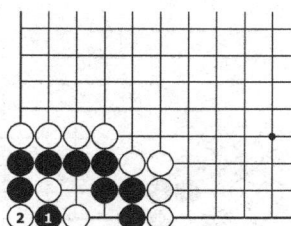

第 468 题

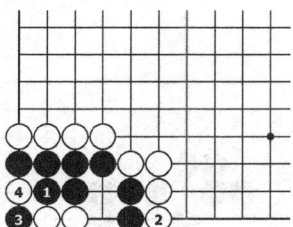

第 469 题

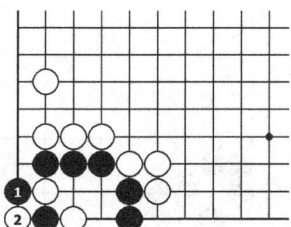

第 470 题

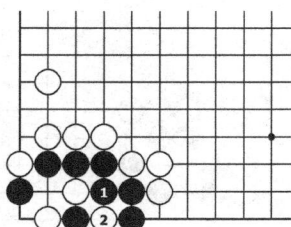

第 471 题

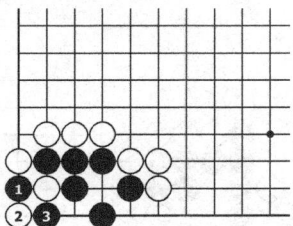

第 472 题

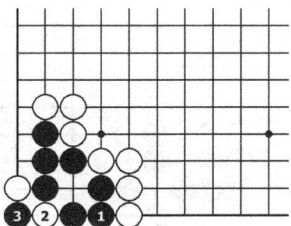

第 473 题

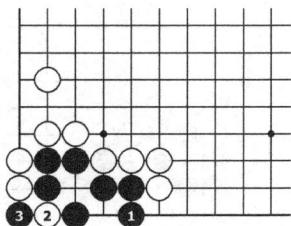

第 474 题

综合测试

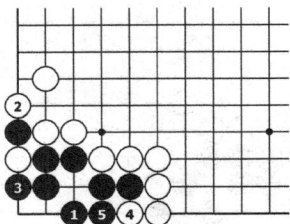

第 475 题

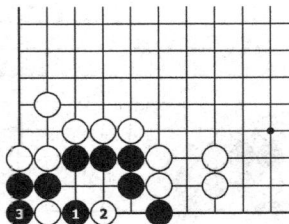

第 476 题

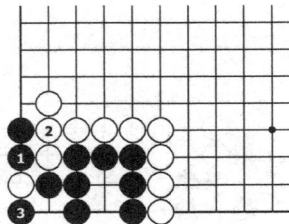

第 477 题

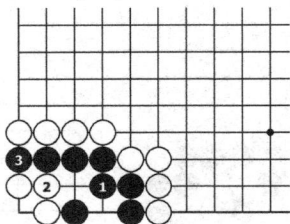

第 478 题

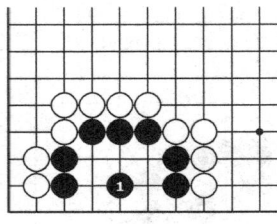

第 479 题

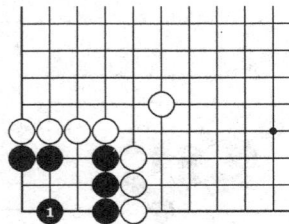

第 480 题

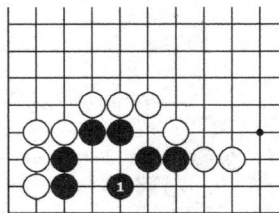

第 481 题

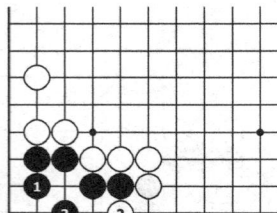

第 482 题

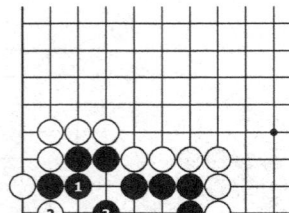

第 483 题

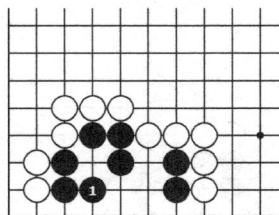

第 484 题

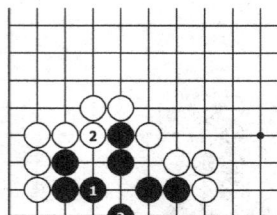

第 485 题

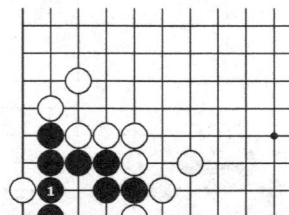

第 486 题

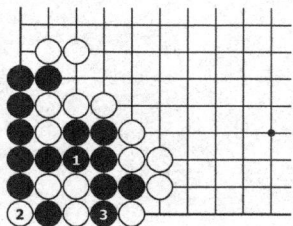

第 487 题

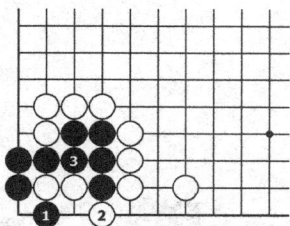

第 488 题

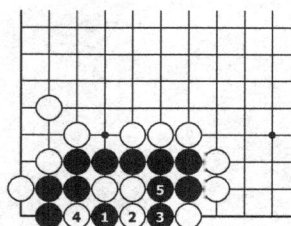

第 489 题

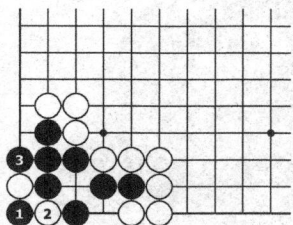

第 490 题

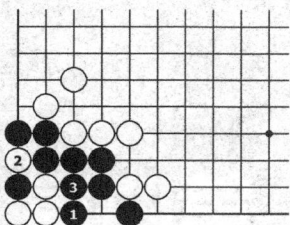

第 491 题

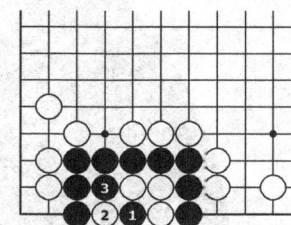

第 492 题

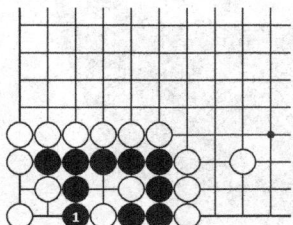

第 493 题

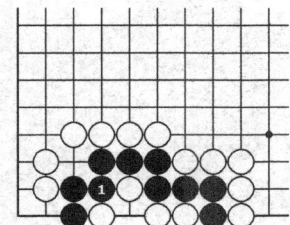

第 494 题

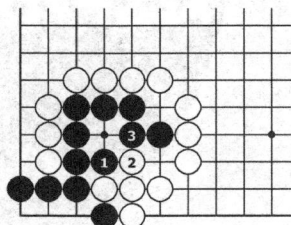

第 495 题

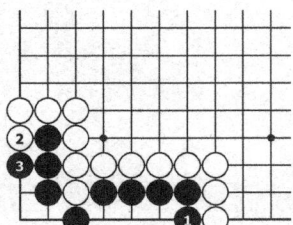

第 496 题

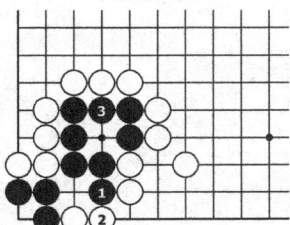

第 497 题

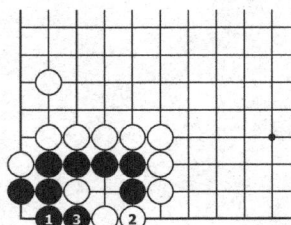

第 498 题

第四章
进阶篇：杀棋技巧

4.1 破眼杀棋

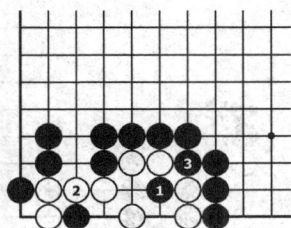

第 499 题

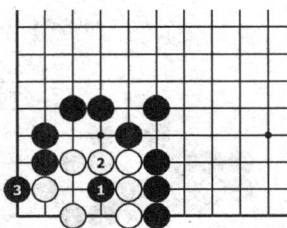

第 500 题

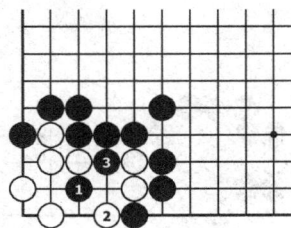

第 501 题

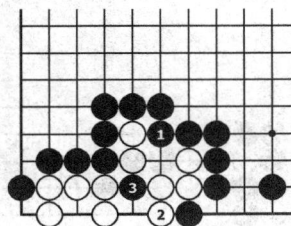

第 502 题

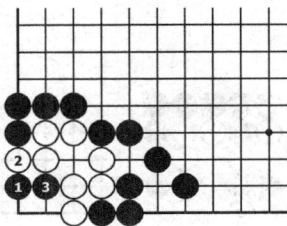

第 503 题

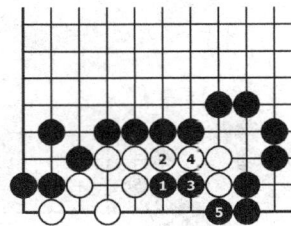

第 504 题

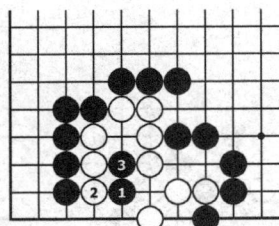

第 505 题

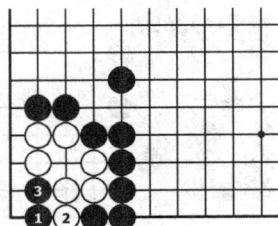

第 506 题

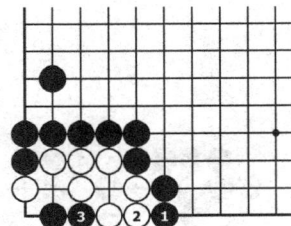

第 507 题

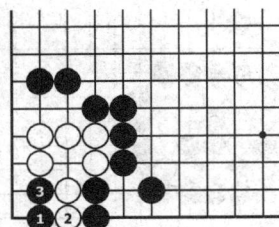

第 508 题

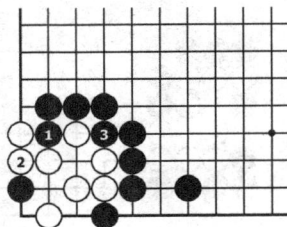

第 509 题

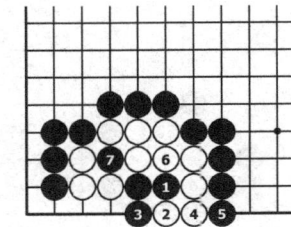

第 510 题

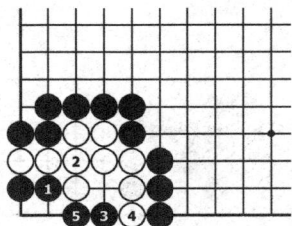

第 511 题

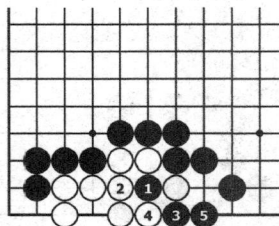

第 512 题

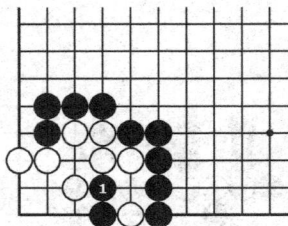

第 513 题

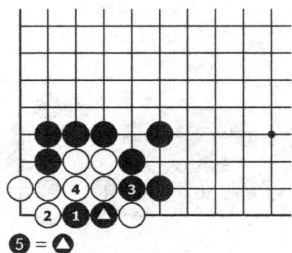

❺ = ▲
第 514 题

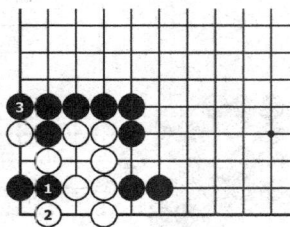

第 515 题

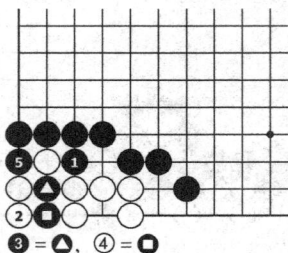

❸ = ▲，④ = ■
第 516 题

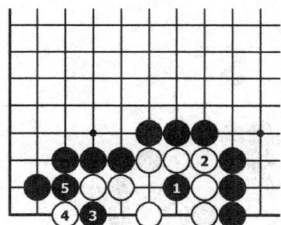

第 517 题

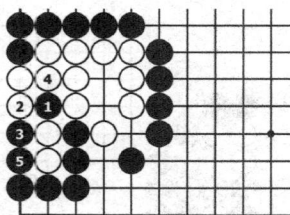

第 518 题

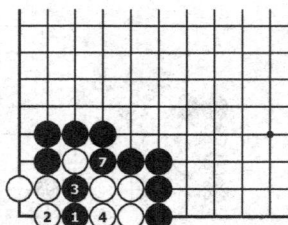

❺ = ❸，⑥ = ❶
第 519 题

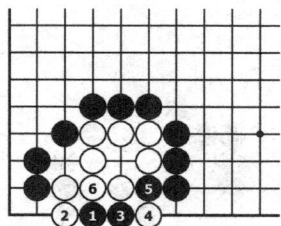

❼ = ❸
第 520 题

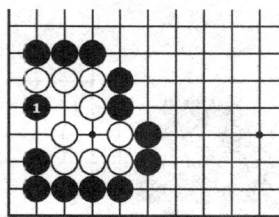

第 521 题

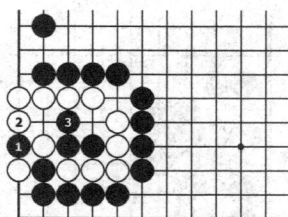

第 522 题

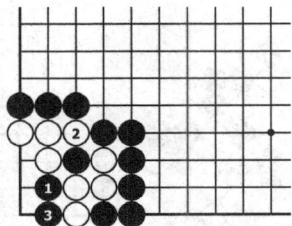

第 523 题

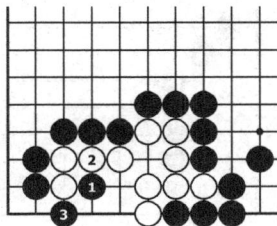

第 524 题

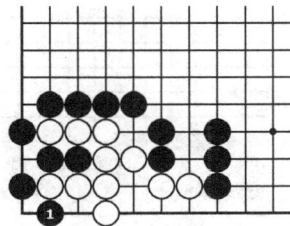

第 525 题

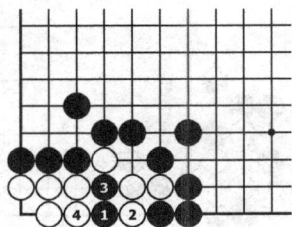

⑤＝❸

第 526 题

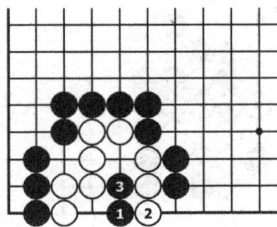

第 527 题

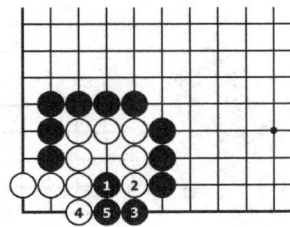

第 528 题

4.2 缩小眼位

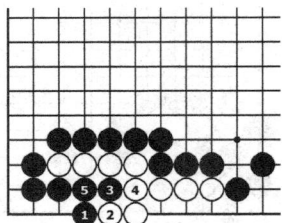

第 529 题

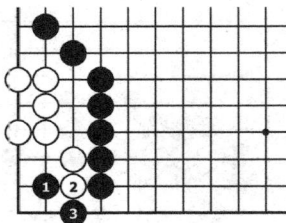

第 530 题

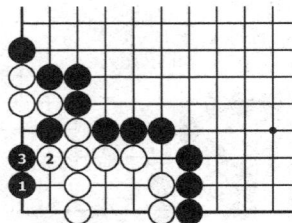

第 531 题

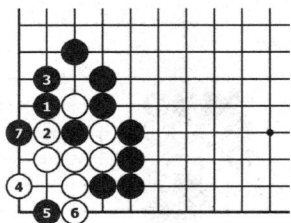

第 532 题

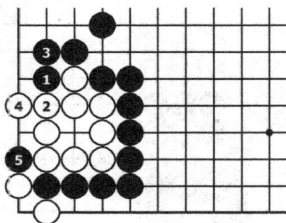

第 533 题

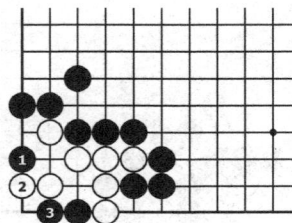

第 534 题

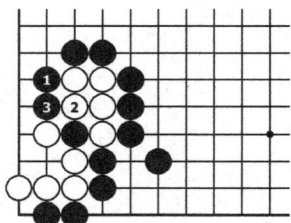

第 535 题

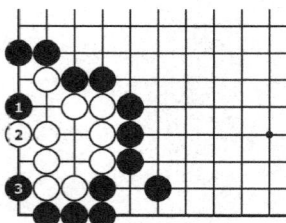

第 536 题

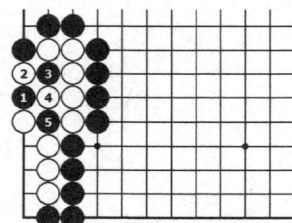

第 537 题

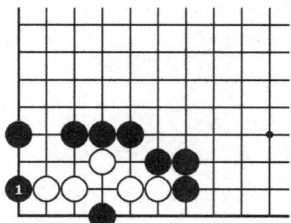

第 538 题

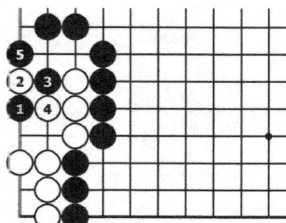

第 539 题

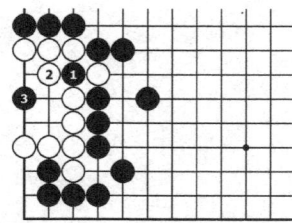

第 540 题

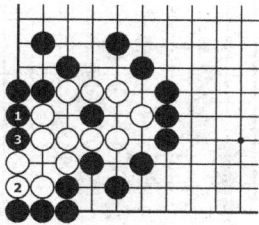

第 541 题

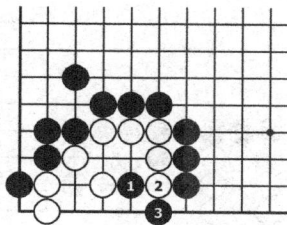

第 542 题

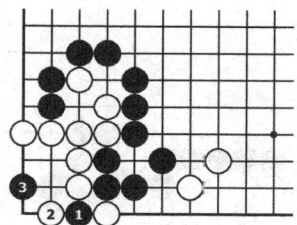

第 543 题

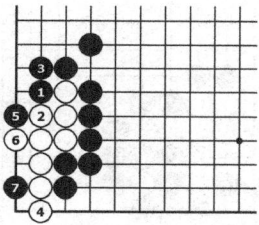

第 544 题

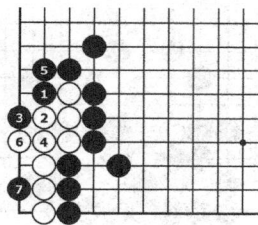

第 545 题

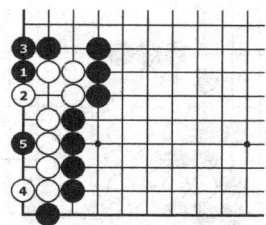

第 546 题

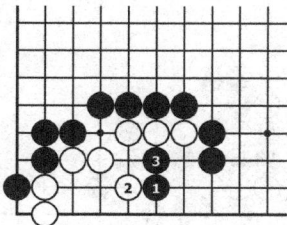

第 547 题

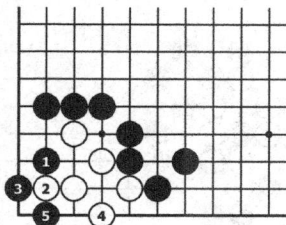

第 548 题

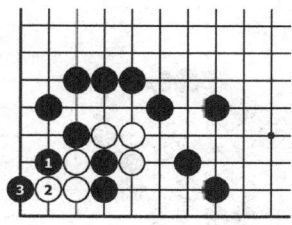

第 549 题

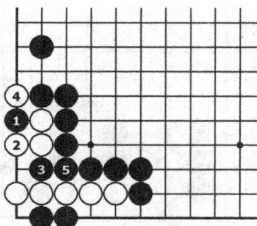

第 550 题

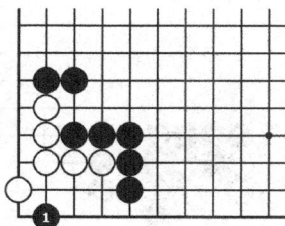

第 551 题

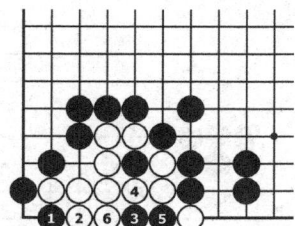

第 552 题

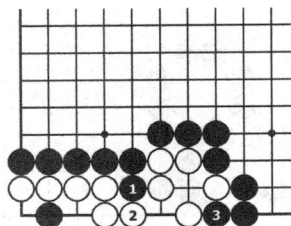

第 553 题

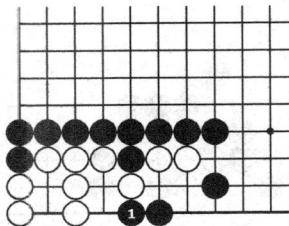

第 554 题

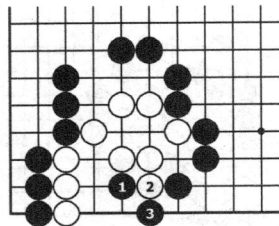

第 555 题

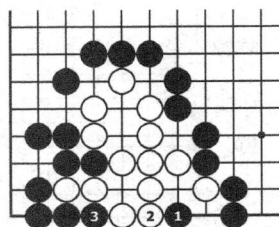

第 556 题

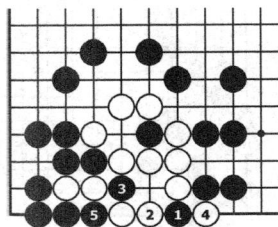

第 557 题

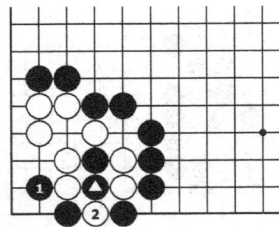

❸ = ▲　第 558 题

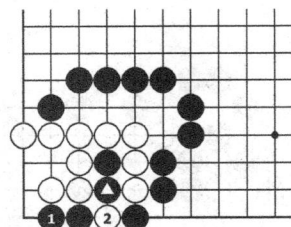

❸ = ▲
第 559 题

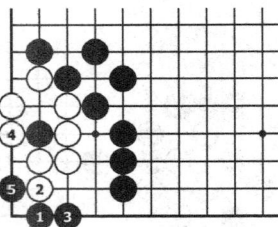

第 560 题

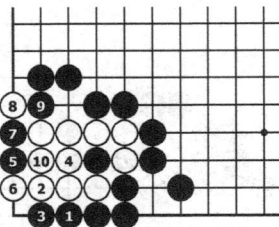

⓫ = ❼　第 561 题

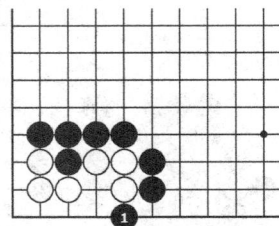

第 562 题

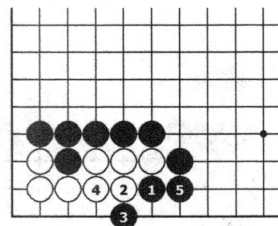

第 563 题

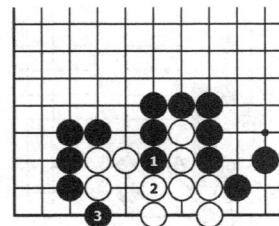

第 564 题

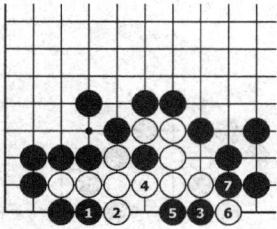

第 565 题

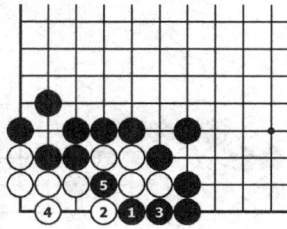

第 566 题

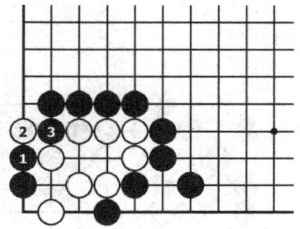

第 567 题

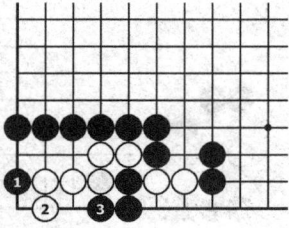

第 568 题

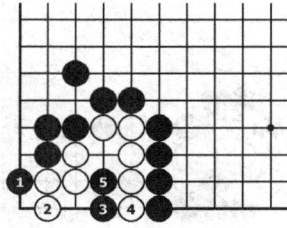

第 569 题

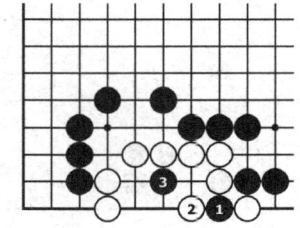

第 570 题

4.3 聚杀

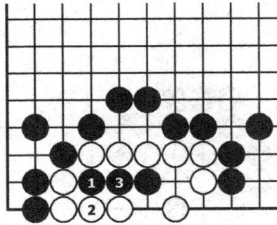

第 571 题

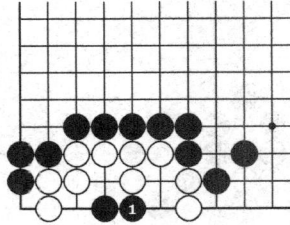

第 572 题

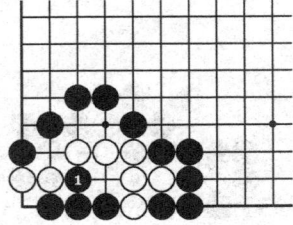

第 573 题

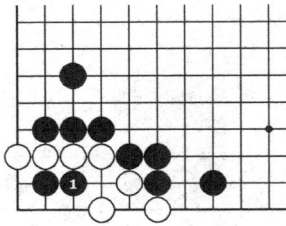

第 574 题

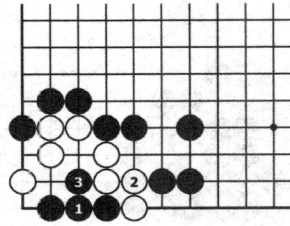

第 575 题

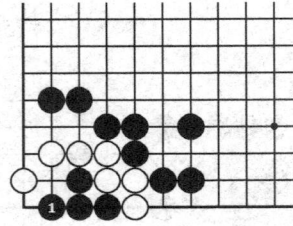

第 576 题

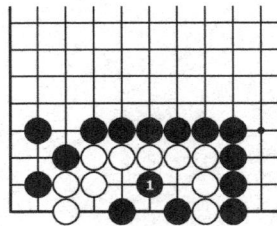

第 577 题

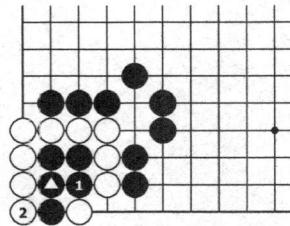

3 = ▲

第 578 题

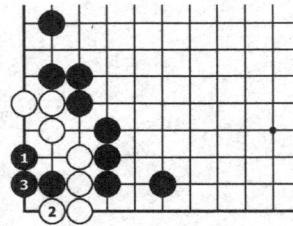

第 579 题

第 580 题

第 581 题

5 = 3

第 582 题

7 = 5

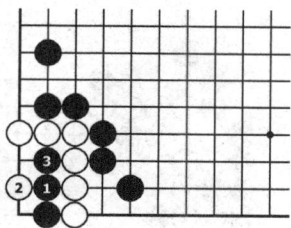

第 583 题

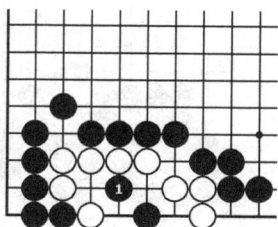

第 584 题

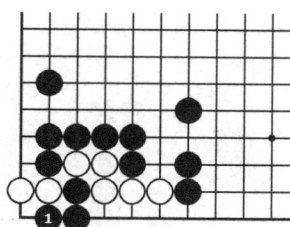

第 585 题

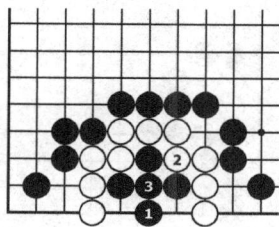

第 586 题

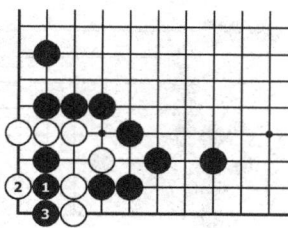

第 587 题

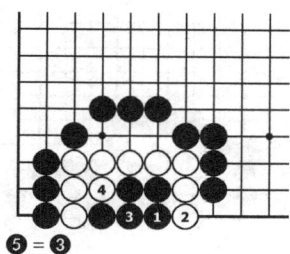

⑤ = ③
第 588 题

4.4 利用缺陷杀棋

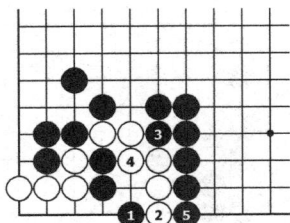

第 589 题

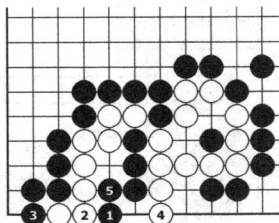

第 590 题

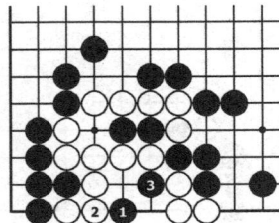

第 591 题

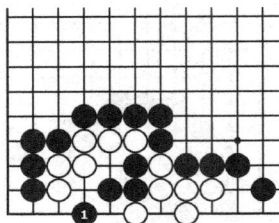

第 592 题

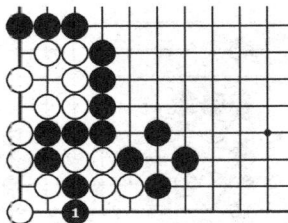

第 593 题

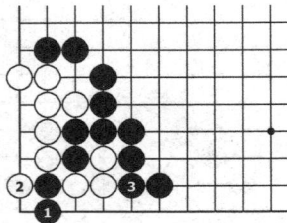

第 594 题

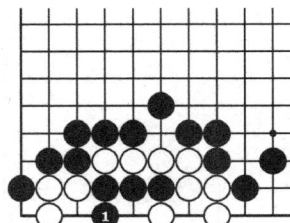

第 595 题

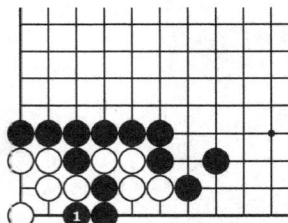

第 596 题

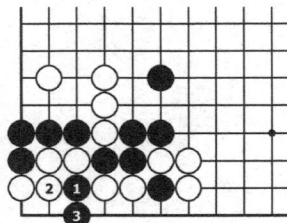

第 597 题

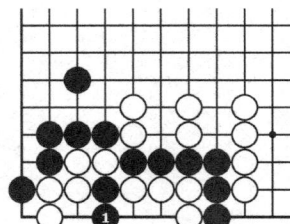

第 598 题

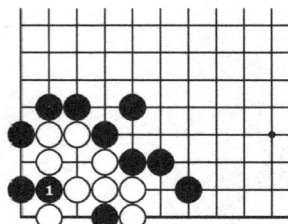

第 599 题

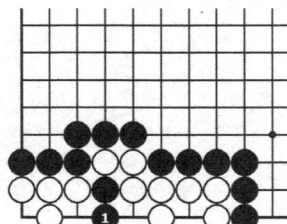

第 600 题

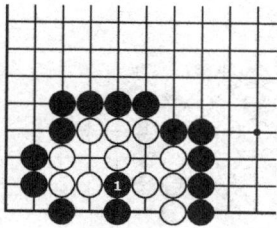

第 601 题

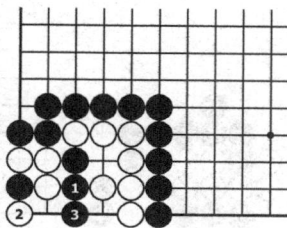

第 602 题

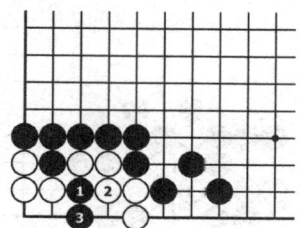

第 603 题

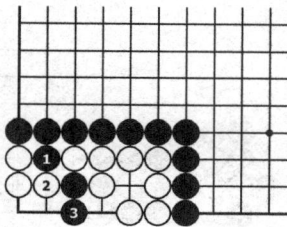

第 604 题

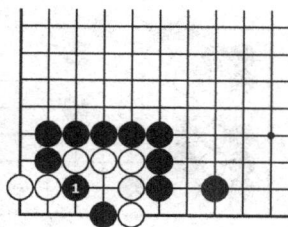

第 605 题

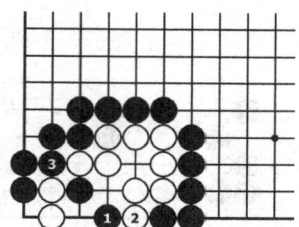

第 606 题

4.5 利用扑破眼

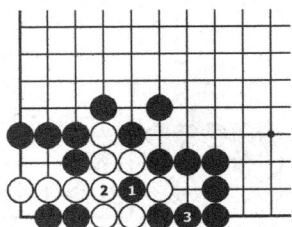

第 607 题

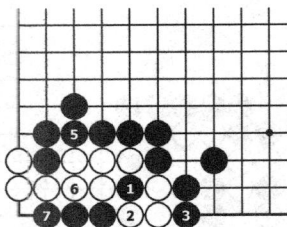

④ = ❶

第 608 题

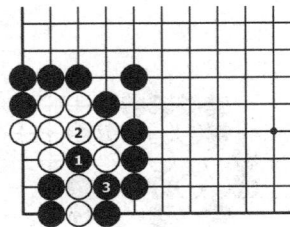

第 609 题

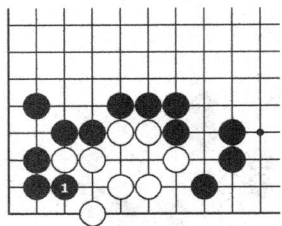

第 610 题

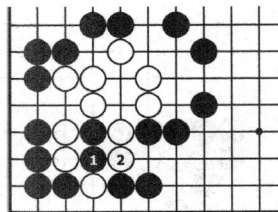

❸ = ❶

第 611 题

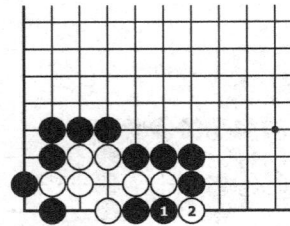

❸ = ❶

第 612 题

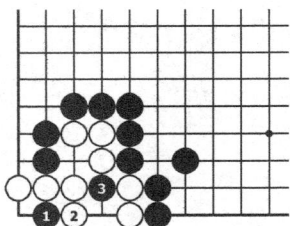

第 613 题

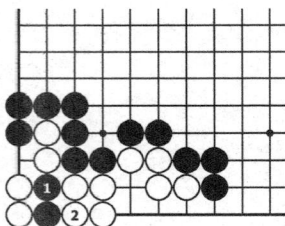

❸ = ❶

第 614 题

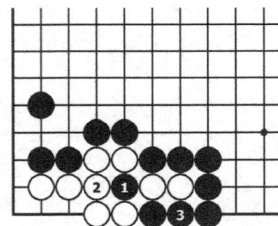

第 615 题

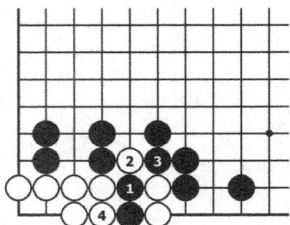

❺ = ❶

第 616 题

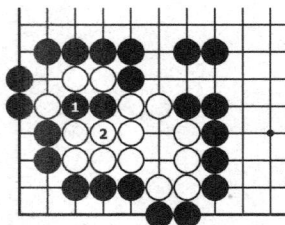

❸ = ❶

第 617 题

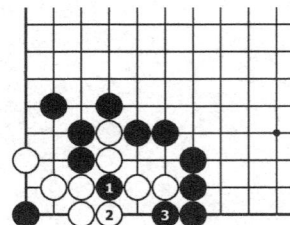

第 618 题

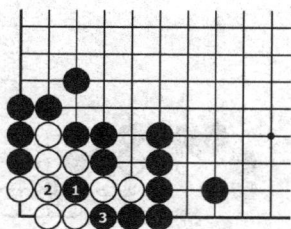

第 619 题

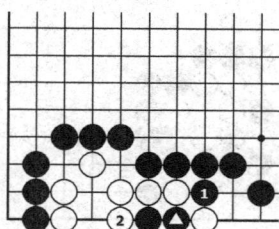

❸ = ⬡

第 620 题

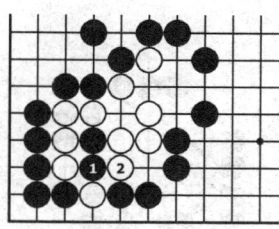

❸ = ❶

第 621 题

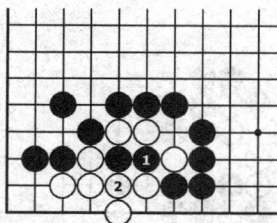

❸ = ❶

第 622 题

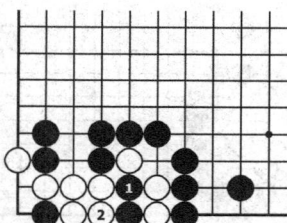

❸ = ❶

第 623 题

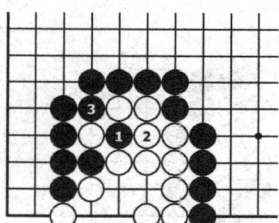

第 624 题

4.6 劫杀

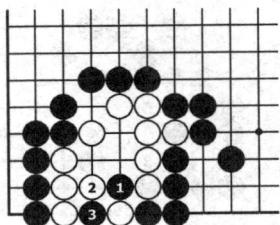

第 625 题

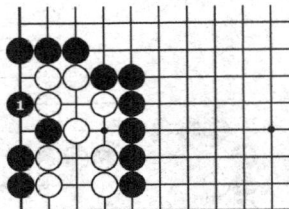

第 626 题

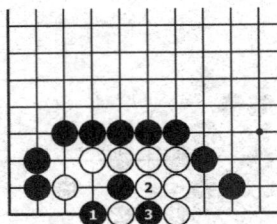

第 627 题

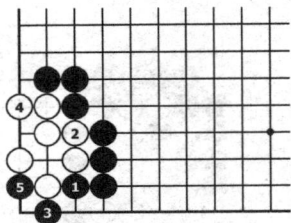

第 628 题

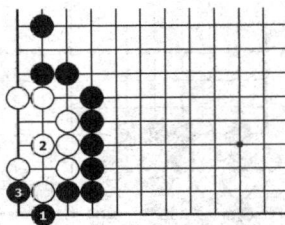

第 629 题

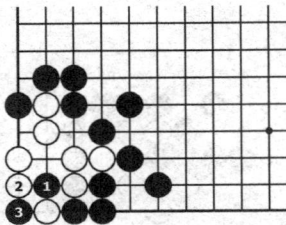

第 630 题

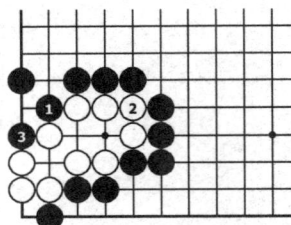

第 631 题

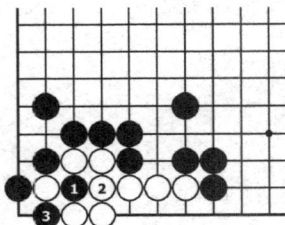

第 632 题

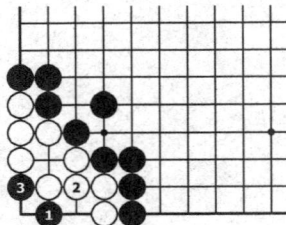

第 633 题

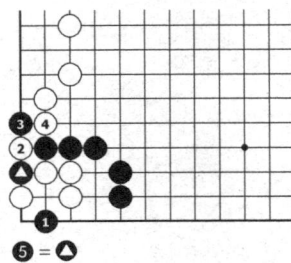

5 = ▲

第 634 题

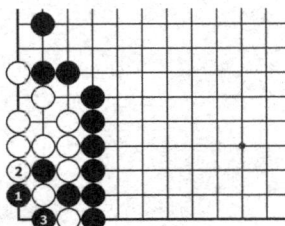

第 635 题

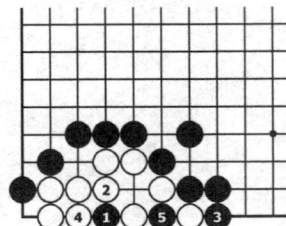

第 636 题

综合测试

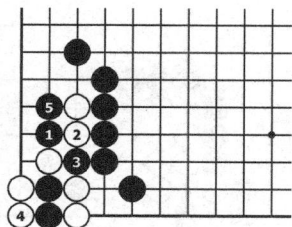

第 637 题

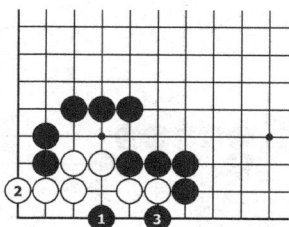

第 638 题

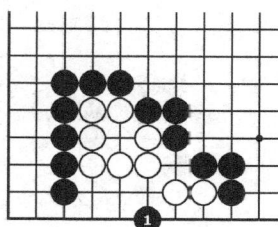

第 639 题

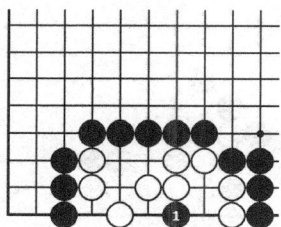

第 640 题

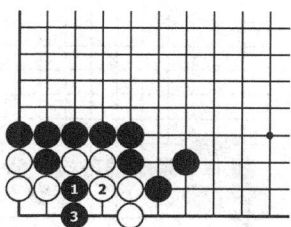

第 641 题

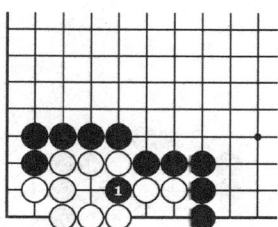

第 642 题

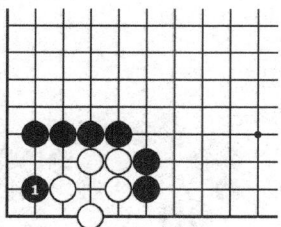

第 643 题

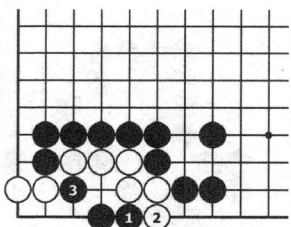

第 644 题

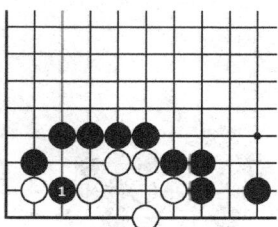

第 645 题

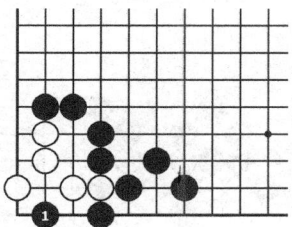

第 646 题

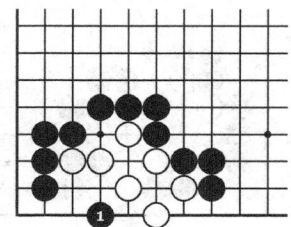

第 647 题

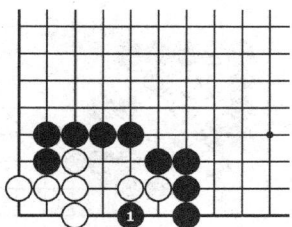

第 648 题

第 649 题　　　　　　第 650 题　　　　　　第 651 题

第 652 题　　　　　　第 653 题　　　　　　第 654 题

第 655 题　　　　　　❸ = ❶　第 656 题　　　　　　第 657 题

第 658 题　　　　　　第 659 题　　　　　　第 660 题